Special Thanks to

세상이 아무리 바쁘게 돌아가더라도
책까지 아무렇게나 빨리 만들 수는 없습니다.
길벗은 독자 여러분이
가장 쉽게, 가장 빨리 배울 수 있는 책을
한 권 한 권 정성을 다해 만들겠습니다.
독자의 1초를 아껴주는 정성을
만나보세요.

그림 그리는 즐거움

방구석 미술학원

with 프로크리에이트

Doki 지음

길벗

방구석 미술학원 with 프로크리에이트

An Art Academy In One's Room

초판 발행 · 2023년 6월 17일
초판 2쇄 발행 · 2023년 10월 24일

지은이 · Doki(두경훈)
발행인 · 이종원
발행처 · (주)도서출판 길벗
출판사 등록일 · 1990년 12월 24일
주소 · 서울시 마포구 월드컵로 10길 56(서교동)
대표 전화 · 02) 332 – 0931 | **팩스** · 02) 323 – 0586
홈페이지 · www.gilbut.co.kr | **이메일** · gilbut@gilbut.co.kr

기획 및 책임 편집 · 최동원(cdw8282@gilbut.co.kr)
표지 및 본문 디자인 · 유어텍스트 | **제작** · 이준호, 손일순, 이진혁, 김우식 | **영업마케팅** · 전선하, 차명환, 박민영
영업관리 · 김명자 | **독자지원** · 윤정아, 최희창

교정교열 · 박선영 | **전산편집** · 권경희 | **CTP 출력 및 인쇄** · 교보피앤비 | **제본** · 경문제책사

ISBN 979-11-407-0471-2 03000

(길벗 도서번호 007144)

정가 28,000원

___

독자의 1초까지 아껴주는 정성 길벗출판사

㈜도서출판 길벗 | IT교육서, IT단행본, 경제경영서, 어학&실용서, 인문교양서, 자녀교육서 ▶ www.gilbut.co.kr
길벗스쿨 | 국어학습, 수학학습, 어린이교양, 주니어 어학학습, 학습단행본 ▶ www.gilbutschool.co.kr
페이스북 | www.facebook.com/gilbutzigy
네이버 포스트 | post.naver.com/gilbutzigy

Special Thanks To

항상 책을 통해 배우고 성장하는 것을 즐기며 살아왔지만 이렇게 직접 책을 집필할 거라고는 생각해 보지 못했습니다. 제 유튜브 채널의 구독자가 5,000명 정도로 적었을 때, 저를 찾아 집필 제안을 해준 최동원 편집자님께 가장 먼저 감사의 말씀을 드립니다. 어떻게 보면 모험이었을 이 책을 위해 제 콘텐츠에 대한 믿음만으로 집필 내내 격려와 애정을 아끼지 않았습니다. 그리고 항상 현실에 안주하지 못하고 어딘가를 향해 달려가는 남편을 둔 제 아내 현이에게 사랑의 마음을 전합니다. 가뜩이나 어린 딸을 육아하느라 힘들었을 텐데, 잠시라도 쉬어야 할 금쪽같은 주말 시간을 허락해 주었습니다. 딸 아인이는 아직 어려서 모르겠지만, 책을 집필하며 지식을 나누고 싶은 아빠의 마음을 나중에라도 이해해 주리라 믿습니다. 마지막으로 간헐적인 영상 업로드에도 불구하고 항상 응원과 위로를 아낌없이 주시고, 영상을 기다려 주시는 제 채널의 구독자 여러분께 감사의 말을 전합니다. 이제까지 일어난 좋은 일, 앞으로 일어날 좋은 일은 모두 구독자 여러분이 있어 가능했습니다. 감사합니다.

그림과 나 그리고 독학

제가 기억하는 그림과의 첫 만남은 여섯 살 때 선물 받은 백과사전을 펼친 순간입니다. 다양한 분야의 내용을 담은 열두 권의 백과사전 중, 유일하게 "미술과 기술" 편만 책이 헐어 다 뜯어질 정도로 본 기억이 아직도 생생합니다. 이후 집안 사정으로 그림은 기본 교육 과정에서 배운 것이 전부이지만 학창 시절의 미술 수업은 제게 가장 즐거운 시간이었으며, 따로 학원에 다니지 않고도 꽤 그럴 듯하게 그린 제 그림은 항상 미술 선생님의 칭찬거리였습니다. 그리고 고등학교 졸업 무렵, 제 마음 속 진로 선택에서 그림 관련 직업은 항상 우선순위였지만 다른 지원을 기대할 수 없는 현실로 인해 미술 관련 진로를 포기하고 오로지 책을 통해 그림에 필요한 정보와 기술을 습득하는 쪽을 선택했습니다.

책에 대한 고마움, 그리고 아쉬움

생계를 유지하면서도 그림을 포기할 수 없었기 때문에 저에게 그림과 디지털의 조합은 필수 조건이었습니다. 제가 디지털 페인팅을 위해 처음 구매한 책이 포토샵이었으며, 이러한 관심은 자연스럽게 컴퓨터 그래픽으로 이어져 3D 제작 툴인 3ds Max와 Maya 분야로 이어졌습니다. 제가 컴퓨터 그래픽을 배울 당시만 해도 수강료가 비쌌기 때문에 한두 달 수강료 정도의 금액으로 책을 구매해 독학했습니다. 이때 접한 책은 모두 한 줄기 빛과 같은 훌륭한 책이었지만, 반면 아쉬움도 많았습니다. 이렇게 독학하며 차곡차곡 쌓인 아쉬움을 이 책을 집필하며 보완하고자 특별히 신경 썼습니다. 제가 느꼈던 아쉬움은 다음과 같습니다.

1. 책 초반에 모든 기능과 관련 메뉴를 한꺼번에 나열하여 그림을 그리기도 전에 배우고자 하는 열정이 사라진다.
2. 따라 그리기 중 일부 과정이 누락되어 스스로 탐구해야 할 만큼 실습 설명이 부실했다.
3. 누가 봐도 초보만 그릴 것 같을 정도로 그리기 예제가 매력적이지 않았다.
4. 마지막까지 열심히 따라 그렸지만, "본 그림은 저자가 추가적인 작업을 통해 완성했습니다. 이후 과정에서는 여러분이 직접 여러 시도를 해보고, 마무리하세요."라는 멘트와 함께 작업이 미완성으로 끝나 버리는 느낌이었다.
5. 그림과 미술에 관한 책이지만, 기본 이론은 배제하고 소프트웨어 기능 위주로만 설명했다.
6. 연결고리 없이 파편화된 디지털 페인팅 지식만 실려 있었다.

물론 이 책으로 제가 열거한 아쉬움을 모두 해소할 수 있다고 장담할 수는 없지만 위에 언급한 사항들을 늘 염두에 두고 매페이지, 책 전반에 걸쳐 이를 해소하려고 노력했습니다.

그림 초보자를 위한 이 책의 시도와 노력

방구석 미술학원에서는 다양한 책으로 독학하고 직접 경험한 아쉬움을 보완하기 위해 다음과 같이 구성했습니다.

1. 그림을 그리기도 전에 많은 이론 설명으로 지치지 않도록 꼭 필요한 한두 개의 기능만 설명하고, 이어지는 함께 그리기 실습코너에서 배운 기능을 바로 사용할 수 있도록 구성했습니다.
2. 그림의 시작부터 마무리 단계까지 생략하거나 빠지는 단계가 없도록 꼼꼼하게 설명하여 안내된 과정을 따라하기만 하면 누구나 만족할 만한 그림을 그릴 수 있습니다.
3. 초보자도 간단하게 그릴 수 있되, 식상한 소재를 피하고 끝까지 함께 그림을 완성했을 때 초보 이상의 결과물을 완성할 수 있도록 예제를 엄선하였습니다.
4. 함께 그린 그림의 마지막 단계에서 필자가 리터치한 그림을 제시하여 더 좋은 그림을 위한 욕구를 자극하되, 최종 결과물과의 큰 차이가 없도록 했습니다.
5. 단순히 그림을 함께 완성하는 데에서 멈추지 않도록 꼭 알아야 할 미술 기초 이론을 심도 있게 소개하고, 이어지는 함께 그리기에서 바로 적용하며 이해할 수 있도록 설명했습니다.
6. 파편화된 다양한 난이도의 디지털 페인팅 기능, 미술 기초 이론, 페인팅 노하우를 한 곳에 모아 사전적 기능의 책이 될 수 있도록 했습니다.

독자 여러분에게 바라는 점

이제 저자로 막 시작하는 단계의 제가 집필한 이 책에 어떤 보물이 있을지는 아직 확신할 수 없습니다. 하지만 이 책은 저자, 유튜버, 그리고 한 명의 디지털 페인터로서 살아온 제가 지금껏 겪은 경험과 알게 된 지식을 온전히 녹여 초보자들에게는 보물과도 같은 비전서로 전해지기 위해 노력했습니다. 여러분이 그림을 그리며 필요할 때마다 찾아볼 수 있는 책이 되길 진심으로 희망합니다. 이제 이 책이 어떤 가치를 가질지는 여러분 손에 달렸습니다. 부디 책장의 한구석을 장식하는 데에 멈추지 않고, 어린 시절 제 손에 닳고 닳은 백과사전처럼 가치있게, 오랜 생명력을 가지길 바랍니다.

두경훈

그림 그리는 즐거움, 방구석 미술 학원에 오신 걸 환영합니다.

오리엔테이션

그림을 그리기 전, 이 책에서 활용한 하드웨어와 소프트웨어에 대해 알아봅니다. 디지털 페인팅에 꼭 필요한 아이패드를 선택하는 방법뿐만 아니라 그림 작업에 도움이 되는 거치대나 종이질감 필름과 같은 부수적인 액세서리도 함께 소개합니다.

갤러리, 캔버스, 브러시, 지우개, 팔레트 등 프로크리에이트의 기본 기능과 디지털 페인팅의 필수 개념인 레이어 기능에 대해서 간단하게 살펴볼게요.

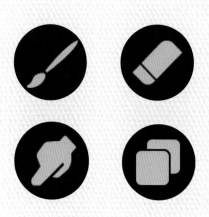

기초반

방구석 미술학원 기초반에서는 프로크리에이트의 기본 기능을 익히고 그림과 친해지는 시간을 가져 봅니다. 각 예제마다 배우게 될 기능은 두 개 이하로 제한했지만 제한된 기능을 활용하기만 해도 다음 과 같이 다양한 그림을 완성할 수 있습니다. 기초반에서 배운 기능은 앞으로 계속 사용하게 될 기능이 므로 네 개의 예제를 통해 기본 기능을 확실히 익혀야 합니다.

기초 완성반

기초 완성반에서는 기초반에서 배운 기본 기능과 추가 기능을 모두 활용하여 다음과 같이 그림을 그려 봅니다. 특히 디지털 페인팅의 기본 기능을 다양하게 활용하여 어떤 효과를 만들 수 있는지 알아보는 단계이기도 합니다. 기초반에서 배운 기능이 아직 낯설다면 기초 완성반에서 확실히 익혀 보세요.

그림 지식 업그레이드 중급반

방구석 미술학원이 다른 책과 구분되는 가장 핵심적인 부분입니다. 그림을 그리는 데 꼭 알아야 하는 기초 미술 이론을 설명합니다. 기초 미술 이론이지만 숙련자도 놓칠 수 있는 이론과 노하우를 꾹꾹 눌러 담았습니다. 한 번 읽고 바로 이해하려고 하기보다는 여러 번 읽어 보길 권장하며, 이어지는 고급반의 그림을 함께 그리며 궁금한 내용이 있을 경우에도 한 번씩 중급반으로 돌아와 기초 미술 이론을 완전히 여러분 것으로 만들기 바랍니다.

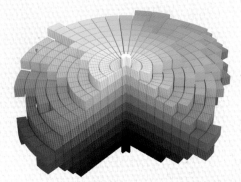

중급반에서는 디지털 페인팅의 고급 기능인 글레이징 채색법도 배우게 됩니다. 고급 기능이라고 하지만 사용 방법은 간편하면서 결과물은 놀라울 정도로 효과적인 기능입니다. 여기에 숨겨진 원리는 모든 그림을 관통하는 이론인 만큼 그 원리까지 이해할 수 있도록 아낌없이 아주 세세하게 설명했습니다.

다양한 소재를 그리는 고급반

고급반에서는 다양한 소재를 그리며 진정한 프로크리에이트 고급 사용자로 거듭날 수 있도록 디지털 페인팅 관련 지식과 미술 이론을 한 곳에 모았습니다.

방구석 미술학원에서 자랑하는 커리큘럼으로 인물
화의 경우, 그 특성상 수동적으로 따라 그리기에
그치지 않도록 핵심 방법들을 제시하여 여러분이
스스로 연습하여 완성할 수 있도록 구성했습니다.

Doki's knowhow

여러분의 작업속도를 최대로 끌어올릴 수 있는 저만의 노하우와 디지털 페인팅이라면 빠질 수 없는
유·무료 추천 브러시 세트를 소개합니다.

로드맵

	기본·고급 기능	기초 미술 수업
기초반 기초 완성반	**기초반 기본 기능 1** 컬러 드롭과 픽셀 유동화 **기초반 기본 기능 2** 클리핑 마스크와 변형 모드 **기초반 기본 기능 3** 퀵쉐입 **기초반 기본 기능 4** 텍스트 추가 **기초반 기본 기능 5** 레이어 모드 **기초반 기본 기능 6** 알파 채널 잠금 **기초반 기본 기능 7** 선택 모드	
중급반	**레벨업! 고급 기능 1** 글레이징 채색법	**기초 미술 수업 1** 스케치 **기초 미술 수업 2** 명암 **기초 미술 수업 3** 그림자의 이해 **기초 미술 수업 4** 색의 세 가지 요소 **기초 미술 수업 5** 색을 찾아가는 과정 **기초 미술 수업 6** 색의 대비
고급반	**레벨업! 고급 기능 2** 변화도 맵 **레벨업! 고급 기능 3** 그리기 가이드 **레벨업! 고급 기능 4** 빛 표현하기 **레벨업! 고급 기능 5** 디지털 브러시의 이해 **레벨업! 고급 기능 6** 사진 모작을 위한 캔버스 설정	**기초 미술 수업 7** 투시 도법 **기초 미술 수업 8** 빛을 표현하는 방법

미술

기초 미술 수업
투시 도법

미술

모든 그림의 시작인 스케치부터 명암, 색상은 물론 입체적인 그림을 완성하는 투시 도법과 마법같은 글레이징 채색법까지 좋은 그림을 완성하는데 꼭 필요한 기초 미술 이론에 대해 알아봅니다.

이론

레벨업! 고급 기능
글레이징 채색법

이론

디지털 드로잉의 완성! 프로크리에이트의 다양한 기능에 대해 알아봅니다. 가장 기본적인 컬러 드롭은 물론 레이어 모드와 입체적인 그림에 꼭 필요한 투시 설정까지 빠짐없이 정리했습니다.

실습

함께 그리기
변화도 맵으로 채색하기

실습

유튜브의 밥 아저씨 Doki와 함께 그리며 배우는 디지털 드로잉의 모든 것! 혼자라도 괜찮아요. 차근차근 따라하다 보면 나만의 멋진 그림을 완성할 수 있을 거예요. 그림 그리는 즐거움을 느껴보세요.

준비물(QR)
그림을 그리는 데 꼭 필요한 맞춤 팔레트와 예제를 QR 코드로 제공합니다.

One Point Lesson
혼자가 아니예요. 그림을 그리며 유의해야 할 점은 물론, 좋은 그림을 완성하는 데 필요한 내용을 친절하게 알려 줍니다.

레벨업! 고급 기능
변화도 맵

변화도 맵은 글레이징 채색법과 유사한 기능으로 기본 채색을 좀더 빠르고 간편하게 적용할 수 있는 기능입니다. 포토샵에서도 지원하기 때문에 디지털 페인팅을 하는 사람이라면 예외 없이 사용하는 기능이기도 합니다. 프로크리에이트에서는 포토샵처럼 세세한 값을 조정할 순 없지만, 기본 원리는 동일하므로 포토샵보다 간편하게 기능을 시험해 볼 수 있습니다. 그럼 바로 시작해 보겠습니다.

9 **5** –[직사각형]으로 빌딩 모양의 직사각형 여러 개를 선택 영역으로 지정한 다음, 브러시로 선택 영역을 채색합니다. **5** 는 선택한 영역에만 채색하거나 명암을 표현할 수 있을 뿐 아니라, 선택 영역의 경계를 활용해 깔끔한 면을 표현할 수 있어 디지털 페인팅에서 매우 중요한 기능입니다.

[잉크]-[스튜디오 펜] [5]

브러시&팔레트
어떤 브러시와 색을 사용해야 하는지 작업에 필요한 브러시와 팔레트를 바로 확인할 수 있습니다.

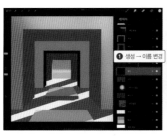

1 생성 → 이름 변경

2 레이어 모드 변경

Tip [색상 채우기]를 활용하면 선택 영역에 바로 색상을 채울 수 있지만, 선택 영역을 활용한 채색 방법은 디지털 채색에 아주 중요한 기법이므로 틈틈이 연습해 익숙해지도록 합시다.

Doki's knowhow 그리기 도움받기와 그리기 도우미

[그리기 도움받기] 기능을 활용하면 가이드 선에 맞춰 깔끔하게 스케치할 수 있습니다. 하지만 가이드 선에 어긋나는 스케치를 할 수는 없죠. 이럴 때는 [그리기 도움받기] 기능을 해제하면 됩니다. 레이어 메뉴의 [그리기 도우미]를 터치하면 간편하게 설정을 변경할 수 있습니다.

Doki's Knowhow
유튜브의 밥 아저씨! Doki가 제안합니다. 알아 두면 유용한 디지털 페인팅 노하우를 만나 보세요.

팁
디지털 페인팅의 주요 개념이나 용어, 놓치고 지나칠 수 있는 내용을 팁으로 구성했습니다.

차례

1 방구석 미술 학원에 오신 걸 환영합니다

01. 준비물

02. 디지털 페인팅, 이것만 알면 됩니다

② 함께 그리며 배우는 기초반

3 기초 완성반

4 그림 지식 업그레이드! 중급반

5 다양한 소재를 그리는 고급반

6   Doki's Knowhow

1

방구석
미술학원에
오신 걸
환영합니다.

안녕하세요? 아이패드 페인팅 채널을 운영하는 유튜버 Doki입니다.

누구나 한 번쯤 '나는 왜 그림을 못 그릴까?' 또는 '나도 그림을 잘 그리고 싶다.'라는 생각을 하지 않나요? 저는 이런 생각을 가진 여러분을 위해 단순히 그림 그리기용 소프트웨어의 기능을 알려 주는 데 그치지 않고, 미술의 기본 이론과 노하우를 알려 주면서 누구나 쉽게 그림 그리기에 도전할 수 있도록 유튜브 채널을 운영하고 있습니다. 하지만 유튜브라는 플랫폼에서는 초보자들을 위한 영상 자료를 많이 올리기가 쉽지 않아요. 아무래도 영상이라는 포맷의 특성상 일회성 정보로 그치기 쉽고, 영상 속도에 맞춰 그림을 그리기 어렵다는 한계가 있어 채널을 운영하면서도 항상 아쉬움이 남았죠.

그래서 이 책은 그림 초보자도 자신의 페이스에 맞추어, 소프트웨어의 기능을 배울 뿐만 아니라 특정 소프트웨어에 국한하지 않고 미술의 기본지식부터 차곡차곡 학습할 수 있도록 만들었습니다. 자신만의 그림 작품을 완성하는 모든 과정에서 겪을 수 있는 어려움들을 해결하는 방법도 꼼꼼히 실었으니 이 책을 집어 든 여러분도 저와 함께 천천히, 아이패드로 그림 그리는 즐거움을 느꼈으면 합니다. 그럼, 저를 끝까지 믿고 방구석 미술학원의 여정을 시작해 보세요.

01

준비물

실전에 들어가기에 앞서, 이 책에서 활용된 툴(하드웨어 및 소프트웨어)에 대한 간략한 설명과 선택법에 대해 알아 볼게요. 하드웨어는 우리가 그림을 그리는 데 물리적으로 필요한 도구를 말해요. 필수적인 하드웨어는 아이패드와 애플 펜슬이 있고, 부수적이지만 추가하면 작업에 도움이 되는 종이 질감 필름, 펜촉 등 여러 액세서리도 이에 속합니다. 소프트웨어는 아이패드 내에서 작동하는 앱을 말하는데요. 저는 프로크리에이트를 사용하지만, 이 외에도 다양한 앱이 있습니다. 이어지는 시간에는 프로크리에이트 앱의 장단점과 수많은 앱 중에서 프로크리에이트를 선택한 이유에 대해 알아보겠습니다.

오리엔테이션
태블릿 PC

시중에서 구할 수 있는 디지털 페인팅 도구는 매우 다양합니다. PC에 연결해 사용하는 펜 타블렛이나 디지털 태블릿, 그리고 휴대성이 좋은 갤럭시탭, 아이패드와 같은 태블릿 PC 등이 있죠. 최근 태블릿 PC의 성능이 한층 좋아지며 전문가를 위한 소프트웨어의 종류도 다양해졌어요. 태블릿 PC는 장소에 구애받지 않고 언제든지 수준 높은 그림을 그릴 수 있다는 장점이 있는데요. 태블릿 PC에도 종류가 많지만, 제가 그중 아이패드를 선택한 가장 큰 이유는 프로크리에이트라는 그림 앱은 아이패드에서만 사용할 수 있기 때문입니다. 아이패드 안에서도 아이패드, 아이패드미니, 아이패드에어, 아이패드프로 등 다양한 제품군이 있는 데다가 고가의 제품이라 선뜻 선택하기 쉽지 않을 거예요. 우선 나에게 맞는 아이패드를 선택하는 방법을 소개할게요.

제 작업공간입니다. 촬영용 수직 거치대 1개로 시작한 유튜브였지만, 이후 약 2년간 다양한 외주작업(그림 및 영상)을 하다 보니 장비가 꽤나 늘어났어요. 혹시 여러분이 유튜브 영상제작에 도전할 예정이라면, 최소한의 장비(핸드폰과 촬영을 위한 수직 거치대)로 시작하는 걸 추천해요.

Doki의 실제 작업 공간

아이패드(필수)

장인은 도구를 탓하지 않는다지만 기본적으로 애플 펜슬을 사용할 수 있다면, 어떤 아이패드를 사용하더라도 여러분의 실력을 키우고 능력을 보여줄 수 있습니다. 하지만 화면 크기와 용량은 고민을 좀 해야 할 사항입니다. 화면 크기는 무조건 커야 한다는 것이 이 세계의 지론이고 실제로 제가 경험해 본 바로도 이를 부정할 수 없었기 때문입니다. 하지만 주 목적이 필기나 독서 등, 그림 외의 용도로 아이패드를 사용한다면 자신의 사용 패턴에 맞춰 낮은 사양을 선택해도 됩니다. 용량은 그림 그리는 과정을 영상으로 저장하거나 참고할 리소스까지 고려한다면 최소 256GB 이상을 추천합니다.

액세서리 - 종이 질감 필름(선택사항)

디지털 페인팅이 처음인 분들은 종이가 아닌 미끌미끌한 유리 화면의 이질감 때문에 처음에는 적응하기가 쉽지 않다고 해요. 저도 이러한 이질감에 적응하지 못하고 아이패드를 구매하고도 약 3개월간 방치한 기억이 있습니다. 아마 이 순간이 디지털 페인팅의 첫 번째 고비라고 생각해요. 이에 대한 대안으로 종이 질감의 화면 보호 필름을 부착하는 것을 추천합니다. 하지만 저는 종이 질감의 필름이 주는 미세한 색감변화 때문에 빙판 같은 유리 화면에 적응하는 쪽을 선택했습니다. 만약 여러분이 색감 차이를 크게 신경 쓰이지 않는다면 간단하게 종이 질감의 필름을 부착하면 되고요, 저처럼 극복해 보겠다는 분들은 꾸준히 많은 양을 작업하다 보면, 어느덧 이질감을 느끼지 않는 순간이 올 거예요.

액세서리 - 펜촉(선택사항)

종이 질감의 필름이 주는 색감 변화나 유리 화면의 질감 문제에 대한 대안으로 등장한 것이 바로 펜촉입니다. 그림뿐만 아니라 필기를 위해 구매를 고려할 수 있죠. 하지만 그림만 주로 그린다면 추천하지 않는 악세서리입니다. 그 이유는 아이패드 화면과 펜촉 사이의 미세한 유격 때문입니다. 작은 차이지만 펜촉을 교체할 경우 유격이 더욱 커지거나 의도한 위치에 스케치나 채색하기가 힘들어질 수 있습니다.

액세서리 - 거치대(추천)

거치대는 반드시 구매해야 할 악세사리 중 하나입니다. 그림을 그리는 짧지 않은 시간 동안 고정된 자세로 작업하면 손목이나 목에 큰 무리가 가기 때문이죠. 특히 높은 집중력을 요하는 그림 작업이라면 더욱 건강을 해치기 쉽습니다. 시중에 다양한 거치대가 있지만 반드시 각도뿐만 아니라 높낮이까지 조절이 가능한 거치대를 선택할 것을 추천합니다.

현재 사용 중인 거치대

오리엔테이션
디지털 페인팅을 위한 앱

이론

디지털 페인팅을 위한 소프트웨어는 하드웨어에 비해 선택의 폭이 매우 넓어요. 하지만 사용 방법이나 인터페이스가 복잡하다면 자주 사용하지 않겠죠. 클립스튜디오, 스케치북, 어도비 프레스코, 메디방 등 수많은 디지털 페인팅 소프트웨어 중제가 프로크리에이트를 추천하는 이유는 다음과 같아요.

디지털 페인팅 관련 앱 모두 각각의 장단점이 있지만 구매하는 데 있어서 사용 방법이 얼마나 간편한지, 또 작업 시간을 얼마나 단축할 수 있는지가 가장 최우선 고려 요소가 됩니다. 제가 꼽는 프로크리에이트의 장단점은 다음과 같습니다.

장점	단점
✔ 포토샵과 공유할 수 있는 다양한 브러시를 제공 ✔ 브러시 사용자화(커스터마이징)가 쉬움 ✔ 직관적인 인터페이스 ✔ 폭넓은 유저층으로 다양한 유·무료 강좌 제공 ✔ 다양한 유·무료 브러시	✔ 아이패드 단일 플랫폼이므로 PC에서 사용 불가 ✔ 레이어 개수 제한(아이패드 버전 및 캔버스 크기에 따라 제한 수에 차이가 있음) ✔ 숨겨진 전문가 기능(고급 기능) ✔ 작은 화면

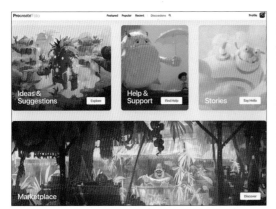

다양한 무료 리소스를 제공하는 프로그리에이트 공식 홈페이지

프로크리에이트는 가볍게 디지털 페인팅을 즐기고 싶은 초급자나 그림을 전문적으로 배우거나 직업으로 삼은 전문가 모두가 사랑하는 앱인 만큼 다양한 유·무료 온라인 강좌와 브러시 등 폭넓은 리소스를 활용할 수 있다는 것이 가장 큰 매력입니다. 또한 구독형이 아닌 한 번 구매로 계속 사용할 수 있고 지속적인 업데이트를 지원받을 수 있는 것도 프로크리에이트를 선택해야 할 중요한 요소입니다.

디지털 페인팅, 이것만 알면 됩니다!

저는 여러분처럼 책을 보며 무언가 익히는 것을 좋아합니다. 하지만 보통 프로그램을 사용해 그림을 그리는 책들은 시작부터 프로그램의 수많은 기능을 나열해서 우리가 첫 그림을 그리기도 전에 흥미를 잃게 만들죠. 그래서 여러분이 그 고비를 넘길 수 있도록 우선 꼭 알아야 하는 기본 기능만 빠르게 소개하고, 나머지 기능은 저와 함께 다양한 예제를 그리면서 자연스럽게 습득할 수 있게 준비했습니다.

이것만 알면 됩니다!
디지털 페인팅의 기초

실제 종이 그림을 그리려면 스케치를 위해 연필, 지우개, 붓, 물감 등이 필요합니다. 그렇다면 디지털 페인팅을 위한 도구는 무엇일까요? 여기에서는 디지털 페인팅에 최적화된 프로크리에이트를 기준으로 디지털 페인팅을 위한 기본 기능에 대해 알아보겠습니다.

캔버스 = 종이, 갤러리 = 스케치북

갤러리는 프로크리에이트를 처음 실행하면 마주하게 되는 화면입니다. 프로크리에이트의 캔버스 생성, 복사, 옮기기 등 파일을 관리할 수 있는 화면으로 생성된 캔버스가 갤러리 형식으로 표시됩니다.

우선 그림을 그릴 캔버스를 생성하려면 갤러리 메뉴에서 ⊕를 터치한 다음, 원하는 사이즈의 캔버스를 선택합니다. 캔버스 크기 목록 중 ▭을 선택하면 더 세부적으로 설정할 수 있습니다.

〔스크린 크기〕를 선택하면 아이패드의 화면 사이즈와 같은 크기의 새 캔버스가 만들어져요. 나머지 기능은 차차 알아갑시다.

> **Tip** 갤러리 화면에 표시된 내 그림(파일)을 손가락 또는 애플 펜슬로 슬라이드하면 파일을 복제/삭제할 수 있고 파일을 겹치면 폴더 형식(스택)으로 관리할 수도 있습니다. ◢

브러시 = 붓

캔버스를 만들었으면 다음과 같은 화면이 표시됩니다. 캔버스 오른쪽 위에는 그림을 그리기는 데 필요한 도구가 표시되고 캔버스 왼쪽 위에는 설정, 효과, 선택 등의 도구 바가 표시됩니다. 우선 그림을 그리는 데 가장 중요한 브러시(붓)⬤부터 선택해 봅시다.

⬤을 터치하면 카테고리별로 정리된 다양한 브러시가 표시됩니다. 여기서는 가장 기본적이지만 중요하게 쓰이는 [둥근 브러시]를 선택할게요.

[페인팅]-[둥근 브러시]

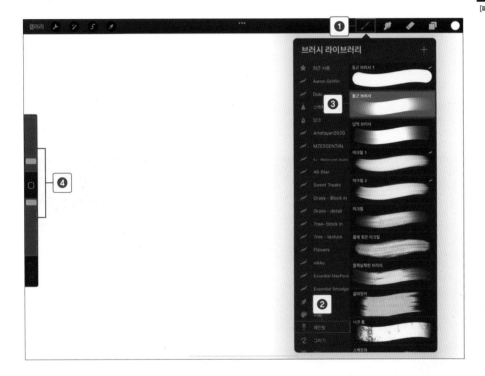

처음부터 여러 브러시를 사용하는 것은 그림 실력 향상에 크게 도움이 되지 않습니다. 작업하다 보면 여러분이 사용하게 될 브러시는 한두 개 정도일 거예요. 처음에는 어떤 브러시가 있는지 호기심 차원에서 둘러만 보는 것이 좋아요. ◢

선택한 브러시의 크기와 투명도는 캔버스의 왼쪽에 위치한 슬라이드 메뉴에서 조절할 수 있습니다. 브러시 크기와 투명도 슬라이드를 위아래로 움직이면 브러시의 크기와 투명도를 조절할 수 있어요. 슬라이드 메뉴 가운데 기능 버튼에 대한 자세한 내용은 449쪽을 참고하세요.

지우개와 문지르기

지우개 도구⬤나 문지르기 도구⬤를 탭하면 페인트 브러시를 탭했을 때와 마찬가지로 브러시 목록이 표시됩니다. 프로크리에이트에서는 그림을 그릴 때나 지울 때에도 동일한 브러시를 선택할 수 있습니다. 지우는 것 역시 그리기의 일부이므로 여기서 브러시를 선택할 수 있다는 것은 그리기 과정에서 의미 있는 일입니다. 문지르기 도구는 정작 그림을 배우는 데 방해가 될 수 있으므로 함께 그림을 그리며 알아볼게요.

Tip 지우개 브러시는 채색할 때 사용했던 브러시와 동일한 브러시를 사용하여 지우는 것이 좋습니다.◢

색상 = 팔레트, 물감

[디스크 탭]

[클래식 탭]

그림을 그리는 데 꼭 필요한 색상 도구는 메뉴에서 오른쪽 위의 ⬤을 탭하면 색상 팔레트로 표시됩니다. 디스크, 클래식, 하모니 등 다양한 옵션을 제공하고 있어요. 당장은 디스크와 클래식 중 자신이 선호하는 팔레트를 선택하여 사용하면 됩니다.

- 디스크: 바깥 원의 커서를 움직여 색상을 조절하고 안쪽 작은 원의 커서를 움직여 채도와 명도를 조절합니다.
- 클래식: 위쪽의 사각형에서 채도와 명도를 조절하고 아래쪽 슬라이드 바에서 색상, 채도, 명도를 조절합니다.

Tip 색상, 채도, 명도에 대한 자세한 내용은 219쪽을 참고하세요.◢

Doki's knowhow

예제와 팔레트 활용법!

이 책에서 제공하는 예제와 팔레트는 본문의 QR 코드를 통해 다운로드 할 수 있습니다. 예제나 팔레트를 다운로드하려면 아이패드의 카메라로 본문의 QR 코드를 스캔해 보세요. 다음 그림과 같이 "###'을(를) 다운로드하겠습니까?"라는 팝업창이 표시되면 (다운로드)를 터치하고 Safari 창의 ⊕를 터치하면 다운로드된 파일을 확인할 수 있습니다.

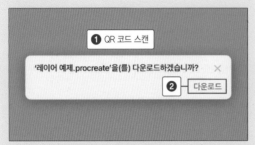

색상은 따로 언급이 없다면 각 그리기 과정에서 제공하는 브러시와 색상 번호를 참고하세요. 팔레트 이름과 함께 정확한 색상 번호를 확인하려면 (팔레트) 보기 옵션을 (소형)에서 (카드)로 변경하면 됩니다.

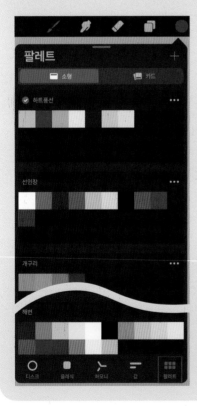

이것만 알면 됩니다!
프로크리에이트 기본 기능

이론

여기서는 디지털 페인팅의 필수 기능인 레이어와 작업 효율을 높일 수 있는 프로크리에이트의 제스처 기능에 대해 알아보아요. 특히 레이어는 모든 디지털 페인팅의 기본 개념인만큼, 제대로 이해하고 넘어가야 다양한 디지털 페인팅 앱에서도 응용할 수 있어요.

레이어

레이어는 겹겹이 쌓인 유리판에 그림을 그리는 것과 같습니다. 포개진 유리판 각각을 하나의 레이어로 구분하는 것이죠. 캔버스의 🔲을 터치하면 레이어 목록과 메뉴가 표시됩니다. 이렇게 레이어(유리판)를 분할하여 그림을 그리면 분할된 레이어 중 필요한 부분만 수정할 수 있고 레이어 모드를 활용해 다양한 효과를 적용할 수도 있습니다.

여기서는 제가 그렸던 그림을 예로 레이어의 생성, 복제, 병합, 이동 등에 대해 알아보겠습니다. 여러분의 이해를 돕기 위해 레이어를 깔끔하게 정리한 예제이므로 여러분이 실제로 그림을 그릴 때는 레이어를 깔끔하게 정리해야 한다는 강박을 가질 필요는 없답니다.

Tip 책에 제공된 프로크리에이트 파일(파일명: 레이어설명)을 열어 따라하면, 좀더 빨리 이해할 수 있을 거예요. ◢

① 레이어 생성: 레이어 목록 위의 ➕를 터치하면 새 레이어를 생성할 수 있습니다. 새 레이어는 항상 선택된 레이어 바로 위에 생성됩니다.

② 레이어 복제/삭제: 레이어 목록에서 레이어를 탭하거나 왼쪽으로 슬라이드하면 레이어 메뉴가 표시됩니다. 다음 그림은 '와인잔' 레이어를 복제한 것으로 레이어를 복제하면 기존 레이어와 같은 이름의 레이어로 복제됩니다. 포토샵과는 달리 프로크리에이트에서는 같은 이름의 레이어를 사용할 수 있습니다.

❶ N: 현재 선택한 레이어의 레이어 모드를 변경합니다. 레이어 모드에 대한 자세한 내용은 83쪽을 참고하세요.

❷ ☑: 현재 레이어를 캔버스에 표시하거나 표시 해제합니다.

❸ 〔잠금〕: 현재 레이어를 잠급니다. 잠긴 레이어는 수정할 수 없습니다.

❹ 〔복제〕: 현재 레이어를 복제합니다.

❺ 〔삭제〕: 현재 레이어를 삭제합니다.

3 레이어 이동: 레이어 목록의 레이어를 손가락이나 또는 애플 펜슬로 탭하여 위·아래로 움직이면 레이어를 이동할 수 있습니다. 레이어는 겹겹이 쌓인 유리판과 같다고 했죠? 레이어 이동은 겹쳐진 여러 장의 유리판을 위쪽 혹은 아래쪽으로 옮겨 순서를 바꾸는 것을 의미합니다. 아래쪽 레이어의 그림은 위쪽 레이어 그림에 가려 보이지 않으므로 레이어의 위치와 이동을 잘 이해하고 있어야 디지털 페인팅 작업을 수월하게 할 수 있어요. 다음 왼쪽 이미지의 와인잔을 복제해 오른쪽으로 살짝 옮기고, 주인공 팔 뒤로 가리게끔 조정했는데요, 복제한 레이어의 위치를 주인공 레이어보다 아래로 옮기면 주인공 팔에 와인잔이 가려지는 차이를 이해해야 합니다.

4 레이어 병합(합치기): 레이어 목록에서 선택된 레이어를 다시 한번 터치하면 여러 추가 옵션이 표시됩니다. 이 중 (아래 레이어와 병합)은 현재 선택된 레이어와 아래쪽 레이어를 하나로 합치는 기능입니다. 여기에서는 '쇼핑백' 레이어와 '와인잔' 레이어를 하나로 병합해 보았어요.

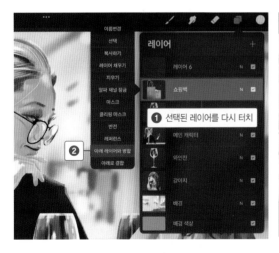 

레이어 모드

레이어 목록에서 각 레이어의 N을 탭하면 레이어 모드를 변경할 수 있습니다. 레이어 모드를 변경하면 고유의 속성에 따라 아래 레이어와 반응합니다. 레이어 모드를 변경한 위쪽 레이어는 레이어 모드가 반영되는 아래쪽 레이어의 색상에 따라 달라지므로 그 효과를 쉽게 예측할 수 없습니다. 여기서는 레이어 모드를 네 개의 카테고리로 구분했으니 각 카테고리의 특징만 기억하세요. 각각의 레이어 모드는 함께 그림을 그리며 배워 볼게요. 자주 사용하거나 유용한 레이어 모드는 ★로 표시했습니다.

Tip 불투명도 조절바를 좌우로 움직이면 해당 레이어의 불투명도를 조절할 수 있습니다.

카테고리	특징	레이어 모드
어둡게	레이어를 어둡게 표현	곱하기★ 어둡게 색상번 선형번 어두운 색상
밝게	레이어를 밝게 표현	밝게 스크린★ 색상 닷지★ 추가★ 밝은 색상
대비	아래 레이어와 대비를 강조	오버레이★ 소프트 라이트★ 하드 라이트 선명한 라이트 선형 라이트 핀 라이트 하드 혼합
색상	레이어의 색상을 수정	차이 제외 빼기 나누기 색조 채도 색상★ 광도

제스처 기능

제스처 기능은 아이패드의 터치 스크린을 활용해 자주 쓰는 기능이나 도구를 터치 동작만으로 빠르게 적용할 수 있는 기능인데요. 꼭 알아야 할 제스처는 다음과 같습니다.

1 줌인아웃(Zoom In & Out): 두 손가락을 화면에 대고 오므리거나 벌려서 캔버스를 확대/축소할 수 있습니다.

2 회전(Rotate) 및 이동(Pan): 두 손가락을 화면에 대고 회전하면 캔버스가 회전하고, 두 손가락으로 화면을 움직이면 캔버스를 움직일 수도 있어요. 이렇게 캔버스를 회전/이동할 경우, 캔버스나 그림이 실제로 변경되는 것은 아니며, 화면의 표시만 변경되는 것입니다. 실제로 그림을 그리다가 종이를 돌려 보거나, 가까이 보는 것과 같은 원리예요.

3 실행 취소(Undo): 두 손가락으로 화면을 탭하면 실행한 동작(채색, 지우기 등)을 순차적으로 취소할 수 있습니다.

4 다시 실행(Redo): 세 손가락으로 화면을 탭하면 실행 취소한 동작을 다시 실행합니다. 실행 취소와 반대되는 제스처입니다.

5 스포이드(컬러 픽커): 한 손가락으로 화면 터치하고 잠시 기다리면 스포이드가 활성화됩니다. 손가락으로 터치한 부분의 색상을 추출(선택)할 수 있습니다.

Tip 여기서 설명하지 않은 제스처는 그림을 함께 그리며 배워 볼 거예요. 기본 설정된 제스처 동작은 원하는 다른 제스처로 변경할 수도 있습니다. 제스처 설정 변경에 대한 자세한 내용은 449쪽을 참고하세요. ◢

2

함께 그리며
배우는 기초반

프로크리에이트의 필수 기능을 익힐 수 있는 간단한 예제 네 개를 따라하며 아이패드로 그림 그리기의 첫 발을 떼어 봅시다. 최대한 처음 도전하는 사람들도 쉽고 자연스럽게 익힐 수 있는 예제들로 엄선했어요. 기능을 익히는 것에 중점을 둔 예제이므로 결과물보다는 필수 기능을 직접 체험한다는 가벼운 마음으로 함께 그리면 좋을 것 같아요. 그림은 머리로만 이해하는 것보다 한 번이라도 더 손으로 직접 그려보는 게 중요합니다. 이 책에서는 난이도로 순서를 정했으니 꼭 순서에 따라 진행하세요.

Cactus

01

하트 풍선 그리기

방구석 미술학원의 첫 번째 그림입니다. 이번 시간에는 하트 풍선을 그려 보며, 프로크리에이트의 기본 기능인 컬러 드롭, 픽셀 유동화, 클리핑 마스크, 변형 모드 기능을 익혀 볼 거예요. 간단한 기능이지만 대부분의 디지털 페인팅 앱이 제공하는 필수 기능인만큼 확실하게 익히는 것이 좋습니다. 이번 시간의 목표는 기본 기능과 친해지는 것이므로 결과물에 연연하지 않았으면 해요. 저와 함께 여러 번 그림을 그리다 보면, 분명 자신도 놀랄 수준까지 도달할 수 있을 테니까요.

기초반 기본 기능 - 1
컬러 드롭과 픽셀 유동화

이론

이번 그림을 함께 그리면서 꼭 익혀야 할 기능은 컬러 드롭과 픽셀 유동화입니다. 기본 기능이지만 거의 모든 디지털 페인팅 앱이 제공하는 필수 기능이기도 하죠. 간단하게 따라하다 보면 스케치 → 기본 채색 → 명암 넣기로 이어지는 디지털 페인팅의 작업 순서를 익힐 수 있으니 천천히 그려 보세요.

컬러 드롭(Color Drop)

컬러 드롭은 스케치 영역 안쪽에 색상을 채우는 기능입니다. 포토샵의 페인트 통 도구와 비슷한 기능이죠. 컬러 드롭 기능의 사용 방법과 꼭 알아야 할 옵션에 대해 알아볼게요.

컬러 드롭으로 색상 채우기

1 갤러리 메뉴에서 ➕ -〔스크린 크기(2,732×2,048px)〕를 터치해 새 캔버스를 생성합니다.

> **Tip** 사용하는 아이패드에 따라 스크린 크기가 다를 수 있습니다. 이 책에서 사용한 아이패드의 스크린 크기는 2,732×2,048px입니다. ◢

2 메뉴에서  – '배경 색상' 레이어를 선택한 다음, 색상을 변경합니다.

[1]

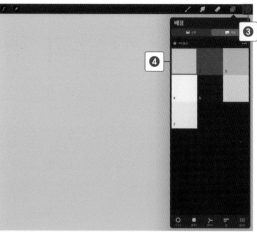

3 '레이어 1'이 선택된 상태에서 그림과 같이 원 두 개를 그린 다음, 꼬리를 잇는 방식으로 하트 풍선의 모양을 스케치해 보세요. 물론 그리기에 자신 있다면 한 번에 그려도 됩니다.

[잉크]–[스튜디오 펜]   [2]

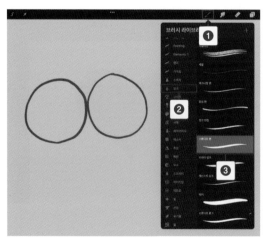
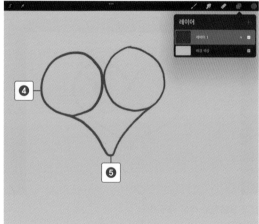

Tip 디테일한 모양은 이어지는 과정에서 다시 수정할 것이므로 너무 걱정하지 않아도 됩니다.

 **Doki's knowhow** ## 브러시 보정하기

아무리 많은 브러시를 구매하고, 다운받아도 100% 마음에 드는 브러시는 찾기 힘들어요. 이때에는 프로크리에이트에서 제공하는 '브러시 스튜디오'라는 옵션을 이용하길 추천합니다. 이 옵션은 사용자의 취향에 따라 세세한 부분까지 조정할 수 있는데 예를 들어, 손이 떨리거나 화면이 미끄러워 선을 매끄럽게 그리기 어려울 때, 다음과 같이 '브러시 스튜디오'에서 브러시의 속성을 변경할 수 있어요. 브러시 목록에서 보정할 브러시를 왼쪽으로 슬라이드해 복제한 다음, 복제한 브러시를 한 번 더 터치하면 '브러시 스튜디오' 창이 나타납니다. 브러시를 수정할 때는 항상 이렇게 원본 브러시를 복제하는 것이 좋습니다.

브러시 스튜디오 메뉴에서 [안정화]-[StreamLine]의 '양'을 값을 '80%~100%' 정도로 조절하면 흔들리지 않고 깔끔한 선을 그릴 수 있습니다. 여기서 'StreamLine' 값을 최대(100%)로 설정했습니다.

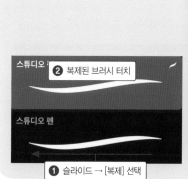

4 이제 컬러 드롭 기능으로 색상을 채워 볼게요. 애플 펜슬로 메뉴의 색상을 끌어 스케치한 원 안쪽에 놓으면 색상이 채워집니다. 컬러 드롭은 이렇게 빠르게 채색할 수 있는 기능인데, 프로크리에이트에서는 다른 디지털 페인팅 앱과 달리 '컬러 드롭 임계값'이라는 세밀한 옵션을 제공합니다.

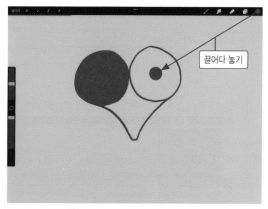

 **컬러 드롭 임계값**

컬러 드롭 임계값은 스케치선이 연필과 같이 고르지 않을 때 깔끔하게 색상을 채울 수 있는 옵션입니다. 컬러 드롭 임계값을 조절하려면 색상을 끌어 오는 스케치 영역 안쪽에서 애플 펜슬을 바로 떼지 않고 잠시 기다립니다. 화면 위쪽에 'ColorDrop 임계값'이라는 메시지가 표시되면 애플 펜슬을 좌우로 움직여 임계값을 조절할 수 있습니다.

• 컬러 드롭 임계값에 따라 색이 채워지는 정도 차이

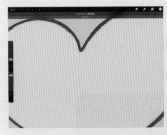 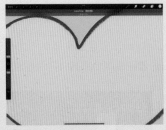 

임계값이 0%일 때　　　　　　임계값이 70%일 때　　　　　　　임계값이 85% 이상일 때

〈임계값이 85% 이상일 때〉 예시와 같이 연필과 같은 재질의 스케치 선은 컬러 드롭 임계값이 일정 수치를 넘으면 캔버스 전체에 색상이 채워집니다. 참고로 오른쪽 그림과 같이 깔끔한 재질의 스튜디오 펜으로 그린 스케치 선이라도 영역이 조금이라도 열려 있으면 컬러 드롭 임계값과 상관없이 캔버스 전체에 색상이 채워지므로 주의합시다.

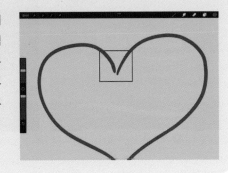

픽셀 유동화

픽셀 유동화는 그림의 형태를 자연스럽게 변형하고 수정하는 기능입니다. 여기서는 하트 풍선의 형태를 다듬는 데 픽셀 유동화 기능을 사용할 거예요.

1 ☑ -[픽셀 유동화]를 선택합니다.

Tip 픽셀 유동화는 형태가 조금만 달라져도 어색해 보일 수 있는 인물화를 그릴 때 유용한 도구입니다.▲

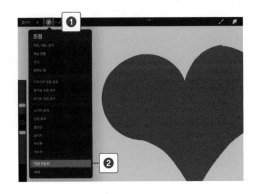

② 변형 방법 중 (밀기)를 선택한 다음 애플 펜슬로 하트 풍선을 밀고, 당기듯이 움직여 보세요. 각 옵션 값을 적절히 조절하면 하트 풍선의 모양을 변형할 수 있습니다. 픽셀 유동화 옵션 중 변형에 가장 많은 영향을 주는 옵션은 (크기)와 (압력)입니다. 정해진 값은 없으니 설정 값을 조절하며 '픽셀 유동화'을 실험해 보세요.

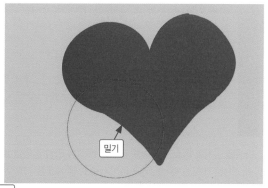

❶ 픽셀 유동화에 사용할 변형 방법을 선택합니다. (초기화)를 터치하면 픽셀 유동화로 변형한 내용을 초기화할 수 있습니다.

❷ 크기: 사용할 브러시의 크기를 설정할 수 있습니다.

❸ 압력: 변형의 정도를 설정할 수 있습니다. 압력 값이 작으면 변형이 거의 일어나지 않습니다.

❹ 왜곡: 왜곡 정도를 설정할 수 있습니다. 왜곡은 부수적인 변형의 정도입니다.

❺ 탄력: 변형의 탄성 정도를 설정할 수 있습니다. 탄력값이 작을수록 단단한 물체를 변형하는 것처럼 적용됩니다.

[픽셀 유동화] 메뉴를 더욱 효과적으로 사용하는 방법

처음에는 브러시 크기를 크게 설정해 큰 형태로 변경하여 작업하다가 브러시 크기를 작은 것으로 변경하여 세부적인 형태를 조절해 보세요. 화면을 두 손가락으로 터치하면 '실행 취소', 세 손가락으로 터치하면 '재실행' 기능을 사용할 수 있습니다. 결과물이 마음에 들 때까지 실행 취소와 재실행 기능을 적극적으로 활용하며 변형의 감을 익힙니다. 결과물이 마음에 들지 않는다면 설정 항목 중 (초기화)를 선택하여 픽셀 유동화로 변형된 내용을 초기화하면 됩니다.

③ 스튜디오 펜으로 하트 풍선의 외곽선을 좀 더 깔끔하게 정리하며 기본 바탕 그리기를 마무리하세요.

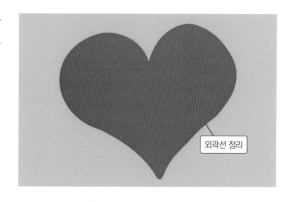

기초반 기본 기능 - 2
클리핑 마스크와 변형 모드

이론

이번에는 클리핑 마스크 기능을 활용해 채색과 명암 작업을 하고 변형 도구로 하트 풍선을 복제하여 배치하겠습니다. 클리핑 마스크는 디지털 페인팅에서 없어서는 안될 유용한 기능으로 채색에 할애하는 시간을 줄일 수 있습니다. 천천히 같이 따라해 보아요.

클리핑 마스크

클리핑 마스크는 이미 색상이 칠해진 영역에만 채색을 할 수 있는 기능입니다. 클리핑 마스크를 활용하면 다음 그림과 같이 하트 풍선 바깥쪽은 채색되지 않죠. 클리핑 마스크는 원본 레이어 위에 생성한 새 레이어에 적용하여 채색하는 것이므로 원본 레이어를 그대로 유지하며 채색 작업을 할 수 있습니다. 이런 특성 덕분에 원본을 유지한 상태로 여러 가지 시도를 해볼 수 있죠. 클리핑 마스크로 채색한 결과물이 마음에 들지 않는다면 클리핑 마크스를 적용한 레이어만 삭제할 수 있습니다. 클리핑 마스크와 비슷한 알파 채널 잠금과 마스크에 대한 내용은 차근차근 알아보기로 해요.

클리핑 마스크 전

클리핑 마스크 후

1 하트 풍선이 있는 레이어 위로 새 레이어를 생성합니다. 새 레이어가 선택된 상태에서 다시 한 번 레이어를 터치하면 표시되는 레이어 메뉴에서 (클리핑 마스크)를 선택하세요.

Tip 클리핑 마스크가 설정된 레이어의 섬네일 앞에는 화살표가 표시되므로 다른 레이어와 쉽게 구분됩니다. ◢

2 하트 풍선의 왼쪽 위에 빛이 있다고 상상하며 다음 그림과 같이 밝은 부분을 채색하세요. 소프트 브러시의 크기를 크게 설정해 채색하면 명암을 좀더 자연스럽게 표현할 수 있습니다.

[에어브러시]-[소프트 브러시]　[3]

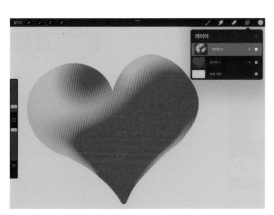

채색된 부분을 보기 쉽게 표시한 이미지

3 하이라이트 부분도 채색할게요. 다시 새 레이어를 생성하고 클리핑 마스크를 적용한 상태에서 그림과 같이 하이라이트 부분을 채색하세요. 앞서 빛이 들어간 영역에서 위쪽 부분에 덧대어 채색하면 하이라이트처럼 보일 거예요. 이렇게 새로운 레이어를 생성해 클리핑 마스크를 적용하면 원본을 유지한 상태로 하이라이트 영역만 쉽게 채색할 수 있습니다.

[에어브러시]-[소프트 브러시]　[4]

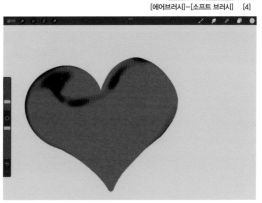

채색된 부분을 보기 쉽게 표시한 이미지

④ 새 레이어를 생성한 다음, 다른 색상으로 하트 풍선의 꼭지도 그려 줍니다.

[잉크]-[스튜디오 펜]   [5]

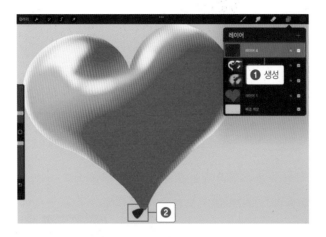

⑤ 이번에는 하트 풍선 꼭지에 명암을 넣어 줄게요. 풍선 꼭지를 그린 레이어 위로 새 레이어를 생성하고 클리핑 마스크를 적용한 다음, 풍선 꼭지의 아래쪽을 밝게 채색합니다.

[에어브러시]-[소프트 브러시]   [2]

> **Tip** 새 레이어 생성은 항상 선택된 레이어 위로 만들어져요. 그러므로 클리핑 마스크를 활용하여 채색할 때는 항상 채색할 레이어가 선택된 상태에서 새 레이어를 만드세요. ◢

⑥ 레이어가 많아졌으니 레이어를 정리할게요. '레이어 5' 레이어를 터치하여 레이어 메뉴를 표시하고 [아래 레이어와 병합]을 선택합니다. 병합한 풍선 꼭지 레이어를 레이어 목록 제일 아래쪽으로 옮겨 주세요.

변형 모드

변형 모드에서는 개체 크기를 조절하거나 이동, 회전할 수 있는 다양한 메뉴를 제공합니다. 메뉴에서
●를 터치하면 변형 모드가 활성화됩니다.

1 레이어 목록에서 풍선 꼭지를 제외한 레이어를 꼬집어 하나로 병합한 다음, 병합된 레이어를 터치
하여 레이어 메뉴를 표시하고, [이름변경]을 선택하여 각각의 레이어 이름을 "풍선 1", "풍선꼭지 1"로
변경합니다.

Tip 원하는 개체를 변형하기 위해서 레이어를 다중 선택하여 적용해도 되지만, 매번 다중 선택할 수 없으므로 미리 레이어 정
리하는 것이죠 ◢

2 '풍선 1' 레이어를 왼쪽으로 슬라이드해 복제한 다음, 레이어 이름을 "풍선 2"로 변경합니다.

③ '풍선 2' 레이어가 선택된 상태에서 메뉴 ⬈을 터치해 변형 모드를 활성화하면 '풍선 2' 레이어의
풍선 주변으로 점선과 조절점이 나타납니다.

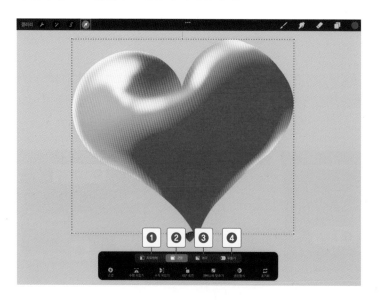

❶ 자유형태: 객체의 비율을 유지하지 않고 크기가 조절되므로 이미지를 한 방향으로 늘일 수 있습니다.

❷ 균등: 객체의 비율을 유지하면서 크기가 조절되므로 이미지를 균등하게 키우고 줄일 수 있습니다.

❸ 왜곡: 객체에 왜곡을 일으켜, 원근감이 느껴지는 이미지를 만들 수 있습니다.

❹ 뒤틀기: 이미지 위를 덮는 가상의 조절점을 생성하여 부위별로 변형을 일으킬 수 있습니다.

Tip 변형 모드의 여러 옵션들은 아이콘만 봐도 직관적으로 이해되지요? 앞으로 그림 작업에 다양하게 쓰일 예정이니 직접 하나씩 선택하여 실험하면서 기능을 익혀 보세요.◢

④ 조절점이 표시된 개체를 선택하여 움직이면 원하는 위치로 옮길 수 있습니다.

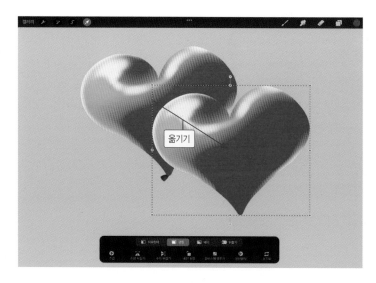

5 초록색 조절점을 좌우로 움직이면 개체를 회전시킬 수 있습니다.

> **Tip** 초록색 조절점을 터치하면 직접 원하는 각도의
> 수치를 입력하여 회전시킬 수 있습니다. ◢

6 파란색 조절점을 움직이면 개체의 크기를 확대/축소할 수 있습니다.

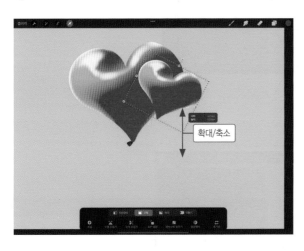

> **Tip** 노란색 조절점을 움직이면 변형의 기준이 되는
> 점선과 조절점을 회전시킬 수 있습니다. ◢

7 변형 모드의 (균등)을 선택하여 하트 풍선의 크기와 위치 등을 그림과 같이 변형합니다. 변형을 완
료하려면 다시 ◢를 터치하거나 다른 메뉴를 선택하면 됩니다.

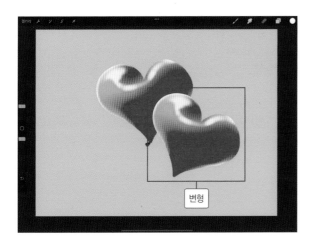

⑧ 메뉴 🖌 –[픽셀 유동화]를 선택한 다음, 변형 옵션 중 [밀기]를 선택해 복제한 하트 풍선을 약간 통통하게 바꿔 줄게요.

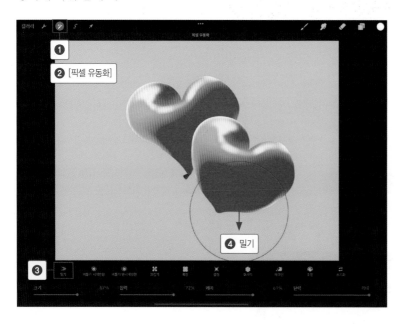

⑨ '풍선꼭지 1' 레이어를 왼쪽으로 슬라이드하여 복제한 다음, 레이어 이름을 "풍선꼭지 2"로 변경합니다. ⬆를 터치해 다음 그림과 같이 배치하세요.

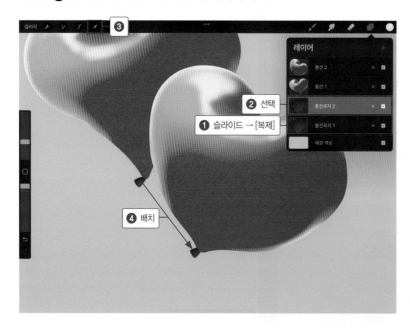

⑩ 레이어 목록 제일 아래로 새 레이어를 생성하고, 하트 풍선의 끈을 그려 주세요. 레이어 이름도 "풍선끈 1"로 변경했습니다. 풍선 끈의 구불구불한 느낌을 살릴 때에도 픽셀 유동화를 사용하면 효과적입니다.

[잉크]-[스튜디오 펜]   [2]

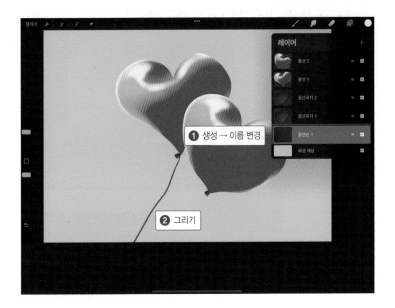

❶ 생성 → 이름 변경

❷ 그리기

⑪ '풍선끈 1' 레이어 위로 새 레이어를 생성하고 레이어 메뉴에서 [클리핑 마스크]를 적용합니다. 다음 그림과 같이 채색하여 풍선처럼 빛이 비치는 느낌을 줄게요. 빛이 하트 풍선의 왼쪽 위에서 있다고 생각하면서 풍선끈의 왼쪽에 밝은 색과 하이라이트 색으로 살짝 채색하면 자연스럽게 표현할 수 있어요. 채색을 완료하고 레이어 메뉴의 [아래 레이어와 병합]을 선택해 풍선끈 레이어는 모두 합쳐 줍니다.

[에어브러시]-[소프트 브러시]   [3]   [4]

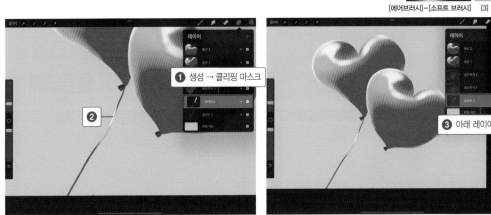

❶ 생성 → 클리핑 마스크

❷

❸ 아래 레이어와 병합

12 병합한 '풍선끈 1' 레이어를 슬라이드로 복제한 다음, 레이어 이름을 "풍선끈 2"로 변경합니다. 그리고 ⬀를 터치해 다음 그림과 같이 자연스럽게 배치하세요.

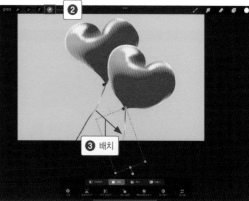

13 구름을 넣어 그림을 마무리할게요. 새 레이어를 생성한 다음, 레이어 목록의 제일 아래로 옮겨 주세요. 레이어 이름은 "구름"으로 변경했습니다.

14 손목에 힘을 빼고 둥글게 구름의 몽실몽실한 느낌을 살려 그려 주세요. 구름을 그릴 때는 어떤 모양을 의식하며 그리기보다는 최대한 아무 생각 없이 애플 펜슬을 떼지 않고 손 가는 대로 한 번에 채색하길 추천합니다.

[유기물]-[레인포레스트] [6]

'구름' 레이어만 표시한 이미지

15 '구름' 레이어 위로 새 레이어를 생성한 다음, 클리핑 마스크를 적용하고 다음 그림과 같이 군데군데 밝은 부분을 채색하세요.

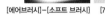

[에어브러시]-[소프트 브러시]　[7]

16 그림이 깔끔해 보이는 디지털 페인팅의 특성상 몇 가지 마무리 작업을 더하면 좋은 그림을 완성할 수 있습니다. 여기서는 이미지의 주변부를 어둡게 처리하는 비네팅(Vignetting) 효과를 넣어 줄게요. 레이어 목록의 제일 위로 새 레이어를 생성하고 컬러 드롭 기능을 활용해 캔버스 전체를 검정색으로 채워 주세요.

Tip　비네팅은 영상이나 이미지를 카메라로 촬영할 때 렌즈 주변부에 빛이 적게 들어와 결과물의 외곽이 어두워지는 현상을 말합니다. 그림에 비네팅 효과를 더하면 주요 오브젝트에 집중도가 높아지고 좀더 전문적으로 보이죠.◢

17 를 선택하고 브러시 크기를 최대한 크게 설정한 다음, 캔버스 가운데 부분을 살살 지워 주세요. 캔버스는 브러시보다 작게 축소하면 좀더 간편하고 깔끔하게 지울 수 있습니다.

[에어브러시]-[소프트 브러시]

18 비네팅 효과를 적용할 레이어의 (N)을 터치한 다음, [오버레이]를 선택합니다. 레이어 모드 중 오버레이를 선택하면 이미지의 대비를 더욱 강하게 표현할 수 있는데 우리는 이 기능을 사용할 거예요. 레이어 모드가 적용된 레이어의 불투명도를 조절하면 비네팅 효과의 정도를 조절할 수 있습니다

Tip 레이어 모드에 대한 자세한 내용은 34쪽과 85쪽을 참고하세요.

19 채색이 어색한 부분을 정리하고 마무리하면 하트 풍선 그림이 완성됩니다. 수고했어요!

하트 풍선은 프로크리에이트의 네 가지 기본 기능(컬러 드롭, 픽셀 유동화, 클리핑 마스크, 변형 모드)을 익히기 위해 그려본 예제입니다. 자신의 결과물이 마음에 들지 않아도 기본 기능을 익힌 것만으로도 충분한 수확이예요. 다음에는 원하는 대로 더 잘 그릴 수 있다는 마음가짐으로 계속해서 기능을 익히며 연습해 보아요.

필자가 마무리를 더하여 완성한 그림

02

사막 위의 선인장 그리기

이번에는 퀵쉐입(QuickShape)과 텍스트 삽입, 가우시안 흐림 효과 등을 활용해 사막 위의 선인장을 그려 보겠습니다. 퀵쉐입 기능은 깔끔한 선이나 모양을 그리는 데 유용한 기능이고 가우시안 흐림 효과는 경계를 흐리게 하거나, 두 가지 색을 섞는 등 다양하게 활용할 수 있는 기능입니다. 따라서 앞서 알아본 기본 기능과 이번 장에서 배우는 기능은 작업에서 필요한 순간, 바로바로 응용할 수 있을 정도로 익혀 두는 것이 좋습니다. 따라하기 과정이 많아 복잡하고 어렵게 느낄 수 있지만 이러한 과정도 작품이 하나씩 완성되면 즐거운 마음이 더 커질 거예요.

기초반 기본 기능 - 3
퀵쉐입

이론

이번 그림을 그리기 위해 꼭 알아야 하는 기능이 바로 '퀵쉐입'입니다. 선과 도형을 쉽고 깔끔하게 그릴 수 있어 그림 작업에서는 없어서는 안될 도구이지요. 본격적으로 그림을 그리기 전, 배경부터 작업해 볼게요. 간단한 형태의 그림이므로 스케치 과정은 생략했지만, 스케치는 그림 실력을 높이는 데 많은 도움이 되므로 간단하게라도 직접 스케치 해볼 것을 추천합니다. 복잡해 보이는 그림도 꾸준히 관찰하고 단순화하여 스케치 연습을 하다 보면 좋은 그림을 그릴 수 있는 든든한 힘이 됩니다.

퀵쉐입

퀵쉐입(QuickShape)은 선이나 도형을 깔끔하게 그릴 수 있도록 지원하는 기능입니다. 편리한 기능이지만 그림 그릴 때, 퀵쉐입을 많이 사용하면 자칫 딱딱하고 매력 없는 그림이 될 수 있으므로 과하게 사용하지 않도록 주의해야 합니다.

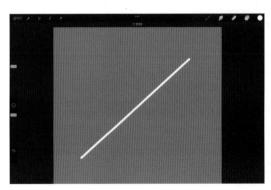
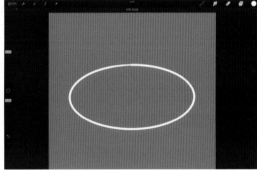

퀵쉐입 기능으로 그린 사선과 타원

1 갤러리에서 ➕ – ◼ 을 선택해 너비와 높이가 4,000픽셀 크기인 새 캔버스를 생성합니다.

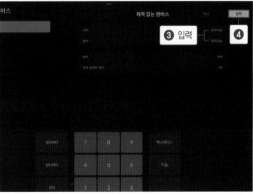

2 레이어 목록에서 '레이어 1'을 선택한 다음, 레이어 이름을 "배경"으로 변경하고 컬러 드롭으로 배경 색상을 채워 주세요. 모든 색상은 상대적으로 영향을 미치기 때문에 그림의 배경 색상(명도)부터 설정하는 것이 좋습니다. 예를 들어 같은 대상을 그리더라도 배경이 밝을 경우 대상은 상대적으로 어두워 보이며, 배경이 어두울 경우 대상이 더욱 밝아 보입니다. 그러므로 대략이라도 배경 색상을 미리 지정하고 그림 작업을 시작하는 것이 좋습니다.

[1]

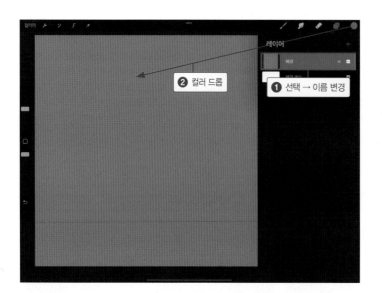

> **Tip** '배경 색상' 레이어에서 바로 배경 색상을 변경할 수 있지만 '배경 색상' 레이어에서는 색상만 지정할 수 있어 레이어를 변형하거나, 다른 효과를 적용할 수 없으므로 새 레이어를 생성하여 색상 채우기를 권합니다.◢

3 새 레이어를 생성하고 캔버스에 원을 그린 다음 애플 펜슬을 떼지 않고 잠시 기다리면 작업 화면 위로 타원 생성됨 이라는 메시지가 표시됩니다. 퀵쉐입 기능이 활성화된 것이죠.

[잉크]-[스튜디오 펜] [2]

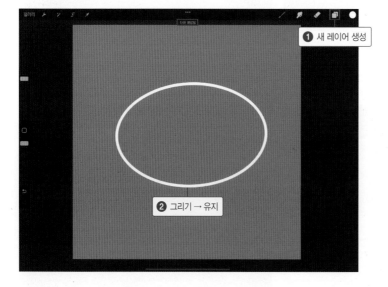

58

4 퀵쉐입 기능이 활성화된 것을 확인한 다음, 화면에서 애플 펜슬을 떼면 `타원 생성됨` 이라는 메시지 대신 `○ 편집 타원` 문구로 바뀝니다. (편집)을 터치하면 파란색 조절점이 생기며 타원 모양을 수정할 수 있습니다.

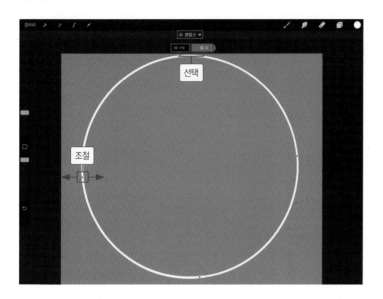

> **Tip** 타원이 표시된 상태에서 애플 펜슬을 떼지 않고 손가락으로 화면을 터치하면 정원형을 그릴 수도 있습니다. 퀵쉐입 기능은 모든 도형에 적용되지 않지만 직선의 경우, 퀵쉐입 상태에서 손가락을 가져가 터치하여 움직이면 직선이 일정한 각도로 스냅(고정)되어 다양한 형태로 그릴 수 있습니다. ◢

5 퀵쉐입 기능을 활용해 아래와 같이 호를 그릴 경우에도 화면에 상단에 표시된 `∧ 편집 원호` 에서 (편집)을 터치하면 그려진 호에 파란색 조절점이 표시되고, 조절점을 움직여 원하는 형태로 수정할 수 있습니다.

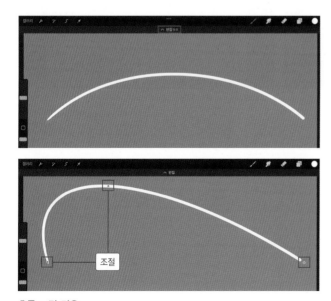

호를 그린 경우

6 퀵쉐입 기능은 타원이나 원에만 적용될 뿐만 아니라 다양한 선과 도형에도 적용됩니다. 원하는 선이나 도형을 그린 다음, 화면에서 애플 펜슬을 떼지 않고 잠시 기다리면 선일 경우 ⚡ **편집** 폴리라인 이라는 메시지가 표시되며, 도형일 경우 〔도형 ▽〕이라는 메시지가 표시되므로 도형을 좀더 깔끔하게 그릴 수 있습니다.

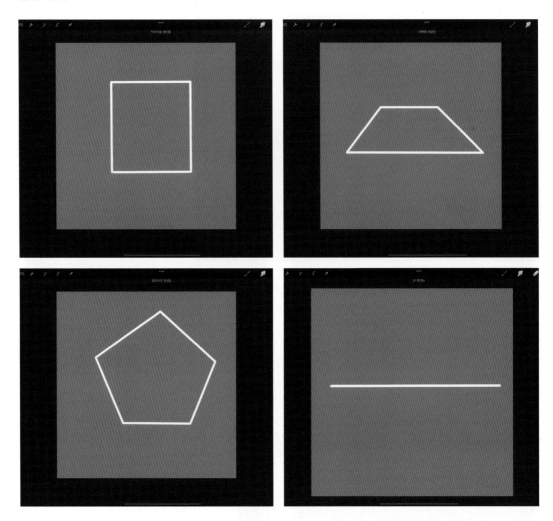

사막 배경 그리기

1 새 레이어를 추가하여 퀵쉐입 기능을 활용해 정원의 도형을 그린 다음, ✈을 선택해 캔버스 위쪽으로 옮겨 주세요. ✈을 선택한 다음, (스냅)을 활성화하면 캔버스의 세로 방향 가운데로 도형을 배치할 수 있습니다. 이어지는 작업에서 텍스트를 삽입할 예정이므로 캔버스 아래쪽 공간을 남기는 것이 좋습니다.

[잉크]-[스튜디오 펜] [2]

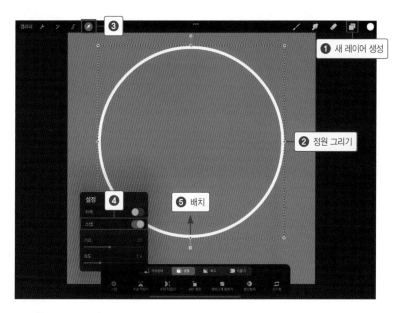

- **①** 새 레이어 생성
- **②** 정원 그리기
- **⑤** 배치

2 컬러 드롭으로 원 바깥 영역을 흰색으로 채우고 레이어 이름을 "커버"로 변경합니다. 다음 과정을 확인하기 쉽도록 '커버' 레이어의 (N)을 선택해 불투명도를 50%로 변경했습니다.

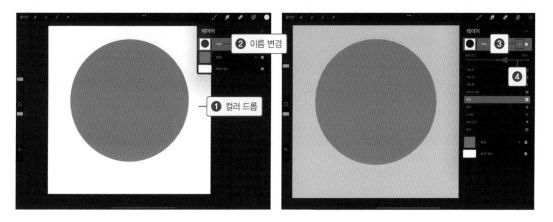

- **②** 이름 변경
- **①** 컬러 드롭

Tip 이어지는 과정의 그림은 모두 '커버' 레이어와 '배경' 레이어 사이에 그려 주세요.

③ '커버' 레이어와 '배경' 레이어 사이에 새 레이어를 생성한 다음, 그림과 같이 적절한 위치에 직선을 그려 주세요. 퀵쉐입 기능을 활용하면 간단하게 직선을 그릴 수 있습니다. 컬러 드롭으로 직선 아래쪽 영역도 같은 색상으로 채웠습니다.

[잉크]-[스튜디오 펜]   [3]

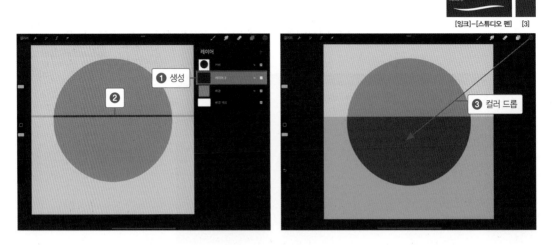

Tip 캔버스 전체에 색상이 채워진다면 컬러 드롭 임계값을 조절하거나 캔버스를 가로지르는 직선이 양끝까지 맞닿아 있는지 확인해 보세요. 컬러 드롭 임계값에 대한 자세한 내용은 42쪽을 참고하세요.◢

④ 사막의 지평선을 표현하기 위해 다음 그림과 같이 적절한 위치에 직선을 그리고 컬러 드롭으로 색상을 채워 주세요.

[4]

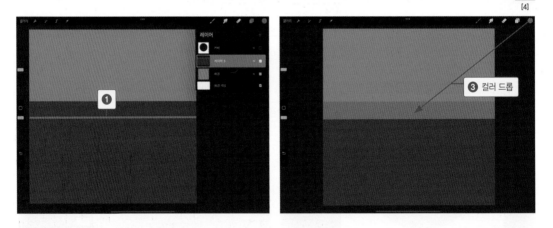

Tip 레이어 이름 옆의 체크 박스를 터치하면 해당 레이어를 캔버스에 표시하거나 표시 해제할 수 있습니다. '커버' 레이어는 필요에 따라서 계속 표시/표시 해제해도 괜찮아요. 이어지는 과정에서도 필요할 상황에서만 '커버' 레이어를 표시했습니다.◢

5 같은 방법으로 다음 그림과 같이 적절한 위치에 직선을 그리고 컬러 드롭으로 색상을 채워 주세요. 레이어 이름은 '사막'으로 변경했습니다. 중간 점검을 위해 '커버' 레이어를 표시하고 불투명도 100% 로 변경했습니다.

[5]　[6]

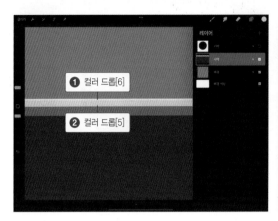 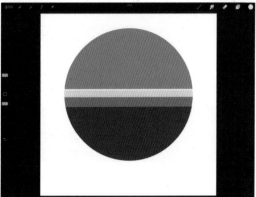

6 언덕을 그려주기 위해 '사막' 레이어 위로 새 레이어를 생성합니다. 그림과 같이 적당한 위치에 사선을 그린 다음, 사선 아래쪽에 색상을 채워 줍니다.

[잉크]-[스튜디오 펜]　[7]

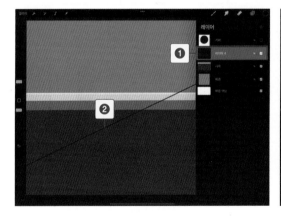 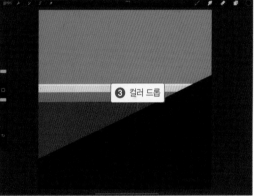

7 같은 방법으로 사선을 그리고 사선 아래쪽에 색상을 채워 주세요. 레이어 이름을 '언덕'으로 변경합니다.

[잉크]-[스튜디오 펜]   [8]

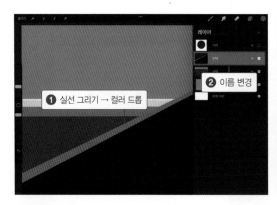

① 실선 그리기 → 컬러 드롭

② 이름 변경

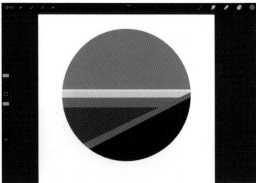

8 사막 위로 태양도 그려 볼게요. '언덕' 레이어 위로 새 레이어를 생성하고 퀵쉐입과 컬러 드롭을 활용해 원을 그린 다음, 색상을 채웁니다. 레이어 이름은 '태양'으로 변경하세요. 이제 태양이 떠오른 황량한 사막 배경이 완성됐습니다.

[잉크]-[스튜디오 펜]   [6]

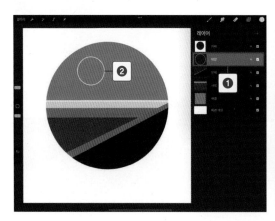

②

①

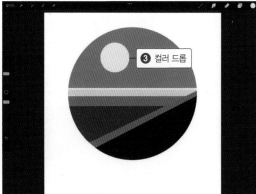

③ 컬러 드롭

함께 그리기 - 1
선인장 그리기

그림의 주인공, 즉 그리고자 하는 대상을 그리기 전, 배경을 대강이라도 채색하는 과정이 필요합니다. 모든 색상은 주변 색상의 영향을 받으므로 같은 그림이어도 배경의 밝기나 색상에 따라 차가워 보이거나 따뜻해 보이는 속성이 있습니다. 그러므로 배경 채색은 그림 작업에서 빠져선 안될 매우 중요한 과정이지요. 배경 작업을 어떻게 해야 할지 난감하다면 대략적인 명도와 색상만 정하여 배경색을 채워 보세요. 그림 실력 향상에 많은 도움이 될 것입니다.

선인장 기본 형태 그리기

1 '태양' 레이어 위로 새 레이어를 생성한 다음, 그림과 같이 긴 소세지 모양의 선인장을 그리고 컬러 드롭으로 색상을 채워 줍니다. 느낌 있는 그림을 그리려면 선인장의 기본 형태는 퀵쉐입 기능을 사용해 깔끔하게 그리지 말고 자연스럽게 그리세요.

[잉크]-[스튜디오 펜] [9]

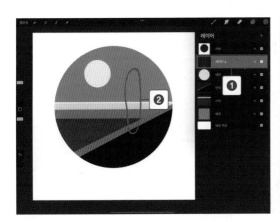

Tip 형태가 깔끔하게 그려지지 않는다면 브러시를 편집해 보세요. 브러시 편집에 대한 자세한 내용은 41쪽을 참고하세요.

② 같은 방법으로 선인장의 가지를 그리고, 컬러 드롭으로 색상을 채워 줍니다. 레이어 이름은 '선인장'으로 변경하세요.

> **Tip** 선인장 모양이 맘에 들지 않는다면 다시 그려도 좋지만 앞서 배운 픽셀 유동화 기능을 사용해 수정해 보세요. 픽셀 유동화에 대한 자세한 내용은 42쪽을 참고하세요. ◢

③ 완성된 선인장을 복제해 캔버스에 배치할게요. '선인장' 레이어를 슬라이드해 복제한 레이어를 선택합니다. ◉를 선택한 다음, 그림과 같이 적당한 위치로 배치합니다.

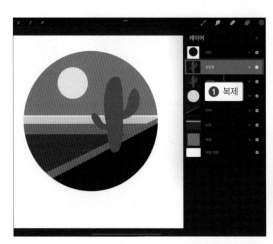
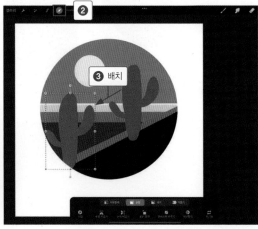

4 배치한 선인장은 [수평 뒤집기], [균등], [왜곡] 등을 활용해 자연스럽게 변형해 보세요. 복제하여 변형한 레이어의 이름은 "선인장2"로 변경했습니다.

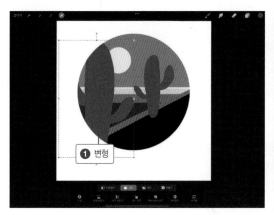 

5 같은 방법으로 '선인장' 레이어를 복제하여 자연스럽게 변경합니다. 레이어 이름도 "선인장3", "선인장4"로 변경해 주세요.

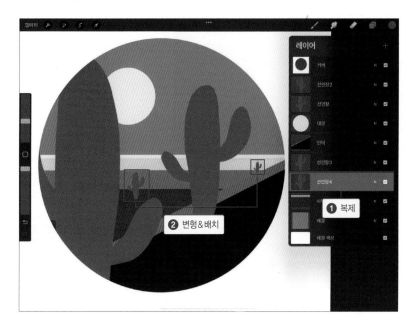

기본 명암과 그림자 넣기

어떤 사물을 그렸을 때 명암을 표현하면 그림의 깊이가 깊어집니다. 여기서는 클리핑 마스크 기능을 활용하여 간단하게 선인장에 명암을 표현해 볼게요. 클리핑 마스크와 비슷한 기능인 알파 채널 잠금에 대한 내용은 '선글라스 그리기'에서 더 자세히 알아보겠습니다.

1 '선인장' 레이어 위로 새 레이어를 생성합니다. 새 레이어를 터치하면 표시되는 레이어 메뉴에서 (클리핑 마스크)를 선택합니다.

2 선인장에 명암을 넣기 위해 선인장을 따라 외곽선을 그린 다음, 컬러 드롭으로 색상을 채워 주세요. 컬러 드롭 기능으로 색상을 채우려면 스케치한 선이 닫힌 형태여야 한다는 점을 잊지 마세요.

[잉크]-[스튜디오 펜]　　[10]

3 **2**에 이어 선인장 줄기에도 명암을 넣어 주세요. 명암을 넣을 선인장 레이어 위로 새 레이어를 생성하고 클리핑 마스크를 적용하면 간단하게 명암을 넣을 수 있습니다. 다른 선인장과 똑같이 명암을 표현하는 것보다 빛의 방향을 생각하며 내 그림의 명암을 어떻게 넣으면 좋을지 고민하며 그려 보세요.

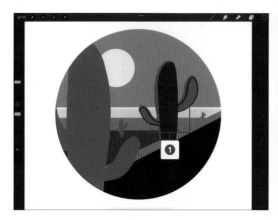

4 같은 방법으로 다른 선인장 레이어 위로 새 레이어를 생성해 명암을 넣어 주세요.

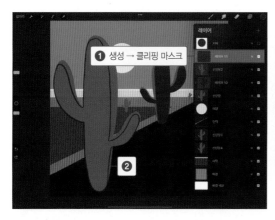

5 '커버' 레이어를 표시하여 캔버스에 보이는 면을 확인하고 멀리 뒤에 보이는 작은 선인장도 어두운 색상으로 명암을 표현해 주세요.

6 선인장 레이어를 복제해 그림자를 표현해 볼게요. '선인장' 레이어를 복제한 다음, 아래의 '선인장' 레이어 이름을 '선인장 그림자'로 변경합니다. '선인장 그림자' 레이어의 을 터치해 레이어 모드를 〔곱하기〕로 변경해 주세요.

Tip 레이어 모드를 〔곱하기〕로 변경하면 색상이 적용된 영역을 어둡게 표현할 수 있습니다. 레이어 모드에 대한 자세한 내용은 34쪽과 85쪽을 참고하세요.

7 '선인장 그림자' 레이어가 선택된 상태에서 🡕–〔수직 뒤집기〕를 차례대로 선택한 다음, 선인장 아래쪽으로 배치하세요.

8 태양빛의 방향에 따라 자연스러운 그림자를 표현하기 위해 [왜곡]을 선택하고 조절점을 움직여 그림자를 비스듬하게 변형해 주세요.

> **Tip** 변형 모드의 왜곡 기능을 이용해 경사면, 또는 투시에 맞게 형태를 조절하는 것은 그림의 현실감 높이는 데 중요한 작업입니다. 그림 속 환경에 현실감을 얹힌다고 생각하면 이해가 빠른데요. 변형 모드에 대한 자세한 내용은 47쪽을 참고하세요. ◢

9 같은 방법으로 다른 선인장의 그림자도 표현해 보세요.

빛 표현하기

1 '커버' 레이어 아래로 새 레이어를 생성하고 레이어 이름을 "빛효과"로 변경합니다. 레이어 모드는 (색상 닷지)로 변경해 주세요. 레이어 이름은 '빛효과'로 변경했습니다.

2 태양 주변에서 손목에 힘을 뺀 채 애플 펜슬을 둥글게 돌리며 큰 원을 그려 주세요. 정해진 형태는 없으니 원하는 정도의 빛 효과를 표현하면 됩니다.

[에어 브러시]-[소프트 브러시] [11]

채색된 부분을 보기 쉽게 표시한 이미지

3 빛 효과를 좀더 강조하고 싶다면 '빛효과' 레이어를 복제한 다음, 불투명도를 조절하면 자연스럽게 강조할 수 있습니다.

기초반 기본 기능 - 4
텍스트 추가

프로크리에이트에는 페인팅 작업을 보조하는 다양한 기능을 지원합니다. 그 중 '텍스트 추가' 기능은 일반적인 정보 전달 이외에 시각적인 아름다움을 표현할 수 있는 유용한 기능입니다. 이번에는 간단한 텍스트를 삽입하며 텍스트 추가 기능에 대해 알아보겠습니다.

텍스트 추가

그림에 텍스트를 삽입하면 메시지와 함께 작품에 풍성함을 전달할 수 있습니다. 텍스트 추가 기능은 일반적인 문서 편집 앱과 크게 다르지 않으므로 꼭 알아야 할 기능만 간단히 알아보도록 해요.

1 메뉴에서 🔧 – [추가] – [텍스트 추가]를 차례대로 터치한 다음, 텍스트 입력창이 표시되면 "Cactus"를 입력합니다.

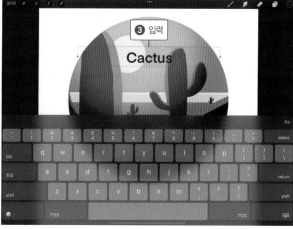

Tip 텍스트의 색상은 현재 선택된 색상이 자동으로 설정되고 입력한 텍스트의 일부만 선택하여 원하는 색상으로 변경할 수도 있습니다. ◢

2 텍스트 입력을 완료하면 레이어 목록에 '텍스트' 레이어가 추가됩니다. '텍스트' 레이어를 목록의 제일 위로 옮겨 주세요. '텍스트' 레이어의 레이어 메뉴에서 (**텍스트 편집**)을 선택하면 다시 텍스트 입력창이 표시됩니다.

 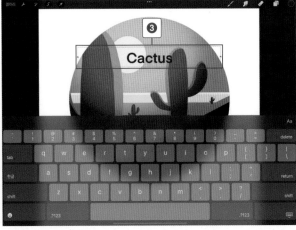

Tip 텍스트 레이어가 선택된 상태에서 화면에 해당 텍스트를 애플 펜슬로 터치해도 텍스트 입력 모드를 사용할 수 있습니다.◢

3 텍스트 입력창이 표시된 상태에서 입력된 텍스트를 애플 펜슬이나 손가락으로 더블터치해서 선택하면 텍스트 입력 도우미가 표시됩니다. 텍스트 입력 도우미가 표시된 상태에서는 텍스트 정렬이나 복사/붙여넣기 등을 적용할 수 있습니다.

4️⃣ 텍스트 입력 도우미의 서체명이나 가상 키보드의 (Aa)를 터치하면 스타일 편집 패널이 표시됩니다. 스타일 편집 패널에서는 서체나 텍스트 스타일을 변경할 수 있고 자간과 행간 등 텍스트의 속성도 변경할 수 있습니다. 속성 항목의 (TT)를 활성화하면 영문을 모두 대문자로 입력할 수 있습니다.

❶ 화상 키보드를 표시합니다

❷ 입력한 텍스트를 〔잘라내기〕, 〔복사〕, 〔붙여넣기〕 할 수 있습니다.

❸ 서체: 입력한 텍스트의 서체를 선택합니다. 스타일 편집 패널의 〔서체 가져오기〕를 선택하면 프로크리에이트에 TTC, TTF, OTF 형식으로 새로운 서체를 추가할 수 있지만 이렇게 가져온 서체는 프로크리에이트에서만 사용할 수 있습니다.

❹ 스타일: 사용한 서체의 볼드체, 이탤릭체 등의 스타일을 변경합니다.

❺ 디자인: 입력한 텍스트의 크기, 자간, 행간 등의 디자인을 변경합니다.

❻ 속성: 입력한 텍스트의 정렬, 밑줄 등의 속성을 변경합니다.

5 원하는 서체와 스타일로 텍스트 설정을 완료한 다음, 을 선택해 다음 그림과 같이 적절한 위치에 배치합니다. 이어지는 과정에서 텍스트 레이어에 채색할 것이므로 볼륨감 있는 서체를 사용하는 것이 좋습니다. 여기서는 '배달의민족 주아체'를 사용했습니다.

② 설정 → 배치

텍스트 장식하기

1 이번에는 텍스트에 색을 채워 보겠습니다. 먼저 텍스트 상태인 레이어를 이미지로 변환하겠습니다. '텍스트' 레이어의 레이어 메뉴에서 [레스터화]를 선택하면 텍스트 레이어를 이미지 레이어로 변환할 수 있습니다. 텍스트 레이어를 이미지 레이어로 변환(레스터화)하면 서체나 스타일, 속성을 변경할수 없습니다. 레스터화한 텍스트는 이제 이미지가 된 것이죠. 수정할 수는 없지만 그림 속 텍스트도 그린다는 느낌을 강하게 전달할 수 있도록 저는 텍스트를 이미지화하여 작업하는 것을 선호하는데요. 변형 모드에서 왜곡 등으로 모양을 수정하면 텍스트가 이미지로 강제변환 되기도 합니다.

2 래스터화한 레이어 위로 새 레이어를 생성한 다음, (클리핑 마스크)를 적용합니다.

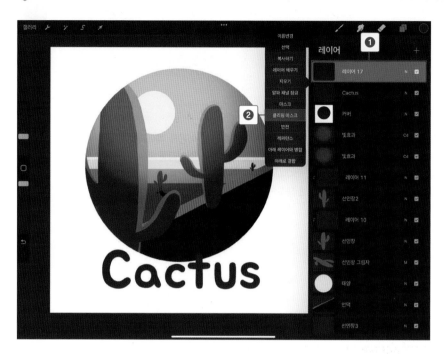

3 브러시 크기를 크게 변경하고 지금까지 사용한 색상을 섞어가면서 채색합니다. 유성 페인트 브러시는 유화 느낌을 표현할 수 있는 브러시로 색상을 섞으며 덧칠하는 특성이 있습니다. 처음에는 브러시를 조절하기 어렵지만 의도치 않게 좋은 결과물을 만들어 내기도 합니다. 이렇게 조절하기 어려운 브러시는 그 특성을 이해하고 사용하면 수채화 작업과 같이 아름다운 결과물을 만들 수 있습니다.

[페인팅]-[유성 페인트]　[1] ~ [11]

함께 그리기 - 2
효과 및 마무리

실습

이제 프로크리에이트의 기본 기능인 '가우시안 흐림 효과'를 이용해 페이퍼컷 효과를 주고 그림을 완성해 보겠습니다. 페이퍼컷은 종이를 가위로 오려 겹겹이 쌓아 깊이감을 주는 기법으로 앞서 배운 가우시안 흐림 효과를 이용하면 선택한 영역이나 레이어를 흐릿하게 만들 수 있습니다. 그림자를 표현하거나 채색된 경계면을 부드럽게 표현할 때 등 다방면으로 활용할 수 있는 기능이죠.

1 앞에서 작업한 선인장의 그림자부터 손질해 볼까요? '선인장 그림자' 레이어가 선택된 상태에서
🖊 -[가우시안 흐림 효과]를 차례대로 터치한 다음, 애플 펜슬이나 손가락을 화면에 대고 좌우로 슬라이드하면 흐림 효과가 적용됩니다. 자연스러운 그림자 느낌이 나도록 흐림 효과를 적용하면 되는데요. 일단 '5%' 정도로 설정해 봅니다.

1 '선인장 그림자' 레이어 선택

슬라이드

Doki's knowhow

십자 버튼

가우시안 흐림 효과의 정도를 조절하는 화면에서 손가락으로 화면을 터치하면 다음과 같은 십자 버튼이 나옵니다. 가운데 미리보기 버튼을 활용해, 효과 적용 전과 후를 쉽게 비교할 수 있습니다. 십자 버튼은 '복제' 기능을 제외한 조정 메뉴의 모든 효과 및 기능에서 사용할 수 있습니다.

1 적용: 현재의 효과값을 최종값으로 적용합니다.

2 실행 취소: 효과값 포함하여 단계적으로 그려진 결과물을 이전 상태로 되돌립니다.

3 미리보기: 누르고 있으면 효과값이 적용되긴 전의 결과물을 보여줍니다.

4 초기화: 효과를 적용하기 전의 초기상태로 돌아갑니다.

5 취소: 효과 적용을 취소하고, 효과 화면을 빠져나갑니다.

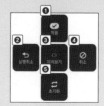

2 다른 선인장 그림자 레이어도 같은 방법으로 가우시안 흐림 효과를 적용합니다.

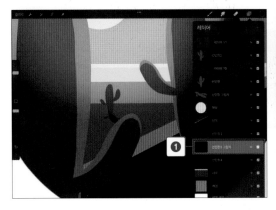 

3 이번에는 '커버' 레이어에 페이퍼컷 효과를 넣습니다. 깊이감 있는 효과를 강조하기 '커버' 레이어 위에 새 레이어를 생성하고 다음 그림과 같이 사막의 마른 풀 모양을 스케치합니다.

[잉크]-[스튜디오 펜] [2]

Tip 스케치한 선이 잘 보이도록 '커버' 레이어의 불투명도를 조절했습니다. ◢

4 마른 풀 모양 스케치에 색상을 채운 다음, 레이어 메뉴에서 [아래 레이어와 병합]을 선택해 '커버' 레이어와 합쳐 주세요.

[2]

5 '커버' 레이어를 복제한 다음, 아래 레이어를 선택해 검은색을 채워 줍니다. 레이어 이름도 "커버 그림자"로 변경합니다.

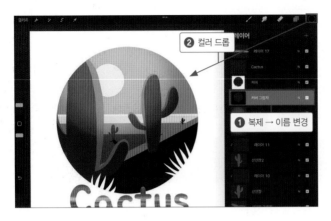

② 컬러 드롭

① 복제 → 이름 변경

> **Tip** 검은색을 채운 레이어는 '커버' 레이어 아래에 있으므로 캔버스에 채워진 색상이 보이지 않습니다.

6 '커버 그림자' 레이어가 선택된 상태에서 ◢ -[가우시안 흐림 효과]를 선택한 다음, 원하는 만큼 흐림 효과를 적용합니다. 여기서는 '15%'를 적용했습니다. 그리고 ◢를 선택해 '커버 그림자' 레이어를 다음 그림과 같이 왼쪽 아래로 옮겨 줍니다. 흰색 종이 아래로 그림이 들어간 것 같은 페이퍼컷 효과가 표현됐습니다.

② 가우시안 흐림 효과 적용

④ 이동

7 이제 그림을 마무리합니다. 제일 앞쪽의 선인장에 가시를 그려 디테일을 더해 볼게요. '빛효과' 레이어 아래로 새 레이어를 생성하고 가시를 그려 줍니다.

[잉크]-[스튜디오 펜]   [9]   [10]

① 생성

> **Tip** 선인장의 밝은 부분은 밝은 색상([9])으로, 어두운 부분은 어두운 색상([10])으로 가시를 그려 주세요.

⑧ 페이퍼컷 효과를 강조하기 위해 종이 질감 텍스처를 추가하겠습니다. [동작]–[추가]–[파일 삽입하기]를 차례대로 선택하고 78쪽의 QR 코드로 제공하는 '수채화 종이질감1'을 삽입합니다. 이미지가 삽입되면 변형 모드(◈)가 활성화됩니다. 변형 옵션 중 [균등]을 선택하고 적당한 크기로 확대하세요.

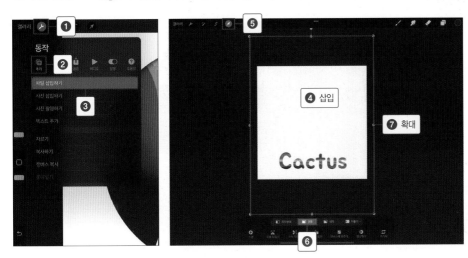

Tip 책에서 제공하는 공유 파일을 사진 앨범에 저장했다면 [이미지 삽입하기]를 선택해 삽입하면 됩니다. ◢

⑨ 추가된 종이 질감 레이어는 '커버' 레이어 위쪽으로 옮긴 다음, 레이어 메뉴에서 [클리핑 마스크]를 선택합니다. 만약 종이 질감이 어색해 보인다면 레이어 모드를 [곱하기]로 변경해 보세요. 더 자연스럽게 질감을 표현할 수 있습니다.

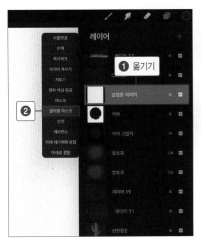

Tip 레이어 모드에 대한 자세한 내용은 34쪽과 85쪽을 참고하세요. ◢

이제 그림의 어색한 부분을 채색하며 정리하고 마무리합니다.

필자가 마무리를 더하여 완성한 그림

풀잎 위의 개구리 그리기

이번에는 지금까지 알아본 기본 기능을 모두 활용해 풀잎 위의 개구리를 그려 보겠습니다. 먼저 개구리의 실루엣을 표현한 다음, 레이어 모드와 약간의 효과를 사용하면 완성할 수 있는 그림입니다. 그리기 어려운 대상은 단순화하여 부분적으로 나눠 그리면 쉽게 그릴 수 있어요. 여러분도 사물의 전체적인 형태를 모두 그리기 어렵다면, 실루엣만으로 형태를 표현하는 방법을 먼저 연습해 보세요. 또한 레이어 모드를 활용해 그림이 어떻게 변화하는지도 이번 예제를 통해 자세히 알아보겠습니다.

기초반 기본 기능 - 5
레이어 모드

이번 그림은 크게 풀잎과 개구리로 구분해 그려 보겠습니다. 먼저 배경이 되는 풀잎은 레이어 모드를 활용해 그릴 거예요. 레이어 모드는 디지털 페인팅에서 아주 중요한 요소이므로 자주 사용하는 레이어 모드와 효과에 대해서도 자세히 알아보겠습니다.

그림을 그리기 전, 레이어 모드에 따라 이미지가 어떻게 달라지는지 알아보겠습니다. 다음 그림은 '배경' 레이어와 '풀잎효과1' 레이어로 구성되어 있습니다. '배경' 레이어는 단색으로 채워져 있고 '배경' 레이어 위에는 조금 더 밝고 높은 채도의 나무 재질의 그림이 있습니다. 두 레이어의 레이어 모드 설정값은 모두 [보통]입니다.

'풀잎효과1' 레이어만 표시한 이미지

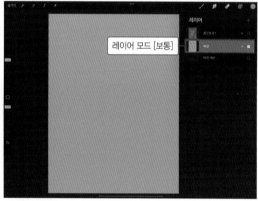
'배경' 레이어만 표시한 이미지

레이어 모드는 위, 아래 레이어의 색상, 채도, 명도에 따라 다르게 표현되며 위 레이어에서 레이어 모드를 선택해 효과를 반영할 수 있습니다. 여기서는 '풀잎효과1' 레이어의 레이어 모드를 변경하며 레이어 모드에 따라 어떤 효과가 적용되는지 알아볼게요.

1 '풀잎효과1' 레이어의 레이어 모드를 (곱하기)로 변경하면 나무 재질이 어둡게 처리됩니다. (곱하기)는 그림자를 표현하거나 어두운 부분을 채색할 때 사용합니다.

2 레이어 모드를 (스크린)으로 변경하면 나무 재질이 밝게 처리됩니다. (스크린)은 빛을 표현하거나 밝은 부분을 채색할 때 사용합니다.

3 레이어 모드를 [색상 닷지]로 변경하면 나무 재질이 채도가 높아지고 밝게 처리됩니다. [색상 닷지]는 밝고 화려한 빛을 표현할 때 사용합니다. 레이어 모드 중 효과가 가장 강렬하게 적용되므로 과도하게 사용하지 않도록 주의가 필요합니다.

4 레이어 모드를 [추가]로 변경하면 나무 재질이 밝게 처리됩니다. [스크린]을 선택했을 때보다 더 밝게 처리되죠. [추가]는 강렬한 빛을 표현할 때 사용하며 [스크린]을 함께 사용했을 때 더 효과적입니다.

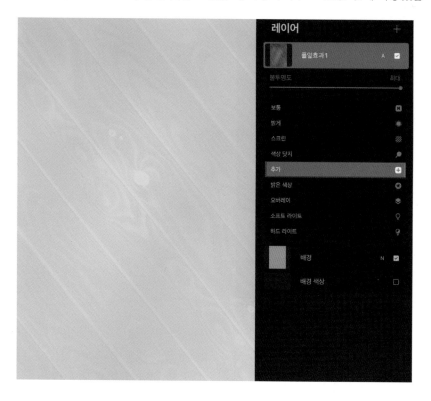

5 레이어 모드를 [오버레이]로 변경하면 나무 재질의 밝은 부분은 더욱 밝게, 어두운 부분은 더욱 어둡게 처리됩니다. [오버레이]는 [스크린]과 [곱하기] 모드의 효과가 합쳐진 것으로 그림의 대비를 강조하고 싶을 때 사용합니다.

6 레이어 모드를 [소프트 라이트]로 변경하면 나무 재질의 대비가 강조됩니다. 하지만 그 효과는 [오버레이]보다 약하죠. [소프트 라이트]는 [오버레이]보다 약한 대비 효과가 필요할 때 사용합니다. 저는 주로 그림을 마무리할 때 사용합니다.

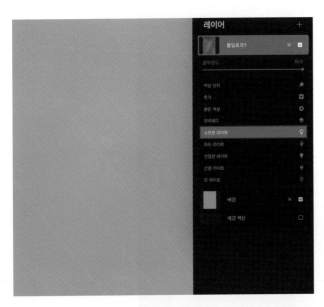

이 외에도 다양한 레이어 모드가 있지만 직접 효과를 적용하기 전까지는 어떤 결과가 나올지 예측하기 쉽지 않습니다. 또한 상황에 따라 사용해야 하는 레이어 모드가 정해져 있는 것도 아니죠. 그림을 그리며 표현하고 싶은 효과가 있다면 다양한 레이어 모드를 직접 실험하며 선택하고 표현해 보세요.

함께 그리기 - 1
풀잎 그리기

실습

그림의 주인공인 개구리를 그리기에 앞서 배경이 되는 풀잎을 먼저 작업하겠습니다. 저는 항상 작업할 때 대강이라도 배경작업을 먼저 하는데요. 그렇게 해야만 그리고자 하는 주제를 좀더 정확하고, 뚜렷하게 그려낼 수 있기 때문입니다. 이에 대한 이론은 차차 배우기로 하고 이번 시간은 가벼운 마음으로 따라 그려보아요.

1 갤러리에서 ➕를 터치한 다음, 너비 '3,000', 높이 '4,000'픽셀 크기의 사용자지정 캔버스를 생성합니다.

2 레이어 이름을 "배경"으로 변경하고 캔버스 전체에 색상을 채웁니다.

[1]

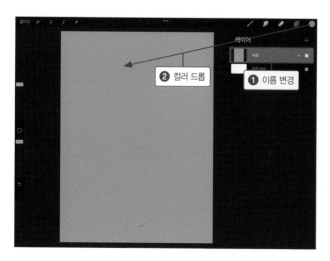

③ 새 레이어를 생성한 다음, 레이어 이름을 "풀잎효과1"로 변경합니다. 레이어 모드는 [색상 닷지]로 변경해 주세요.

④ 브러시 크기를 최대로 설정하고 다음과 같이 채색합니다. 애플 펜슬에 힘을 주어 채색하면 풀잎의 재질이 균일하게 표현되므로 손목에 힘을 빼고 살살 문지르며 채색해 보세요.

[텍스처]-[목재] [2]

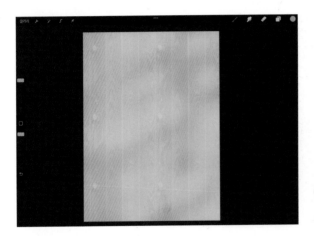

Tip 브러시 크기를 최대로 설정해도 풀잎 재질이 작게 표현된다면 이어지는 과정에서 적절하게 확대해 보세요. ◢

⑤ ➤ -[균등]을 차례대로 선택한 다음, 채색한 레이어를 확대/회전시켜 그림과 같이 배치합니다. 캔버스를 축소하면 좀더 쉽게 배치할 수 있을 거예요.

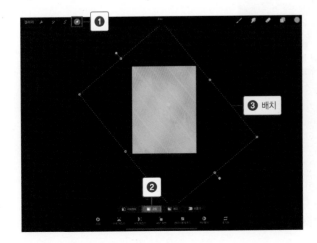

⑥ 풀잎 재질에 명암을 넣어 볼게요. 새 레이어를 생성하고 레이어 이름을 "풀잎효과2"로 변경합니다. 레이어 모드는 [곱하기]로 변경해 주세요.

⑦ 풀잎의 왼쪽 아랫부분을 손목에 힘을 빼고 살살 채색합니다. 채색한 영역을 구분하기 어렵다면 '풀잎효과1' 레이어를 표시 해제해 보세요.

[에어브러시]-[소프트 브러시]   [2]

⑧ 풀잎의 디테일을 높여 볼게요. 새 레이어를 생성하고 레이어 이름을 "풀잎효과3"으로 변경합니다.

9 풀잎의 결을 표현하기 위해 사선 방향을 따라 선을 그려 주세요. 퀵쉐입 기능을 활용하면 깨끗한 직선을 그릴 수 있습니다. 자연스러운 표현을 위해 사선의 일부만 그려 주세요.

[잉크]-[스튜디오 펜] [3]

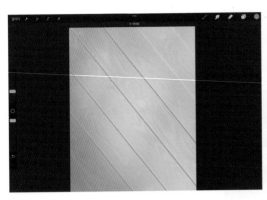
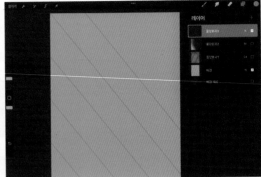

그려진 부분을 보기 쉽게 표시한 이미지

Tip 퀵쉐입에 대한 자세한 내용은 57쪽을 참고하세요.

10 레이어 불투명도를 50% 정도로 낮추고 🧽로 선의 일부분을 조금씩 지우면 좀더 자연스럽게 표현할 수 있어요.

[에어브러시]-[소프트 브러시]

불투명도 낮추고 지우기

그려진 부분을 보기 쉽게 표시한 이미지

11 '풀잎' 관련 레이어와 '배경' 레이어를 왼쪽으로 슬라이드하여 다중 선택한 다음, 레이어 목록 위의 〔그룹〕을 터치해 그룹화하고 그룹 이름을 "풀잎"으로 변경합니다. 배경이 되는 풀잎이 완성됐습니다.

❶ 다중 선택

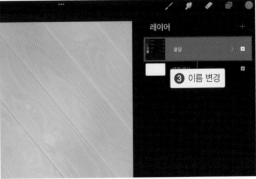

❸ 이름 변경

함께 그리기 - 2
개구리 그리기

실습

이제 그림의 주인공인 개구리를 그려 보겠습니다. 개구리는 실루엣만 표현하므로 부담 갖지 않아도 됩니다. 부분적으로 나눠 그리면 쉽게 그릴 수 있어요. 개구리 크기는 변형 모드로 얼마든지 수정할 수 있으므로 전체적인 비율에 중점을 두고 따라 그려 보아요.

개구리 기본 형태 잡기

개구리를 한 번에 그리려고 하면 너무 어려운데요. 개구리의 일부를 구분 지어 도형으로 단순화하면 쉽게 그릴 수 있습니다. 개구리를 그리는 것뿐만 아니라 다양한 사물을 단순화하는 연습은 그림 실력을 높이는 데 많은 도움이 됩니다. 실생활에서도 틈틈이 사물을 단순화하고 머릿속으로 상상하며 그려 보는 연습을 해보세요.

1 완성된 '풀잎' 그룹 위로 새 레이어를 생성하고 레이어 이름을 "개구리몸통"으로 변경합니다. 그리고 통통한 다이아몬드를 그린다고 생각하며 간단하게 스케치해 보세요.

[잉크]-[스튜디오 펜] [4]

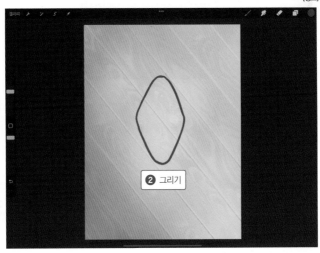

Tip 선이 너무 흔들린다면 '브러시 스튜디오'에서 [안정화]-[StreamLine]의 '양' 값을 '100%'로 조정하세요.

② 다음 그림과 같이 개구리 눈에 해당하는 부분도 스케치한 다음, 컬러 드롭으로 색상을 각각 채워 줍니다.

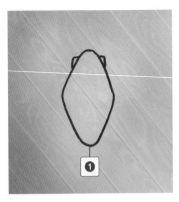 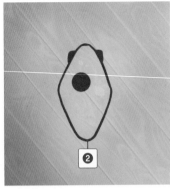 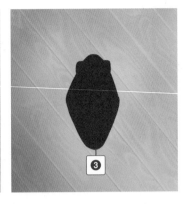

③ 개구리의 다리도 그려 줄게요. 새 레이어를 생성하고 레이어 이름을 "개구리 다리"로 변경합니다.

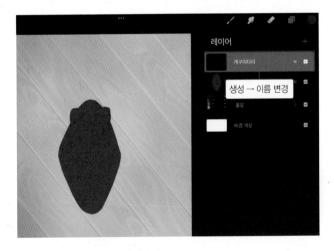

④ 개구리 다리도 한번에 그리기 어려우므로 긴 타원을 몇 개 그려서 잇는다는 생각으로 스케치한 다음 컬러 드롭으로 색상을 채워 줍니다. 스케치가 잘 보일 수 있도록 '개구리몸통' 레이어의 불투명도를 조금 낮췄습니다.

[잉크]-[스튜디오 펜]   [4]

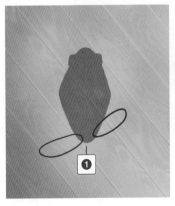 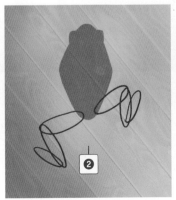 

5 개구리 다리는 물갈퀴 부분으로 갈수록 점점 가늘어집니다. 개구리의 특징이 잘 드러나도록 물갈퀴까지 스케치하고 컬러 드롭으로 색상을 채워 주세요. 사물이나 동물 등 어떤 대상을 그리더라도 그리는 대상에는 저마다 가진 특징이 있습니다. 그림을 그릴 때 대상의 특징만 잘 표현해도 그림의 퀄리티가 높아지죠. 여기서는 개구리 물갈퀴가 그렇습니다. 어떻게 보면 성냥개비 같이 생긴 물갈퀴의 특징을 생각하며 표현해 보세요.

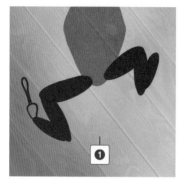
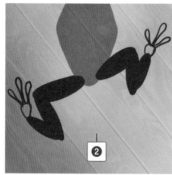

6 같은 방법으로 개구리 앞다리도 스케치한 다음, 컬러 드롭으로 색상을 채웁니다. 앞다리는 뒷다리보다는 크기가 작고 두께가 얇다는 특징을 유의하며 그려 보세요.

[스튜디오 펜]

Tip 개구리의 형태가 마음에 들지 않는다면 [스튜디오 펜] 지우개로 어색한 부분을 지우거나 [픽셀 유동화] 기능을 이용해 개구리의 형태를 변경해 보세요.

7 스케치와 채색을 모두 마무리한 다음, '개구리몸통'과 '개구리다리' 레이어를 병합하세요. 레이어 이름은 "개구리"로 변경했습니다. 를 터치해 전반적인 크기와 위치도 다시 정리합니다.

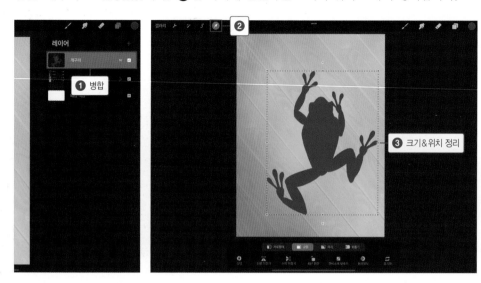

그림자 효과로 마무리하기

1 완성한 개구리를 그림자처럼 표현하기 위해 여러 가지 효과를 넣어 볼게요. '개구리' 레이어의 레이어 모드를 (곱하기)로 변경한 다음, '개구리' 레이어를 복제합니다. 복제한 레이어의 이름은 "개구리2"로 변경합니다.

2 적용되는 효과를 확인하기 위해 복제한 '개구리2' 레이어는 잠시 표시를 해제했습니다. '개구리' 레이어가 선택된 상태에서 🪄 - (가우시안 흐림 효과)를 차례대로 터치해 효과를 적용합니다. 여기서는 15% 정도로 효과를 적용했어요.

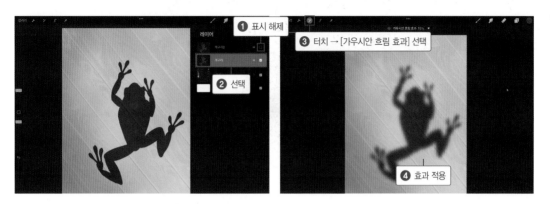

3 다시 '개구리2' 레이어를 표시하고 🪄 - (가우시안 흐림 효과)를 터치해 효과를 적용합니다. 여기서는 10% 정도로 효과를 적용했습니다.

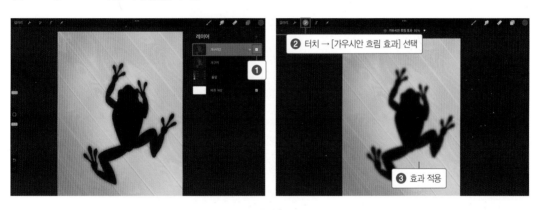

4 지우개로 '개구리2' 레이어의 일부를 (소프트 브러시)로 지워 입체감을 표현해 보세요. 그림의 개구리는 풀잎 반대편에 있으므로 개구리 다리는 풀잎에 밀착되어 있을 거고 몸통과 눈 등은 풀잎에서 떨어져 있겠죠? 그렇다면 개구리 그림자는 풀잎에 밀착될수록, 그리고 두께가 두꺼울수록 어둡게 비칠 겁니다. 이해하기 어렵다면 단순하게 그림자가 균일하게 보이지 않도록 지워 보세요.

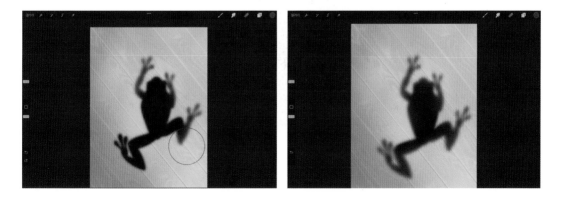

필자가 마무리를 더한 그림

04

선글라스 그리기

함께 그리며 기능을 익히는 기초반의 마지막 수업입니다. 저와 함께 선글라스를 따라 그리다 보면 선택 모드와 알파 채널 잠금에 대해 알 수 있어요. 선택 모드는 그리는 사람의 숙련도에 따라 활용도 차이가 크므로 선택 모드의 모든 옵션에 관해서도 자세하게 설명합니다. 물론 제가 자주 사용하는 옵션과 활용법도 알아볼 거예요. 활용도가 높은 기능이니 확실히 익혀 두세요.
알파 채널 잠금은 앞서 배운 클리핑 마스크와 비슷한 기능이지만 어떠한 공통점과 차이점이 있는지도 비교해 보겠습니다. 기초반의 예제는 기능을 익히기 위한 예제이므로 그림을 '그린다'라는 것보다 '만든다'는 느낌이 강했죠. 이것은 실제 디지털 페인팅의 특성이기도 합니다. 하지만 여러분의 최종 목적지에 도달하는 방법이 여러 가지인 것처럼 그림을 그리는 데에도 여러 가지 방법이 있어요. 여러분이 원하는 결과물을 위해 최적의 방식을 선택할 수 있도록, 기본 기능만큼은 확실히 익히고 넘어 갑시다.

함께 그리기 - 1
기본 형태 그리기

실습

본격적으로 그림을 그리기 전, 선글라스의 기본 형태를 잡아 볼게요. 디지털 페인팅은 보통 스케치와 기본 채색으로 형태를 잡은 다음, 클리핑 마스크나 알파 채널 잠금을 활용해 명암을 넣고 디테일을 높이는 과정을 거치게 됩니다. 스케치는 그림의 시작에 해당하는 단계이므로 기본 형태는 처음부터 확실하게 잡아 두는 것이 좋습니다. 기본 형태를 제대로 잡아 둔다면 그림을 수정하여 다시 작업하는 실수를 줄일 수 있습니다. 건물을 지을 때 기초 골격을 잡는다는 생각으로 차근차근 같이 작업해 보아요.

1 갤러리에서 ⊕ – 🚗 를 클릭하여 너비 4,000, 높이 3,000 픽셀 크기로 캔버스를 생성합니다.

2 컬러 드롭으로 색상을 채우고 레이어 이름을 "배경"으로 변경합니다.

[1]

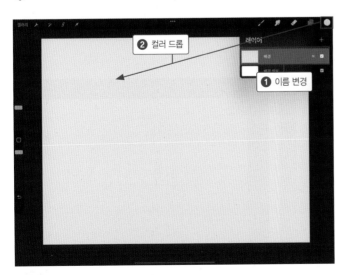

② 캔버스의 중앙에서 아래로 조금 떨어진 선을 그린 다음, 컬러 드롭으로 색상을 채워 줍니다.

[잉크]-[스튜디오 펜]　[2]

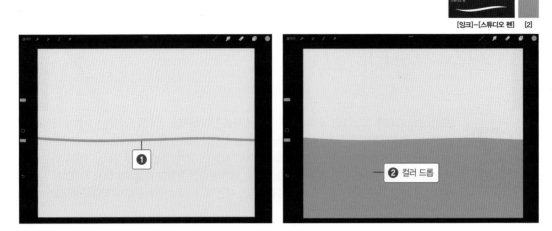

Tip 이어지는 과정에서 가우시안 흐림 효과로 경계를 흐리게 표현할 것이므로 선이 반듯하지 않아도 됩니다.

③ ②번 과정의 선 위로 새로운 선을 그린 다음, 컬러 드롭으로 색상을 채워 주세요.

[잉크]-[스튜디오 펜]　[3]

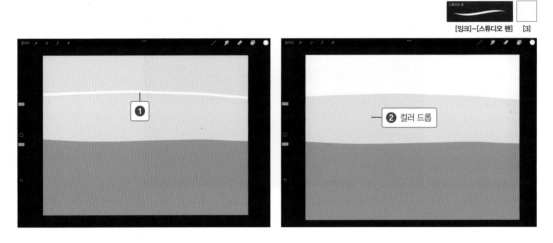

④ 메뉴에서 ✦ -[가우시안 흐림 효과]를 차례대로 선택한 다음, 각 색상의 경계가 자연스럽게 섞이도록 흐림 효과를 적용합니다. 여기서는 45% 정도를 적용했습니다.

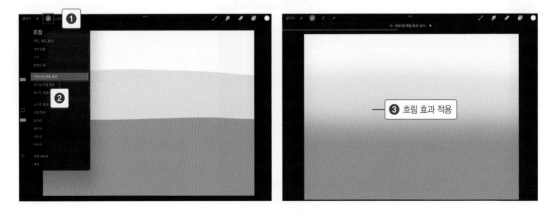

5 완성한 배경 위에 선글라스를 그려 볼게요. '배경' 레이어 위로 새 레이어를 생성합니다. 선글라스 형태는 퀵쉐입을 활용하면 쉽게 완성할 수 있어요. 적당한 크기로 원을 그려 줍니다.

[잉크]-[스튜디오 펜] [4]

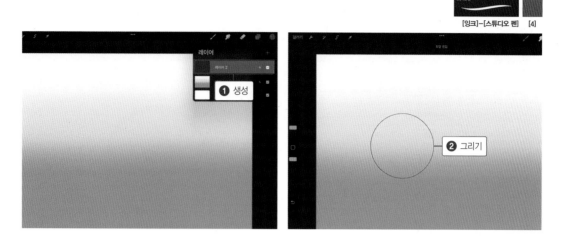

6 원이 그려진 레이어를 복제한 다음, ◆ -[균등]을 선택하고 크기를 조절하여 그림과 같이 배치합니다.

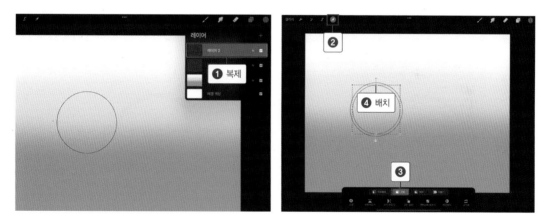

7 두 개의 원이 있는 레이어를 꼬집어 병합한 다음, 컬러 드롭으로 색상을 채워 줍니다.

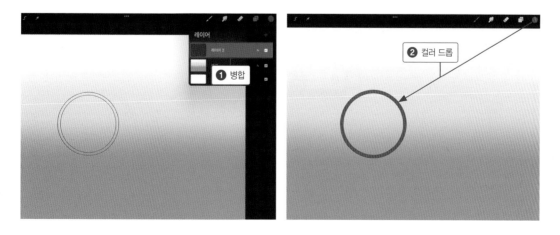

8 이제 변형 모드를 활용해 선글라스 안경알 부분을 다듬어 볼게요. ◢ −[자유형태]를 선택한 다음, 가운데 조절점을 아래로 조금 내려 줍니다. [왜곡]을 선택하고 조절점을 그림과 같이 조절해 주세요. 똑같이 따라 그리기 보다는 선글라스의 안경알을 상상하며 변형 모드로 원하는 모양의 선글라스를 만들어 보세요.

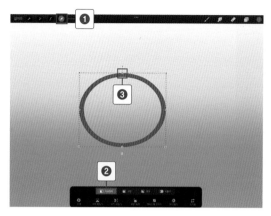

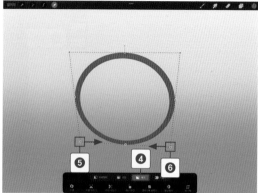

9 선글라스와 다리가 이어지는 부분도 스케치한 다음, 컬러 드롭으로 색상을 채워 줍니다.

[잉크]−[스튜디오 펜]   [4]

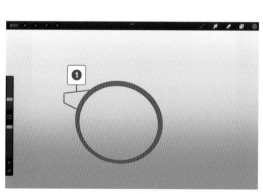

10 지금까지 그린 선글라스 레이어를 복제한 다음, ◢ −[수평 뒤집기]를 선택해 대칭이 되도록 뒤집어 줍니다. 변형 모드 옵션 중 [스냅]의 [자석] 메뉴를 활성화하면 쉽게 배치할 수 있어요.

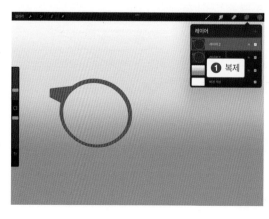

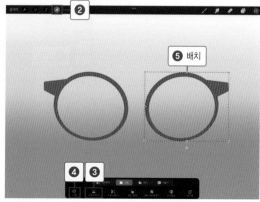

11 새 레이어를 생성한 다음, 선글라스의 코받침도 스케치합니다. 퀵쉐입이 활성화된 상태에서 표시되는 (편집)을 선택하면 코받침을 쉽게 완성할 수 있을 거예요.

[잉크]-[스튜디오 펜]   [4]

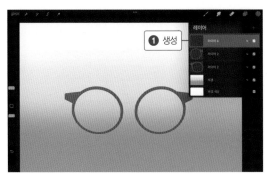

12 코받침도 컬러 드롭으로 색상을 채워 주세요. 선글라스 관련 레이어는 모두 병합한 다음 레이어 이름을 "선글라스"로 변경합니다.

Tip 컬러 드롭으로 색상을 채우려면 스케치한 코받침이 열린 곳 없이(영역이 명확히 구분되도록) 닫힌 형태로 스케치되어야 한다는 점을 꼭 기억하세요.◢

13 새 레이어를 생성하고 퀵쉐입을 활용해 안경다리를 스케치합니다. 다음 그림과 같이 직선 두 개를 먼저 스케치한 다음, 나머지 부분도 스케치합니다. 처음에는 안경 다리를 스케치하는 것이 조금 어려울 수 있어요. 하지만 집에 있는 안경을 요리조리 관찰하며 원하는 모양이 그려질 때까지 여러 번 시도해 보아요.

[잉크]-[스튜디오 펜]   [4]

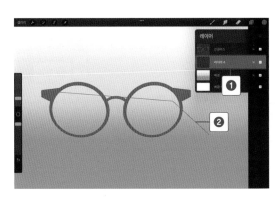

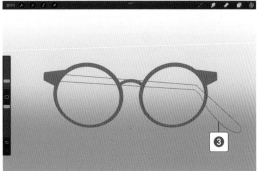

14 안경 다리 부분을 채색하기 위해 '선글라스' 레이어는 잠시 표시 해제할게요. 스케치한 안경 다리의 선을 이어 닫힌 형태로 수정하고 컬러 드롭으로 색상을 채워 주세요.

Tip 필요에 따라 화면을 확대/축소하면 좀더 쉽게 그릴 수 있습니다. ◢

15 레이어를 복제하고 레이어 이름을 "선글라스 테"로 변경합니다. 복제한 레이어는 ⬀ −〔수평 뒤집기〕를 차례대로 선택해 대칭이 되도록 뒤집어 줍니다. 레이어를 복제하기 전, 스케치한 선이나 각진 부분을 부드럽게 채색해 최대한 깔끔하게 정리해 주세요.

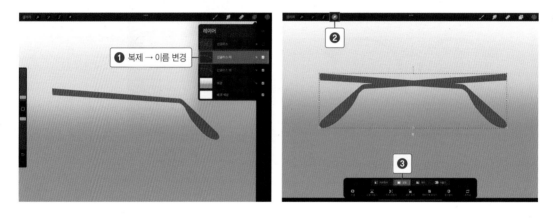

16 '선글라스' 레이어를 다시 표시하고 ⬀ −〔균등〕을 선택하여 '선글라스 테' 레이어를 자연스럽게 배치합니다. 배치를 완료하고 선글라스테 관련 레이어는 하나로 병합합니다. 이때 전체 레이어를 병합하지 않도록 주의하세요. 채색을 위한 선글라스 기본형태가 완성됐습니다. 수고했어요.

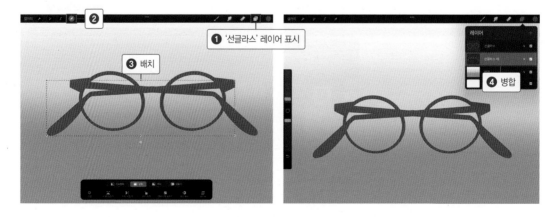

기초반 기본 기능 - 6
알파 채널 잠금

이어지는 시간에는 앞서 마무리한 선글라스 기본 형태에 간단한 명암을 넣어 볼게요. 이전 그림 채색에서는 클리핑 마스크를 활용했지만 이번에는 알파 채널 잠금 기능을 활용해 보겠습니다. 클리핑 마스크와 알파 채널 잠금을 활용한 채색의 결과는 같지만 사용 방법에는 차이가 있습니다. 클리핑 마스크는 채색할 레이어 위로 새 레이어를 생성하여 채색하지만 알파 채널 잠금은 새 레이어를 생성하지 않고 채색해요. 예제를 따라하기 전, 두 기능이 각각 언제 사용하면 좋은지 알아봅시다.

'선글라스' 레이어가 선택된 상태에서 레이어 메뉴의 (알파 채널 잠금)을 설정해 보세요. 알파 채널 잠금이 활성화되면서 레이어 목록의 미리보기 이미지에 격자 무늬가 표시됩니다.

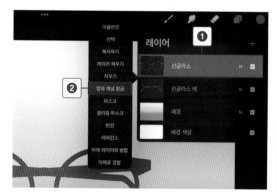
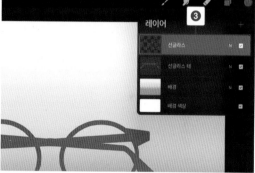

> **Tip** 두 손가락으로 레이어를 오른쪽으로 슬라이드하면 바로 알파 채널 잠금을 활성화할 수 있습니다. 다시 한 번 오른쪽으로 슬라이드하면 알파 채널 잠금이 해제됩니다.

알파 채널 잠금과 클리핑 마스크는 모두 정해진 영역을 벗어나지 않게 채색할 수 있는 기능입니다. 알파 채널 잠금은 설정된 레이어에서 이미 채색된 영역에만 채색할 수 있습니다.

알파 채널 잠금 설정 전, 채색 결과

알파 채널 잠금 설정 후, 채색 결과

서로 동일한 기능이지만 알파 채널 잠금은 채색할 레이어에 바로 채색할 수 있고 클리핑 마스크는 채색할 레이어 위로 새 레이어를 생성하여 채색한다는 차이가 있습니다. 그렇다면 언제 알파 채널 잠금을 사용하고, 언제 클리핑 마스크를 사용하는 것이 좋을까요? 각 기능의 장단점을 자세히 알아볼게요.

	알파 채널 잠금	클리핑 마스크
장점	✓ 레이어 수를 최소화할 수 있다. ✓ 새 레이어를 생성하지 않아 사용 방법이 간편하다.	✓ 채색에 레이어 모드를 활용해 여러 가지 효과를 적용할 수 있다. ✓ 원본 레이어를 수정하지 않으므로 채색 결과가 마음에 들지 않을 경우 수정하기가 쉽다. ✓ 여러 개의 레이어를 생성하여 어두운 부분, 밝은 부분, 하이라이트 등 단계별 채색을 할 수 있다.
단점	✓ 레이어 모드를 활용할 수 없다. ✓ 원본 레이어를 수정하는 것이므로 채색 결과가 마음에 들지 않을 경우 수정하기가 쉽지 않다.	✓ 레이어 개수가 많아진다.

클리핑 마스크의 장점이 더 많아 사용하기에 더 유용할 것 같지만 프로크리에이트는 아이패드 기종과 성능에 따라 레이어 개수가 제한적입니다. 상황에 따라 레이어 개수의 최소화가 생각보다 큰 장점이 될 수도 있죠. 그림을 취미로 그린다면 레이어 개수 제한에 불편함이 없겠지만 출력을 위해 A3 이상의 크기로 그림을 그려야 하거나 상업용으로 수정하기 위해 레이어를 세세하게 구분하는 그림을 그려야 할 경우 엄청나게 많은 수의 레이어가 만들어집니다. 아이패드의 성능을 해치지 않고 레이어 개수를 최소화하는 경우, 알파 채널 잠금을 추천합니다.

저는 수정이 쉽다는 장점을 포기할 수 없어 주로 클리핑 마스크를 사용하지만, 그릴 대상이 간단하거나 의도치 않은 결과를 얻고 싶은 경우에는 알파 채널 잠금을 사용하기도 합니다. 알파 채널 잠금의 경우, 실제 페인팅 작품 같은 느낌을 낼 수 있거든요. 정답은 없으니 여러분의 작업 스타일에 따라 자유롭게 두 기능을 모두 활용해 보세요.

함께 그리기 그리기 - 2
명암 넣기

실습

이번 시간에는 앞서 배운 알파 채널 잠금을 활용해 선글라스에 간단한 명암을 넣어 볼게요. 명암 작업을 할 때에는 한 번에 만족스러운 결과물을 얻으려 하기보다는 단계별로 차곡차곡 작업을 쌓아간다는 생각으로 작업하는 게 좋습니다. 성급해하지 말고 차분히, 충분한 시간을 가지고 작업하면 누구나 좋은 그림을 그릴 수 있다는 믿음과 함께 차근차근 같이 따라 그려 봐요.

1 '선글라스' 레이어에 알파 채널 잠금을 설정하고 어두운 부분을 채색합니다. 저는 빛이 캔버스 왼쪽 위에 있다고 상상하며 채색했습니다. 채색을 위해 '선글라스 테' 레이어는 표시를 해제했습니다. 이어지는 명암 작업은 개인의 실력차에 따라, 결과물도 차이가 클 수밖에 없는데요. 되도록 명암은 여러 번에 나누어 붓질을 짧게 하는 것보다, 한두 번의 붓질로 작업해야 깔끔하며 이를 위해 브러시 크기를 안경테의 약 두세 배 크기로 설정하는 것이 명암을 표현하는 데 수월합니다.

[에어브러시]-[소프트 브러시]　[5]

2 이번에는 선글라스의 밝은 부분을 채색합니다.

[에어브러시]-[소프트 브러시]　[6]

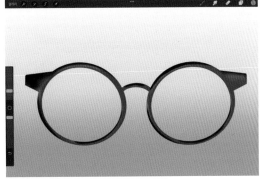

채색된 부분을 보기 쉽게 표시한 이미지

③ 마지막으로 밝은 부분 중에서도 특히 더 빛나는 하이라이트 부분을 채색합니다.

[에어브러시]-[소프트 브러시]   [7]

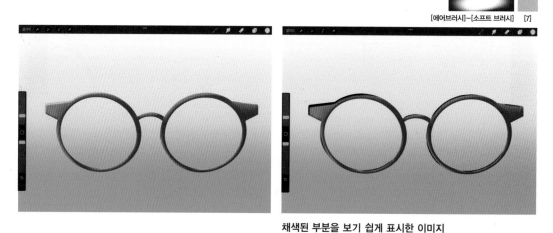

채색된 부분을 보기 쉽게 표시한 이미지

④ 표시 해제했던 '선글라스 테' 레이어를 표시하고 이제는 '선글라스' 레이어를 표시 해제합니다. '선글라스 테' 레이어에도 (알파 채널 잠금)을 활성화하세요.

⑤ '선글라스' 레이어와 같이 어두운 부분과 밝은 부분을 각각 채색해 주세요.

[에어브러시]-[소프트 브러시] [5] [6] [7]

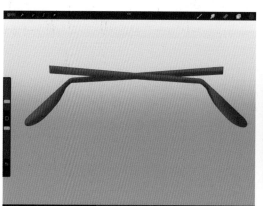

[5]번색

어둡게 채색된 부분을 보기 쉽게 표시한 이미지

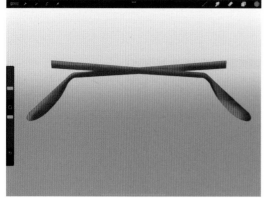

[6]번색

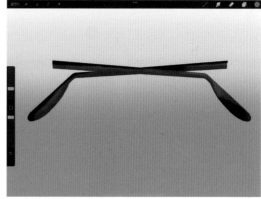

밝게 채색한 부분을 보기 쉽게 표시한 이미지

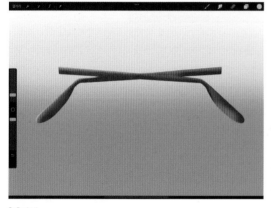

[7]번색

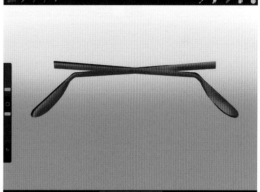

하이라이트 채색 부분을 보기 쉽게 표시한 이미지

6 하이라이트 부분까지 채색을 완료한 다음, 표시 해제한 '선글라스' 레이어를 다시 표시합니다. 알파 채널 잠금도 해제해 주세요.

7 명암 넣기를 완료하고 선글라스 위치를 다시 배치하여 그림자를 넣을게요. '선글라스', '선글라스 테' 레이어를 다중 선택한 다음, 를 터치해 그림과 같이 배치합니다.

8 '선글라스'와 '선글라스 테' 레이어를 복제한 다음, 복제한 레이어를 병합합니다. 레이어 이름은 "선글라스 그림자"로 변경했습니다.

9 '선글라스 그림자' 레이어를 '배경' 레이어 위로 옮긴 다음, 레이어 모드를 (곱하기)로 변경합니다.

10 ☝️를 선택해 그림과 같이 선글라스의 오른쪽 아래에 배치합니다.

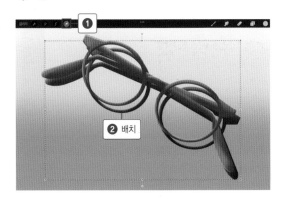

11 ☝️ –[가우시안 흐림 효과]를 선택해 효과를 적용합니다. 여기서는 10% 정도로 적용했습니다

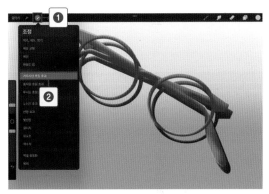
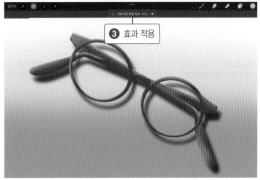

12 레이어를 복제하여 사용했으므로 원본 레이어의 붉은 색상 때문에 그림자도 붉은 빛을 띠네요. 메뉴에서 ☝️ –[색조, 채도, 밝기]를 선택한 다음, [채도]를 0%로 조절했습니다. 하지만 선글라스의 재질까지 고려한다면 붉은 빛 그림자가 어색하지 않을 수도 있어요. 그림에는 정답이 없으니 이 부분은 취향에 따라 선택하면 됩니다. 선글라스의 기본 형태가 완성됐습니다. 수고했어요.

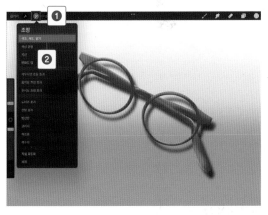

Tip ☝️의 [색조, 채도, 밝기] 항목에서는 그림의 색조, 채도, 밝기를 조절할 수 있습니다. 직관적으로 이해할 수 있는 기능이므로 추가 설명은 생략할게요.

기초반 기본 기능 - 7
선택 모드

이론

선글라스 렌즈처럼 유리 재질을 표현할 때 선택 기능을 활용해 보세요. 선택 기능은 원하는 부분을 선택하여 효과를 주거나, 이동시킬 수 있는 기본적인 기능이지만 원하는 부분만 채색하거나 지울 수도 있는 유용한 기능입니다. 채색 작업에서 선택 기능을 활용할 수 있느냐, 없느냐를 기준으로 초급과 중급을 나눌 정도로 디지털 페인팅의 필수 기능이지만 많은 사람들이 제대로 활용하지 못하는 기능이기도 하죠. 여기서 선택 기능을 제대로 익혀, 여러분도 디지털 페인팅 중급 과정에 들어설 수 있길 바랍니다.

메뉴에서 ⑤을 터치하면 선택 모드가 활성화됩니다. 선택 메뉴의 위쪽에는 '선택 도구'가, 아래쪽에는 '선택 영역 편집 도구'가 표시됩니다.

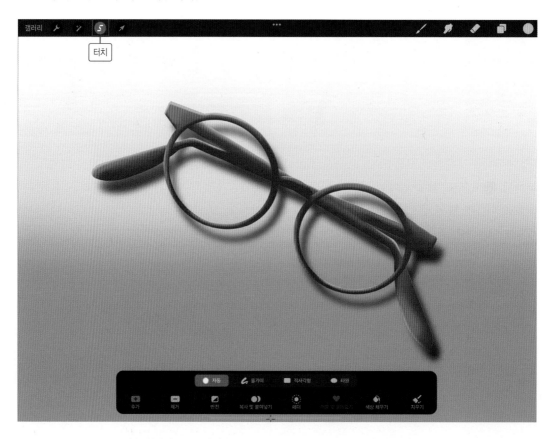

❶ 〔자동〕: 포토샵의 마술봉과 같은 도구로 일정 영역을 자동으로 인식하여 선택합니다. 원하는 영역을 자동으로 선택할 수 있는 편리함 때문에 자주 사용합니다.

❷ 〔올가미〕: 애플 펜슬로 그린 영역을 선택합니다. 제가 가장 자주 사용하는 도구입니다. 선택한 영역을 채색할 때 유용하여 채색 도구라 불려도 손색 없을 정도예요. 자세한 사용 방법은 여러 그림을 그리며 알아볼게요.

❸ 〔직사각형〕: 직사각형으로 영역을 선택합니다. 건물의 유리창이나, 각진 사각형 모양을 선택할 때 유용합니다.

❹ 〔타원〕: 타원형으로 영역을 선택합니다. 퀵쉐입과 같이 애플 펜슬로 타원을 그린 상태에서 다른 손의 손가락을 화면에 갖다 대어 정원형으로 영역을 선택할 수 있습니다.

❺ 〔추가〕: 선택된 영역에 원하는 영역을 추가할 수 있습니다. 영역을 조금씩 늘려 선택할 때 유용합니다. 선택 모드와 함께 자동으로 활성화되는 도구입니다.

❻ 〔제거〕: 선택된 영역의 일부를 제거합니다.

❼ 〔반전〕: 선택 영역을 반전합니다. 선택하기 복잡한 영역이나 넓은 영역을 선택할 때 유용합니다. 저는 비교적 단순한 영역을 선택한 다음, 반전 기능을 적용시켜 복잡한 영역을 선택하거나 또는 좁은 영역을 선택하여 반전 기능으로 넓은 영역을 선택하는 방식으로 사용합니다.

❽ 〔복사 및 붙여넣기〕: 선택된 영역을 복사하여 새 레이어에 붙여넣기합니다. 엄청 편리할 것 같지만, 의외로 자주 사용하지 않아요.

❾ 〔페더〕: 선택 영역의 가장자리를 부드럽게 처리합니다.

❿ 〔저장 및 불러오기〕: 선택한 영역을 저장하거나 저장된 선택 영역을 불러옵니다. 채색에 유용한 도구이므로 자주 사용하는 도구입니다. 이번 예제에서도 활용할 거예요.

⓫ 〔색상 채우기〕: 선택한 영역에 색상을 채웁니다. 팔레트에 선택된 색상을 바로 채울 때 유용합니다. 영역을 선택하다가 뜻하지 않게 색상이 채워지는 불상사를 겪을 수 있어요. 초보자를 괴롭히는 도구이기도 합니다.

⓬ 〔지우기〕: 선택 영역을 초기화합니다.

함께 그리기 - 3
유리재질 표현하기

실습

그림을 그릴 때, 보이는 대로 그리는 것도 중요하지만, 그리는 대상의 재질을 파악하고 그 특성을 살려 채색하면 작업을 좀 더 효과적이고 빠르게 진행할 수 있습니다. 여러 재질 중에 많은 사람이 특히 어렵게 생각하는 재질은 유리나 물과 같은 투명한 재질인데요. 유리 재질의 경우, 재질을 표현한다기보다는 유리 뒤로 보이는 배경을 그린다라고 생각하면 한결 쉽게 그릴 수 있습니다. 특히 디지털 페인팅에서는 레이어 모드와 투명도를 조절할 수 있어, 유리와 같이 투명한 재질을 표현하기가 한결 수월합니다. 이번 시간에는 레이어 모드를 활용하여 선글라스의 유리 재질을 표현해 보겠습니다.

1 '선글라스' 레이어를 선택한 다음, 메뉴에서 **S** -[자동]을 선택합니다.

2 애플 펜슬로 선글라스 유리 렌즈 부분을 각각 터치하면 파란색 선택 영역이 표시됩니다.

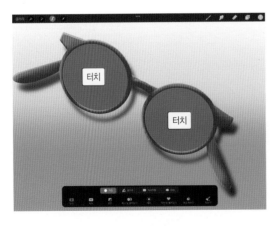

Tip 선글라스 유리 렌즈 부분이 깔끔하게 선택되지 않는다면 화면에서 바로 애플 펜슬을 떼지 말고 좌우로 움직여 보세요. '컬러 드롭 임계값'과 같이 '선택 한계값'이 표시되므로 선택 영역을 세밀하게 조절할 수 있습니다. ◢

❸ 영역이 선택된 상태에서 ⬛ – ➕을 선택해 새 레이어를 생성한 다음, 컬러 드롭으로 색상을 채워줍니다.

[8]

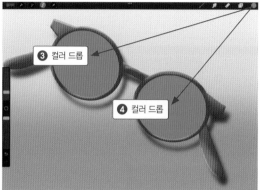

❸ 컬러 드롭
❹ 컬러 드롭

❹ 색상이 채워진 레이어의 이름을 "선글라스 렌즈"로 변경하고 레이어 메뉴에서 [선택]을 터치하면 레이어에 채색된 영역을 선택 영역으로 활성화할 수 있습니다.

❶ 이름 변경

❺ 선택 영역이 활성화된 상태에서 선택 옵션의 [저장 및 불러오기]를 선택한 다음, '선택항목' 팝업 메뉴의 [+]를 선택하면 활성화된 선택 영역을 저장할 수 있습니다. 이렇게 저장한 영역은 다시 불러올 수 있어요.

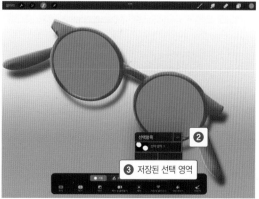

❸ 저장된 선택 영역

6 ⑤를 터치해 선택 모드를 종료한 다음, '선글라스 렌즈' 레이어의 레이어 모드를 [색상 번]으로 변경합니다. 레이어 모드에 따른 결과는 예측하기 힘드므로 여러 레이어 모드를 실험해 보며 표현하고자 하는 결과 나올 때까지 여러 레이어 모드를 적용해 보세요. 원하는 그림의 느낌을 찾아간다는 생각으로 모든 레이어 모드를 외워야 한다는 부담감은 갖지 않길 바래요.

7 렌즈에도 명암을 넣어 줄게요. '선글라스 렌즈' 위로 새 레이어를 생성하고 레이어 이름을 "렌즈 밝은부분"으로 변경합니다. '렌즈 밝은부분' 레이어가 선택된 상태에서 ⑤ −[저장 및 불러오기]를 선택한 다음, '선택 영역 1'을 터치하면 저장한 선택 영역을 불러올 수 있습니다.

 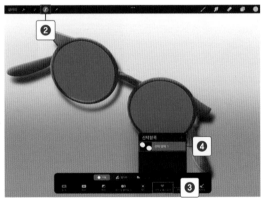

8 선택 영역이 활성화된 상태에서 렌즈의 밝은 영역을 채색합니다. 손목에 힘을 빼고 빛이 있는 선글라스의 왼쪽 윗부분을 가볍게 채색해 보세요.

[에어브러시]−[소프트 브러시]　[9]

 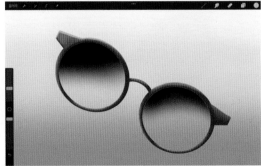

채색된 부분을 보기 쉽게 표시한 이미지

9 이번에는 렌즈의 어두운 부분도 채색해 볼게요. 새 레이어를 생성하고 레이어 이름을 "렌즈 어두운 부분"으로 변경합니다. 어두운 느낌이 좀더 강조되도록 레이어 모드는 (곱하기)로 변경했습니다.

Tip 레이어 모드에 대한 자세한 내용은 34쪽과 85쪽을 참고하세요.

10 밝은 부분에 명암을 표현한 것과 같은 방법으로 ⑤ –(저장 및 불러오기) – '선택 영역 1'을 선택하여 저장된 선택 영역을 불러옵니다.

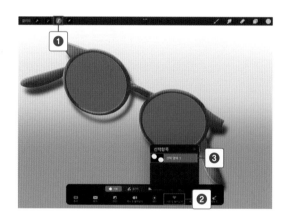

11 이번에는 렌즈의 오른쪽 아랫부분을 약간 어둡게 채색합니다.

[에어브러시]–[소프트 브러시] [9]

채색된 부분을 보기 쉽게 표시한 이미지

12 선글라스와 관련된 레이어를 다중 선택한 다음, [그룹]을 선택해 그룹화합니다. 그룹 이름은 "선글라스"로 변경했습니다. 선글라스의 기본 채색이 마무리됐습니다. 이번 시간도 수고했어요.

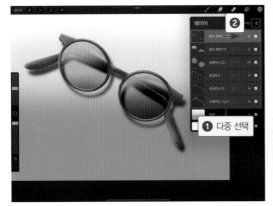

함께 그리기 - 4
야자수 그림자 표현하기

단조로움을 피하기 위해 그림의 배경으로 야자수 그림자를 넣어 볼게요. 아직 그림이 낯선 초보일수록 그림의 배경에 소홀하기 쉽고 설령 그림에 익숙한 중급자라도 배경을 어떻게 처리해야 할지 고민에 빠지는 경우가 많습니다. 그림의 배경은 그리고자 하는 주제를 부각시키는 요소이므로 배경과 주제를 따로 생각하는 것보다 한 장의 그림이 이야기가 되도록 진지하게 고민한다면 그림 실력을 향상시키는 데 많은 도움이 될 것입니다.

1 레이어 목록 제일 위로 새 레이어를 생성하고, 레이어 이름을 "야자수 스케치"로 변경합니다.

2 검은색을 선택하고 브러시 크기를 작게 조절한 다음, 야자수 잎을 스케치합니다. 중요한 것은 야자수 잎과 줄기의 크기가 캔버스에서 얼만큼 차지할지 또는 캔버스의 어떤 방향에 위치할지를 정하는 것입니다. 스케치를 좀더 세밀하고 멋지게 할 수도 있지만, 저는 목적에 맞게 필요한 만큼만 하는 편입니다. 여러분도 목적에 맞게 스케치하면 작업 시간을 절약할 수 있을 거예요.

[잉크]-[스튜디오 펜]

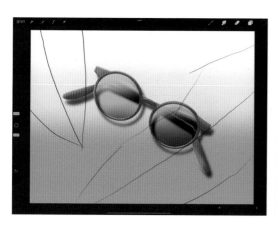
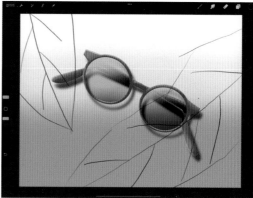

3 '야자수 스케치' 레이어 위로 새 레이어를 생성하고, 레이어 이름을 "야자수 채색"으로 변경합니다. '야자수 스케치' 레이어는 희미하게 보일 정도로 불투명도를 조절해 주세요.

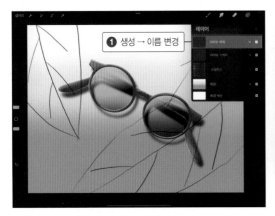 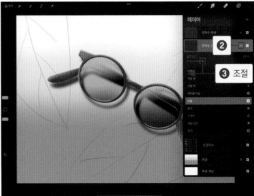

4 '야자수 채색' 레이어를 선택하고 야자수의 줄기를 그린 다음, 컬러 드롭으로 색상을 채워 줍니다.

[잉크]-[스튜디오 펜] [10]

5 야자수 줄기가 기울어진 각도를 유념하며 야자수 잎을 스케치한 다음, 컬러 드롭으로 색상을 채워 주세요.

[잉크]-[스튜디오 펜] [10]

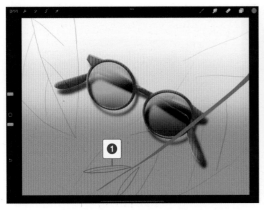 

6 같은 방법으로 스케치한 그림을 따라 나머지 야자수 잎을 스케치하고 컬러 드롭으로 색상을 채워 줍니다. 야자수를 그리는 데 방해가 된다면 선글라스 관련 레이어의 불투명도를 낮춰 보세요.

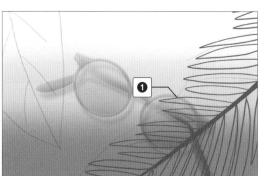

> **Tip** 컬러 드롭으로 색을 채우면 캔버스 위에 '(ColorDrop 채우기 계속)'이라는 팝업 메뉴가 표시됩니다. 이때 (채우기 계속)을 선택하면 원하는 부분을 터치하는 것만으로 컬러 드롭으로 색상을 채울 수 있습니다. ◢

7 위쪽의 야자수 잎도 스케치한 그림을 따라 그린 다음, 컬러 드롭으로 색상을 채워 줍니다. 야자수 잎이 단조로워 보이지 않도록 색상을 약간 어둡게 변경했습니다. 자연물을 최대한 자연스럽게 표현하려면 무작위성을 강조하는 것이 좋습니다. 야자수 잎의 길이나 두께 모양, 색 등이 일률적으로 보이지 않도록 노력해 보세요.

8 이제는 필요 없는 '야자수 스케치' 레이어는 삭제하고 '야자수 채색' 레이어의 레이어 모드는 (곱하기)로 변경해 주세요.

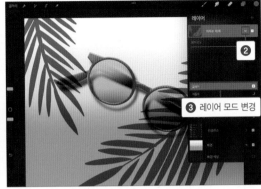

9 '야자수 채색' 레이어가 선택된 상태에서 ✦-(가우시안 흐림 효과)를 선택하고 효과를 적용해 그림자처럼 보이게 합니다. 배경은 주제를 돋보이게 하는 요소임을 생각하며 적절하게 가우시안 흐림 효과를 조절해 보세요. 여기서는 흐림 효과를 13%로 설정했습니다.

10 야자수 그림자를 좀더 자연스럽게 표현해 볼게요. '야자수 채색' 레이어를 복제한 다음, 지우개로 복제한 레이어의 잎 가장자리를 지워 줍니다. 이때도 역시 그림자가 자연스러워 보이도록 불규칙하게 지워 주세요.

[에어브러시]-[소프트 브러시]

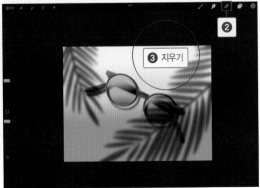

11 복제한 레이어의 불투명도를 적절하게 낮추고 야자수 채색 레이어는 모두 병합합니다.

12 선글라스가 돋보이도록 배경까지 작업했습니다. 이제 여러 가지 효과를 넣고 그림을 마무리할게요.

함께 그리기 - 5
빛 표현 및 마무리

실습

이제 선글라스 그리기의 마지막 단계로 여러 가지 효과를 넣어 보겠습니다. 프로크리에이트의 다양한 효과를 활용하면 그림이 화려해지기 때문에 눈길을 쉽게 사로잡을 수 있지만 자칫 과도하게 사용하면 부자연스러워지기 십상입니다. 그래서 항상 적정선에서 자연스러움을 유지하기 위해 그림을 그리면서 잠시 눈을 쉬었다가 다시 작업하거나, 캔버스를 좌우로 뒤집어 지금까지 그린 그림을 다른 시각에서 바라보는 연습을 해야 합니다. 지금까지 따라 그린 그림은 분위기에 따라 효과가 다르게 적용될 수도 있습니다. 능동적으로 다양한 효과를 적용하며 여러 가지를 시도해 보세요.

❶ 레이어 목록 제일 위로 새 레이어를 생성하고 레이어 이름을 "빛"으로 변경합니다. 레이어 모드도 〔추가〕로 변경했습니다.

❷ 브러시 크기를 작게 조절한 다음, 선글라스 렌즈에서 가장 밝은 부분의 하이라이트를 표현합니다. 양쪽 렌즈에 반사되는 빛의 크기는 미세하게 다르므로 브러시의 크기도 다르게 조절해 보세요. 점을 찍듯 콕 찍어 주면 됩니다.

[빛]-[플레어]　[12]

❸ '빛' 레이어 위로 새 레이어를 생성하고 레이어 이름을 "빛 효과1"로 변경합니다. 레이어 모드는 [스크린]으로 변경합니다.

❹ 브러시 크기를 선글라스 렌즈의 1.5배 정도로 조절하고 그림 전체의 밝은 부분을 채색합니다.

[에어브러시]-[소프트 브러시] [13]

채색된 부분을 보기 쉽게 표시한 이미지

❺ '빛 효과1' 레이어의 불투명도를 조절해 자연스러워 보이도록 조절합니다. 여기서는 37%로 변경했습니다.

6 '빛 효과1' 레이어 위로 새 레이어를 생성하고 레이어 이름은 "빛 효과2", 레이어 모드는 (색상 닷지)로 변경합니다.

7 브러시 크기를 선글라스 렌즈의 1.5배 정도로 조절하고 앞서 채색한 밝은 부분 위주로 효과를 적용합니다.

[에어브러시]-[소프트 브러시]   [14]

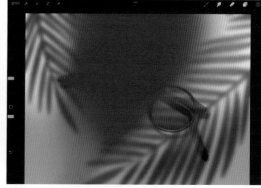

레이어 모드를 보통으로 변경한 참고 이미지

8 그림이 자연스러워 보이도록 '빛 효과2' 레이어의 불투명도를 조절합니다. 여러분이 그린 그림에 따라 다르게 보이므로 불투명도는 여러분의 그림에 맞게 적절하게 조절합니다. 여기서는 95%로 조절했어요.

⑨ 이번 그림에서는 선글라스 렌즈에 시선이 집중되도록 할 거예요. 여러 효과를 적용하여 흐릿한 렌즈 부분을 다시 살려 볼게요. '선글라스' 레이어 그룹 안에 있는 '선글라스 렌즈' 레이어를 복제해 '빛 효과1', '빛 효과2' 레이어 사이로 옮겨 주세요. 결과물에 따라 복제한 '선글라스 렌즈' 레이어가 '빛 효과1' 레이어 아래에 있을 때 렌즈 표현이 더 강조될 수도 있습니다. 레이어의 위치나 레이어 모드를 다양하게 변경하며 여러분만의 그림을 완성해 보세요.

⑩ 복제한 '선글라스 렌즈' 레이어의 이름은 "렌즈 효과"로 변경하고 좀더 자연스럽게 보이도록 불투명도를 조절합니다.

11 이제 부족한 부분을 찾아 리터치하면 되는데요. 선글라스 렌즈 아랫부분에 약간의 두께감을 살리 겠습니다. 선글라스 그룹 레이어 내의 '선글라스' 레이어를 복제하고, 복제된 아래쪽 레이어를 선택합 니다. ✦를 사용해 왼쪽 위로 약간만 비스듬하게 옮겨, 렌즈의 두께감이 느껴지도록 작업합니다.

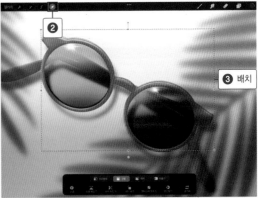

12 **11** 과정이 렌즈 아랫부분에 두께감을 표현하기 위한 작업이었으므로, 불필요한 선글라스 위쪽 등 은 ◕로 지워 줍니다. 불투명도를 적절하게 조절하세요.

[에어브러시]-[소프트 브러시]

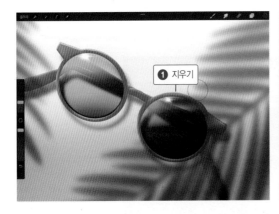

13 마지막으로 비네팅 효과를 넣어 볼게요. 레이어 목록 가장 위로 새 레이어를 생성한 다음, 레이어 이름은 "비네팅", 레이어 모드는 [소프트 라이트]로 변경합니다.

> **Tip** 비네팅 효과로 주변부를 어둡게 처리하면 선글라스가 좀더 돋보일 뿐 아니라, 실제 카메라로 찍은 것과 같은 느낌도 전달할 수 있어 개인적으로 자주 사용하는 효과입니다. ◢

⑭ 컬러 드롭으로 검은색을 채운 다음, 지우개로 가운데 부분부터 살살 지워 줍니다.

[에어브러시]-[소프트 브러시]

❶ 컬러 드롭

❷ 지우기

⑮ 마지막으로 필요하다면 여러 효과를 적용한 레이어의 불투명도를 조절해 마무리합니다. 수고하셨습니다.

3

기초
완성반

기초 완성반에서는 지금까지 알아본 기본 기능을 모두 활용하여 페이퍼컷 효과의 해변과 야
자수와 밤 하늘을 그려 볼게요. 기초 완성반인 만큼 기능 설명은 자세히 하지 않을 테니 그리
는 과정에 집중해 봅니다. 혹시 앞선 기능이 아직 100% 익숙하지 않았다면, 이번 시간을 통
해 확실히 익혀 보도록 해요. 제가 생각하는 100%는 이론적으로만 아는 것이 아니라 작업하
다가 필요할 때 바로바로 적합한 기능을 선택하여 작업의 퀄리티를 높이거나, 작업 시간을
단축할 수 있는 수준을 말합니다.

참고로 우리가 앞선 시간에 배운 기능을 나열해 볼게요. 아래의 기능들 만으로도 어떤 그
림도 그릴 수 있으며, 작업 시간도 크게 단축시킬 수 있습니다. 자신감을 가지고 시작해
보아요.

- 컬러 드롭: 정해진 영역에 색상을 채우는 기능
- 픽셀 유동화: 밀기, 당기기 등으로 이미지를 변형하는 기능
- 클리핑 마스크: 레이어를 생성하여 이미 채색된 부분에만 채색하는 기능
- 변형 모드: 이동, 회전, 크기 조절 등의 기본적인 기능
- 퀵쉐입: 선 또는 도형을 깔끔하게 그릴 수 있는 기능
- 텍스트: 텍스트를 추가, 편집할 수 있는 기능
- 가우시안 흐림 효과: 이미지 전체 또는 선택된 영역을 흐리게 하는 기능
- 선택 모드: 일정 영역을 선택하는 기능
- 알파 채널 잠금: 레이어를 생성하지 않고 채색된 부분에만 채색을 하는 기능

01

페이퍼컷 효과로 해변 그리기

이번 시간은 앞선 페이퍼컷 선인장의 심화 과정이라고 보면 될 것 같은데요. 그림은 크게 두 파트로 나누어 작업하겠습니다. 먼저 이 그림의 배경인 해변을 그린 다음, 주인공인 꽃게를 넣어 줄게요. 그리는 사람의 작업 스타일에 따라 그리는 순서는 바뀔 수 있지만, 저 같은 경우에는 배경과 대상이 서로 강하게 상호작용하며 영향을 미친다고 생각하여 대략적으로라도 배경 작업부터 하는 편입니다. 여러분도 기본적인 지식을 습득하고 여러 가지 시도를 하고 나서 본인 스타일에 맞는 방법을 찾아가길 바라요.

함께 그리기 - 1
해변 그리기

실습

페이퍼컷이라는 효과의 특성상, 그림자를 각각 따로 만들어야 하는 반복적인 작업을 할 수밖에 없습니다. 아마 이번 예제를 완성하면, 컬러 드롭과 가우시안 흐림 효과는 확실하게 익힐 수 있을 거예요. :) 저와 똑같은 그림을 그린다기보다는 제가 알려드린 내용을 활용해 비슷한 그림을 그린다고 생각하면 책에 나온 그림보다 멋진 작품이 완성될 거예요.

파도 형태 그리기

1 갤러리 메뉴에서 ➕를 선택한 다음, [스크린 크기]를 선택해 새로운 캔버스를 생성합니다.

Tip 새 캔버스를 만드는 다양한 방법은 27쪽을 참고하세요. ◢

2 그림과 같이 구불구불한 선을 스케치한 다음, 컬러 드롭 기능으로 색을 채웁니다.

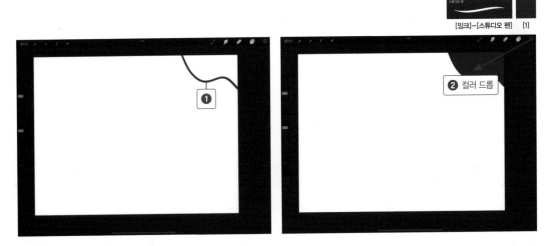

3 메뉴에서 ⬛를 선택한 다음, 현재 선택된 레이어 이름을 "파도1"로 변경합니다.

4 '파도1' 레이어 아래로 새 레이어를 생성하고 레이어 이름은 "파도2"로 변경합니다.

5 '파도2' 레이어가 선택된 상태에서 앞선 방식과 같은 방식으로 선을 그리고 색상을 채웁니다. 같은 방법으로 새로운 레이어를 생성하고 색상을 바꿔가며 여러 개(총 5개)의 파도를 그려 보세요.

[2] [3] [4] [5]

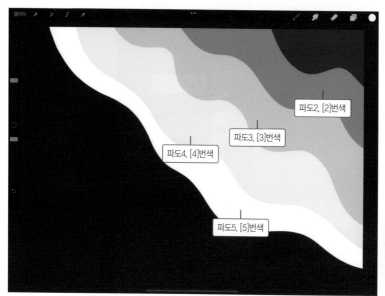

Tip '파도5'가 캔버스 배경색 때문에 잘 보이지 않는다면 '배경 색상' 레이어를 표시 해제하고 작업해 보세요. ◢

파도에 그림자 넣기

1 '파도1' 레이어를 선택해 복제한 다음, 위쪽 표시를 해제해 숨겨 줍니다.

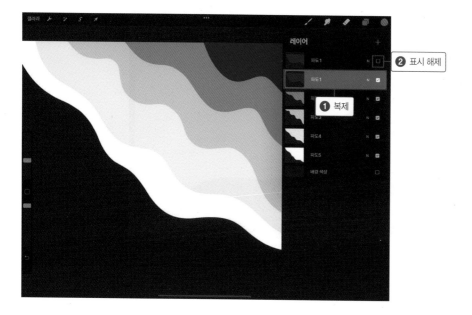

2 복제된 레이어 중 아래쪽 레이어를 선택한 다음, 레이어 이름을 "그림자1"로 변경하고, 검은색으로
채워 줍니다.

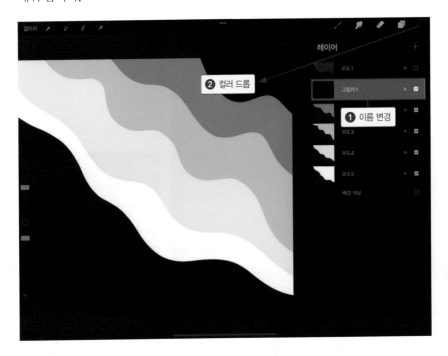

3 ⬤ – (가우시안 흐림 효과)를 선택합니다.

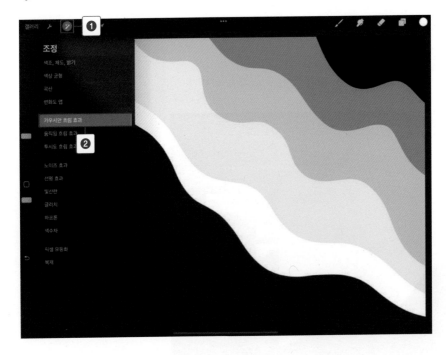

④ 애플 펜슬이나 손가락을 화면에 대고 좌우로 슬라이드해 자연스러운 흐림 효과를 적용합니다. 여기서는 20%로 설정했습니다.

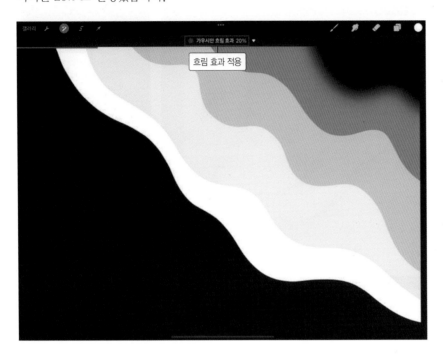

⑤ '파도1' 레이어는 다시 표시합니다.

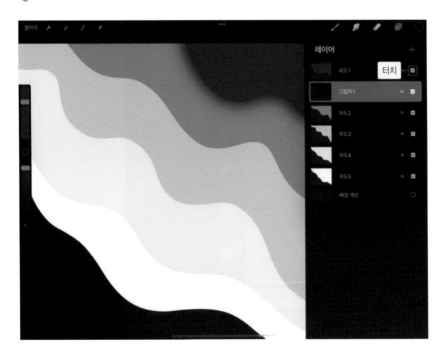

6 같은 방법으로 나머지 파도에도 그림자를 추가합니다.

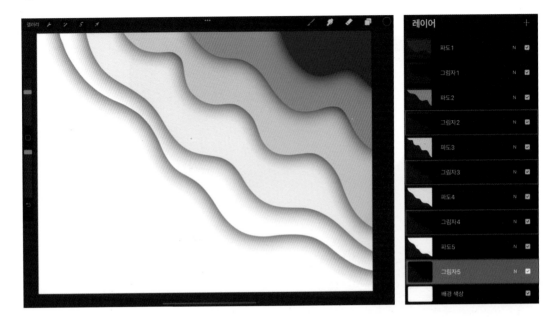

해변 그리기

1 레이어 목록 가장 아랫부분에 새 레이어를 생성하고 레이어 이름을 "해변1"로 변경합니다.

2 그림과 같이 모래가 있는 해변을 스케치한 다음, 컬러 드롭 기능을 이용해 색상을 채워 줍니다.

[잉크]-[스튜디오 펜]　[6]

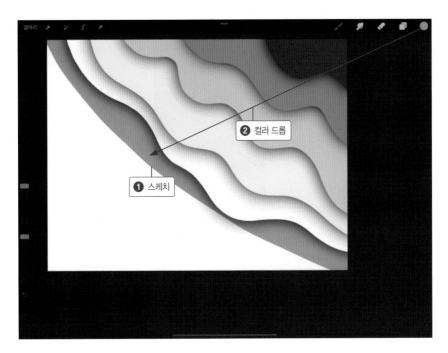

3 같은 방법으로 레이어 목록 가장 아랫부분에 새 레이어를 추가하여 해변을 완성합니다. 레이어가 많아질 경우 선택하기 어려우니 레이어 이름을 미리미리 변경해야 된다는 것도 잊지 마세요.

[7]　[8]　[9]

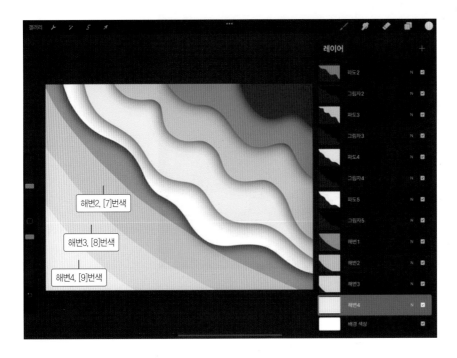

4 파도에 비해 해변이 단조로운 것 같네요. '해변1' 레이어에만 그림자를 넣을게요. 레이어 목록에서 '해변1'을 복제한 다음, 아래쪽 레이어의 이름을 "해변1그림자"로 변경합니다. '해변1그림자' 레이어만 보이도록 위쪽 레이어는 표시 해제합니다.

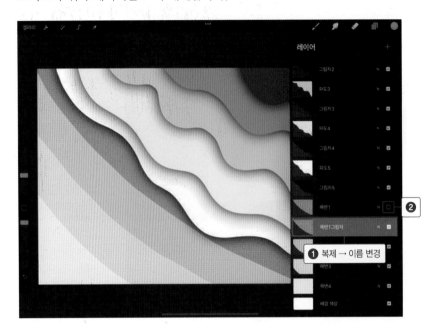

5 '해변1그림자' 레이어가 선택된 상태에서 컬러 드롭 기능을 이용해 검은색을 채웁니다.

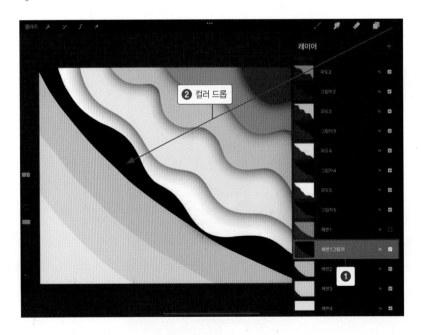

6 ✏ -[가우시안 흐림 효과]를 선택한 다음, 적절하게 흐림 효과를 적용합니다. 가우시안 흐림 효과를 적용한 다음, 숨겼던 '해변1' 레이어를 다시 표시합니다.

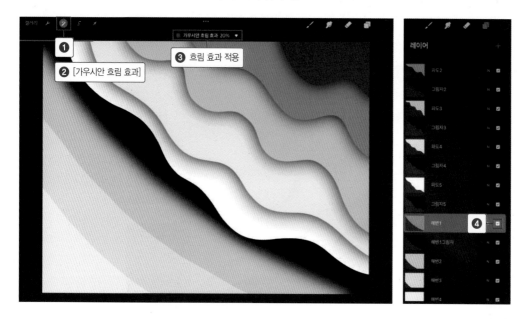

페이퍼컷 효과 강조하기

1 그림자 레이어의 위치를 변경해 간단하게 페이퍼컷 효과를 강조해 보겠습니다. 레이어 목록에 그림자 레이어를 다중 선택합니다.

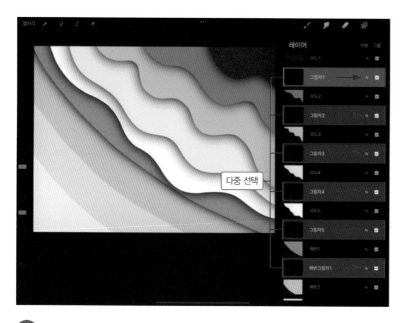

Tip 레이어 목록에서 레이어를 오른쪽으로 슬라이드하면 한꺼번에 여러 개의 레이어를 선택할 수 있습니다.

② 그림자 레이어가 다중 선택된 상태에서 ◈를 선택한 다음, 위치를 변경해 그림자 효과를 강조해 보세요. 그림자의 위치에 따라 입체감이 살아나는 걸 확인할 수 있습니다. 정답이 있는 것은 아니니 자신이 느끼기에 그림자가 가장 돋보이는 위치로 조정하면 됩니다. 저는 그림자를 살짝 왼쪽 아래로 옮겨 주었습니다.

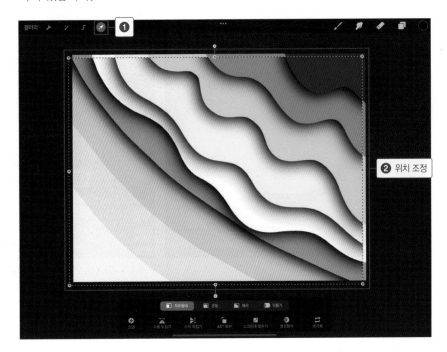

함께 그리기 - 2
해변 생물 그리기

자, 이제 꽃게를 그려 넣어 그림에 활기를 불어넣습니다. 그림 속에 사람이나 생물체가 있을 때와 없을 때에 따라 전달하는 느낌이 크게 달라집니다. 그러므로 간단하게라도 강아지, 고양이, 새, 사람 등을 그려 넣어 주면 그림에 활기가 생기고, 따뜻한 느낌이 전달됩니다. 배경 작업이나 풍경화를 작업할 때, 이 점을 항상 염두에 두고 작업해 주세요.

꽃게 기본 형태 그리기

1 레이어 목록 제일 위에 새 레이어를 생성하고 레이어 이름을 "꽃게1"로 변경합니다.

2 ●로 동그랗고 뒤집어진 사다리꼴 모양의 꽃게 몸통을 그려 줍니다. 꽃게의 크기는 변형 모드로 수정할 수 있으니 꽃게의 전체적인 비율만 생각하며 그려 주세요. 오히려 사진 이미지처럼 정확한 모양은 이번 그림과 어울리지 않을 수 있으니 편하게 정감가는 꽃게 모양을 그려 봅니다.

[잉크]-[스튜디오 펜] [10]

③ 컬러 드롭 기능을 이용해 색상을 채운 다음, 눈을 그립니다. 저는 왼쪽 눈을 약간 더 크게 그려 주었습니다. 브러시 크기를 조금씩 다르게 두세 번에 걸쳐 동글동글 문지른다는 생각으로 그리면 좀더 깔끔하게 그릴 수 있습니다.

[잉크]-[스튜디오 펜]   [10]

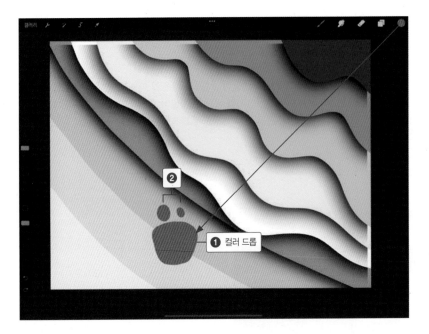

④ 몸통 양쪽으로 다리를 그리고 눈과 몸통을 잇는 선도 그려 주세요. 눈과 몸통을 잇는 선은 직선보다는 약간 휘어진 듯이 그려 주세요. 다리는 아래쪽으로 갈수록 브러시 두께를 얇게 조절하여 그리면 좀더 그럴 듯 해 보입니다. 원하는 모양이 그려질 때까지 여러 번 반복하는 것도 좋습니다.

[잉크]-[스튜디오 펜]   [10]

5 완성된 '꽃게1' 레이어를 왼쪽으로 슬라이드해 복제합니다. 복제한 레이어의 이름은 '꽃게2'로 변경했습니다.

6 지금부터는 을 활용해 복제한 '꽃게2' 레이어를 수정하겠습니다. 우리의 목표는 복제한 느낌이 들지 않도록 하는 것입니다. '꽃게2' 레이어가 선택된 상태에서 -[균등]을 선택합니다. 복제한 꽃게를 오른쪽으로 옮긴 다음, 파란색 조절점을 움직여 크기를 줄입니다.

7 변형 옵션 중 (수평 뒤집기)를 선택해 복제한 레이어를 수평으로 뒤집고 초록색 조절점을 움직여 살짝 회전시킵니다.

8 변형 모드를 해제한 다음, 컬러 드롭 기능을 이용해 왼쪽 꽃게 색상보다 좀더 진한 빨간색으로 채워 줍니다.

[11]

9 다시 한번 '꽃게1' 레이어를 복제한 다음, 레이어 이름을 "꽃게3"으로 변경합니다.

10 '꽃게3' 레이어가 선택한 상태에서 ◈를 선택한 다음, 복제한 '꽃게3'을 오른쪽으로 옮겨 줍니다. 위치는 언제든 다시 옮길 수 있으니 여기서는 대략적인 위치만 잡아 주세요.

11 초록색 조절점을 움직여 시계 반대 방향으로 약간 회전시킨 다음, 컬러 드롭 기능을 이용해 또 다른 빨간색으로 채워 주세요.

[12]

12 꽃게 세 마리의 기본 형태가 완성되었습니다.

꽃게 그림자 넣기

1 꽃게의 디테일을 높이기 전에 우선 그림자부터 넣어 줄게요. '꽃게1' 레이어를 복제하고, 레이어 이름을 "꽃게1그림자"로 변경합니다. '꽃게1' 레이어는 표시 해제합니다.

2 '꽃게1그림자' 레이어가 선택된 상태에서 컬러 드롭 기능을 이용해 검은색으로 채운 다음, ⬤ –(가우시안 흐림 효과)를 선택합니다.

3 애플 펜슬이나 손가락을 좌우로 슬라이드해 흐림 효과를 적절하게 적용합니다.

④ '꽃게1' 레이어를 표시하고 같은 방법으로 '꽃게2', '꽃게3'의 레이어를 복제해 나머지 꽃게의 그림자를 만들어 줍니다.

⑤ '꽃게1그림자'~'꽃게3그림자'를 다중 선택한 다음, ↗로 파도 그림자와 같이 왼쪽 아래로 옮겨 줍니다.

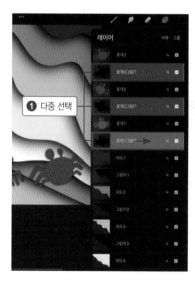
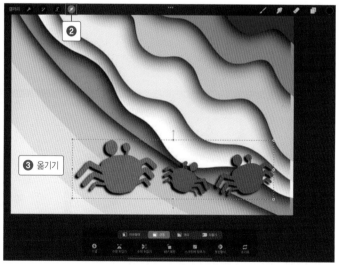

6 (알파 채널 잠금) 기능을 이용해 꽃게의 눈을 그려 줍니다. '꽃게1' 레이어의 레이어 메뉴에서 (알파 채널 잠금)을 선택합니다. 꽃게 눈 바깥으로 채색이 빠져 나가지 않도록 하기 위해서 알파 채널 잠금 기능을 활용하는 것이죠. 이 기능을 적용할 레이어를 선택한 상태에서 두 손가락으로 오른쪽으로 슬라이드 해서 사용할 수도 있습니다.

Tip 알파 채널 잠금에 대한 자세한 내용은 107쪽을 참고하세요.◢

7 꽃게의 흰자 부분과 검은자 부분을 차례대로 채색합니다. 눈의 모양에 따라 다양하게 표현할 수 있습니다. 여러 가지 시도로 자신만의 그림을 완성해 보세요.

[잉크]-[스튜디오 펜]　[13]

 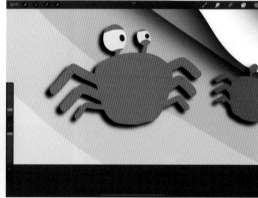

8 브러시의 크기와 색상을 달리해 '꽃게2', '꽃게3'의 눈도 채색합니다. 꽃게2와 꽃게3의 흰자는 파도
바로 아랫부분에 있어서 좀더 어두운색으로 채색했습니다.

[14]

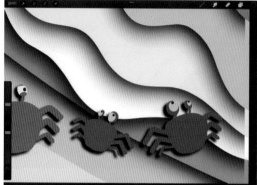

9 꽃게를 그린 것과 같은 방법으로 불가사리를 그려 보세요.

[15]

테두리 그리고 완성하기

1 꽃게와 그림자 레이어를 모두 선택합니다.

2 다중 선택한 레이어를 '파도5'와 '해변1' 레이어 사이로 옮겨 주고, 파도에 가려진 꽃게가 좀더 잘 보일 수 있도록 ◢로 배치해 주세요.

3 새 레이어를 생성하고 레이어 이름을 "테두리"로 변경합니다. **S**을 선택하고 아래쪽 여러 옵션 중 (직사각형)을 선택합니다.

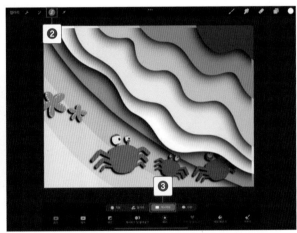

4 파도 그림자를 만들면서 어색해진 부분까지 직사각형 영역으로 선택하고, 컬러 드롭을 이용해 흰색으로 채워 줍니다.

Tip 선택 메뉴 옵션의 '색상 채우기' 기능을 활용해 색상을 채울 수도 있습니다. ◢

⑤ 계속해서 선택 메뉴 옵션을 (추가)로 설정한 다음, 그림의 나머지 테두리를 연속으로 선택하고 컬러 드롭으로 흰색을 채워 줍니다.

⑥ 그림을 완성했습니다. 수고하셨습니다.

필자가 마무리를 더한 그림

02

야자수와 밤하늘 그리기

이번 시간에는 그간 배웠던 기본 기능들을 다양하게 활용하는 시간을 준비했습니다. 색상을 섞어 자연스러운 그라데이션을 만들기 위해 가우시안 흐림 효과를 사용하거나, 반복적이고 비슷한 대상을 그리기 위해 변형 모드를 활용하면 좋습니다. 디지털 페인팅에 있어서 각각의 기능을 꼭 이렇게 사용해야 한다고 정해진 규칙은 없습니다. 어떤 기능을 어떻게 사용하느냐는 원하는 이미지를 만들기 위한 작가의 선택이라는 걸 잊지 마세요. 물론 적절한 때에 적절한 기능을 활용하기 위해서 어떠한 기능들이 있는지는 확실히 알아야겠죠? 이번 시간을 통해 기본 기능을 다양하게 활용해 보고 디지털 페인팅의 기초를 확실히 몸에 익혀 보아요.

함께 그리기 - 1
언덕 및 야자수 그리기

실습

이번 그림에서 확실히 익혀야 할 기능은 '변형 모드' 입니다. 변형 모드는 단순히 대상을 이동시키거나 모양을 변형시킨다는 1차적 기능 외에도 반복적이고 복잡한 대상의 일부를 복제, 변형, 배치를 통해 작업 시간을 크게 단축시키는 2차적 기능을 가지고 있습니다. 그리는 사람이 누구든 하나의 그림에 오랜 시간을 할애할 수는 없습니다. 그렇기 때문에 제한된 시간을 어떻게 활용하고, 단축할 수 있을지는 항상 고민해야 할 숙제와 같습니다. 이번 시간에는 야자수 나무와 같은 패턴이 반복될 때, 어떻게 디지털 페인팅의 장점을 살려 시간을 단축시킬 수 있는지 잘 살펴 보세요.

배경과 야자수 그리기

1 갤러리 메뉴에서 ➕ − [스크린 크기]를 차례대로 선택해 새로운 캔버스를 생성합니다. 새 캔버스가 표시되면 두 손가락으로 캔버스를 돌려 세로가 긴 형태로 만들어 줍니다.

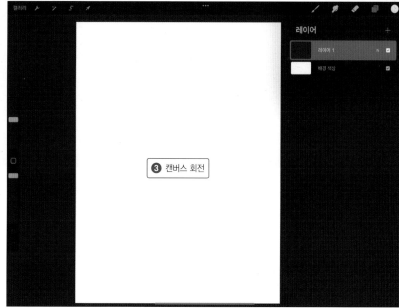

2 그림과 같이 캔버스 위쪽에 선을 그린 다음, 컬러 드롭으로 색상을 채웁니다. 이어지는 작업에서 가우시안 흐림 효과로 각 색의 경계를 흐리게 처리할 것이므로 적당한 위치에 색을 채우면 됩니다.

[잉크]-[스튜디오 펜] [1]

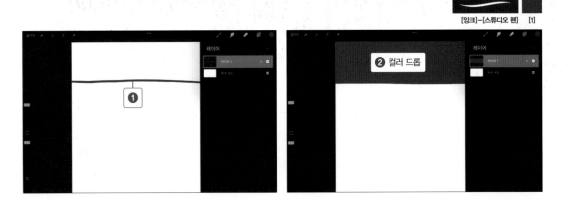

3 같은 방법으로 그림과 같이 나머지 영역도 컬러 드롭으로 색을 모두 채운 다음, -[가우시안 흐림 효과]를 차례대로 선택합니다.

[2] [3] [4] [5]

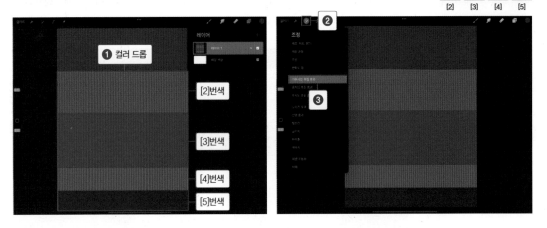

4 애플 펜슬이나 손가락을 오른쪽으로 슬라이드해 각 영역의 색이 잘 섞일 수 있도록 가우시안 흐림 효과를 적용합니다. 여기서는 50%로 설정했습니다. 각 효과에 정해진 값은 없습니다. 항상 그리는 사람의 판단이 가장 중요하다는 걸 잊지 마세요!

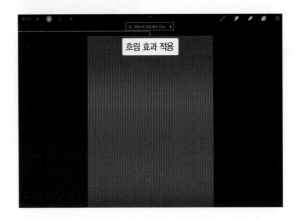

5 새 레이어를 생성하고 그림과 같은 언덕을 그린 다음, 컬러 드롭으로 색상을 채워 줍니다.

[잉크]-[스튜디오 펜]   [6]

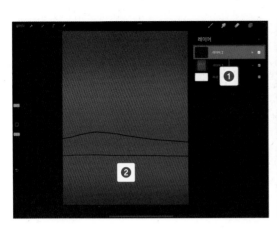
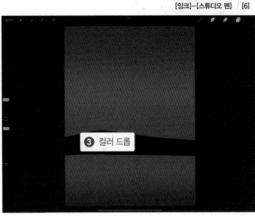

6 새 레이어를 생성한 다음, 그림과 같이 야자수 줄기를 그려 줍니다. 야자수를 그리는 방법에도 여러 가지 방법이 있습니다. 브러시로 야자수 줄기만 그린 다음, 컬러 드롭으로 색상을 채울 수도 있고 곧은 직선을 그린 다음, (픽셀 유동화) 기능으로 변형할 수도 있죠. 어떤 방법으로 그리더라도 야자수의 줄기가 위로 갈수록 점점 얇아진다는 것을 염두에 두고 그려 보세요. 언덕과 같은 색을 사용하므로 야자수 줄기를 그리는 데 언덕 레이어가 방해된다면 언덕 레이어의 불투명도를 낮추거나 캔버스에 표시하지 않고 그려 보세요.

[잉크]-[스튜디오 펜]   [6]

Tip 레이어 이름 옆의 (N)을 터치하면 표시되는 슬라이드를 좌우로 움직여 불투명도를 조절할 수 있습니다.

7 이번에는 새 레이어에 야자수의 잎을 그려 보겠습니다. 잎의 형태를 그린 다음, 컬러 드롭으로 색을 채우세요. 우선 그리기 편한 크기로 작업한 다음, 변형모드 ✈로 크기를 조절하면 편리합니다. 야자수 잎을 그린다고 생각하는 것보다 마름모를 그린다고 생각하면 그리기 수월합니다.

[잉크]-[스튜디오 펜] [6]

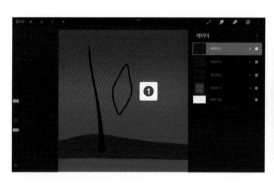

8 ✎로 잎의 바깥쪽에서 안쪽으로 지워가며 야자수 잎을 표현합니다. 나무나 잎사귀, 하늘 등과 같은 자연물을 그릴 때는 오히려 불규칙적으로 그리는 것이 훨씬 자연스러우니 마음 편하게 작업하세요. 또한 야자수 잎은 지우개의 획을 어느 방향에서 시작하는지도 중요합니다.

[잉크]-[스튜디오 펜]

9 완성한 야자수 잎은 ✈을 선택해 크기와 위치를 조절합니다. 레이어 이름은 "야자수잎1"으로 변경합니다.

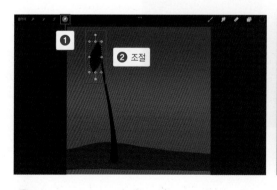

Tip 변형 모드 ✈에 대한 자세한 설명은 47쪽을 참고하세요. ◢

10 새 레이어를 생성하고 레이어 이름을 "야자수잎2"로 변경합니다. 다른 모양의 야자수 잎을 하나 더 그려 주세요. 여기서는 옆에서 바라본 야자수 잎을 상상하며 잎의 한쪽 면만 표현했습니다.

11 '야자수잎2' 레이어도 ⬤를 사용해 적당한 크기와 위치로 조절합니다.

> **Tip** 작업에 방해가 된다면 '야자수잎1' 레이어의 불투명도를 조절해 보세요.◢

12 야자수의 나머지 잎은 복제와 변형 기능을 활용해 추가하겠습니다. 우선 '야자수잎1'을 복제한 다음, 레이어 목록 제일 위쪽으로 옮기고 레이어 이름을 "야자수잎3"으로 변경합니다.

⑬ '야자수잎3' 레이어가 선택된 상태에서 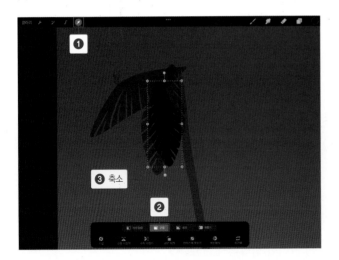—[수평 뒤집기]—[균등]을 선택합니다. 모서리의 파란색 조절점을 이용해 아래와 같이 크기를 줄여 줍니다.

⑭ 초록색 조절점을 조절하여 회전시키고 적당한 위치에 배치합니다.

⑮ '야자수잎2' 레이어를 복제한 다음, 레이어 이름을 "야자수잎4"로 변경합니다. 이번에는 [변형]—[수평 뒤집기]를 적용하고 적당한 위치에 배치합니다.

16 같은 방법으로 '야자수잎2' 레이어를 복제하고 레이어 이름을 "야자수잎5"로 변경합니다. [변형]-
[뒤틀기]를 선택하고 모서리의 조절점을 움직여 야자수의 모양을 변형합니다. 정답은 없으므로 픽셀 유
동화 기능을 활용해도 상관없습니다.

17 '야자수잎4' 레이어를 복제합니다. 레이어 이름을 "야자수잎6"으로 변경하고 16과 같은 방법으로
변형하여 배치하세요.

🔟 완성된 야자수 나무를 복제해 캔버스 곳곳에 배치하기 전, 레이어를 정리할게요. 레이어 목록에서 야자수 잎 레이어를 모두 선택한 다음, 〔그룹〕을 선택합니다. 그룹 이름은 "야자수잎"으로 변경합니다.

> **Tip** 그룹은 폴더 개념으로 여러 레이어를 한 폴더 넣어 관리하는 기능입니다. 여러 레이어를 그룹으로 묶는 방법은 92쪽을 참고하세요.◢

변형 도구로 야자수 복제하기

1️⃣ 야자수 잎과 같은 방법으로 야자수 줄기인 '레이어3'을 여러 개 복제해 변형하고 적당한 위치에 배치합니다. 여기서는 복제한 레이어를 변형했지만 야자수 나무를 각각 따로 그려도 됩니다. 복제한 레이어들을 두 손가락으로 꼬집어 모두 병합하고, 레이어 이름은 "나무몸통들"로 변경합니다.

> **Tip** 레이어 메뉴에서 〔아래 레이어와 병합〕으로 레이어를 하나씩 병합할 수도 있지만, 레이어를 꼬집는 제스처 기능을 활용하면 작업 시간을 단축시킬 수 있습니다.◢

2 이제 야자수 줄기에 잎을 달아 줄게요. 레이어 목록의 '야자수잎' 그룹을 복제한 다음, 복제한 레이어를 다시 터치해 [병합]을 선택합니다. 레이어 이름은 "야자수잎2"로 변경할게요.

Tip 그룹으로 묶인 레이어를 병합하면 한 개의 레이어(이미지)로 합칠 수 있습니다. 병합 후에는 이전 그룹 레이어처럼 레이어별로 수정할 수 없으므로, 이 부분을 고려하여 병합하세요.◢

3 병합된 '야자수잎2' 레이어를 여러 개 복제한 다음, 야자수 줄기에 배치합니다. 변형과 픽셀 유동화 기능을 사용해 크기와 모양을 조금씩 변형하며 자연스럽게 연출해 보세요.

4 '야자수잎2' 레이어와 복제한 야자수 잎 레이어를 다중 선택한 다음, (그룹)을 터치합니다. 그룹 이름은 "야자수잎들"로 변경합니다.

Tip 겹쳐 있는 야자수 잎에 명암을 표현하기 위해 레이어를 병합하는 대신 그룹화한 것입니다. ◢

5 언덕이 그려진 '레이어2' 아래로 새 레이어를 생성한 다음, 달을 그려 줍니다. 퀵 쉐입 기능을 사용해 정원을 그린 다음, 컬러 드롭으로 색상을 채워 줍니다.

[잉크]-[스튜디오 펜]   [7]

Tip 퀵쉐입에 대한 자세한 내용은 57쪽을 확인하세요. ◢

6 🖌 -[가우시안 흐림 효과]를 선택하여 달에 흐림 효과를 적용합니다. 레이어 이름도 "달"로 변경할 게요.

7 🧽로 달 아래 부분을 지워 줍니다. 애플 펜슬에 힘을 주어 한 번에 지우는 것보다 지우개 브러시 크기를 달 크기보다 약간 작게 설정한 다음, 손목에 힘을 빼고 여러 번 슥슥 지워 주면 더욱 자연스럽게 표현할 수 있습니다.

[에어브러시]-[소프트 브러시]

8 새 레이어를 생성하고, 레이어 이름을 "별들"로 변경합니다. 애플 펜슬로 콕콕 찍어 별을 그려 줍니다. 화면과 애플 펜슬이 90도가 되도록 똑바로 세워 콕콕 찍어 주세요. 누르는 힘을 다르게 하거나 브러시 사이즈를 조절하며 다양한 크기의 별을 채워 봅니다.

[빛]-[라이트펜]   [7]

9 이번에는 야자수 나무 줄기에 명암을 넣겠습니다. '나무몸통들' 레이어 메뉴에서 [알파 채널 잠금]을 선택합니다.

Tip 그룹으로 묶인 레이어는 레이어 메뉴가 표시되지 않습니다. ◢

10 캔버스의 달을 기준으로 빛의 방향을 생각하며 나무 줄기의 밝은 부분을 채색합니다.

[잉크]-[스튜디오 펜]   [8]

11 "야자수잎들" 그룹 레이어는 레이어 목록 제일 위로 옮기고, 각각의 야자수 잎도 [알파 채널 잠금]을 설정한 다음, 아래와 같이 명암을 넣습니다. 나무 줄기의 밝은 부분을 채색할 때와 마찬가지로 빛의 방향을 생각하여 야자수 잎 가장자리 부분만 이미지를 참고하여 슥슥 그어 줍니다.

Tip 두 손가락으로 레이어를 오른쪽으로 슬라이드하면 바로 알파 채널 잠금을 설정할 수 있습니다.

함께 그리기 - 2
반영 표현하고 마무리하기

실습

많은 사람들이 물은 그리기가 굉장히 어렵다고 생각합니다. 저 또한 그랬습니다. 물을 표현하는 데 있어 가장 어려운 점은 우리가 보는 것을 그대로 그리려 하지 않고 머리로 알고 있는 것을 그리려고 한다는 점이예요. 알고 있는 것이 아닌 보이는 대로 그리려는 시도는 좋은 그림을 그리기 위해 필수적으로 거쳐야 할 과정입니다.

우리가 알고 있는 물에 대해 설명해 볼까요? 우선 액체이며 투명하고 때에 따라 잔잔한 물결이 일고 빛을 반사합니다. 하지만 물을 그리는 것은 말이나 글로 설명하는 것과는 차원이 다른 문제입니다. 이럴 때에는 최대한 물을 있는 그대로 관찰하고, 그리려고 노력해 보세요. 물에 비친 야자수를 예로 일렁이는 물에 비친 야자수를 그린다고 생각하지 말고 거꾸로 자라는 야자수 나무를 그린다고 생각하면 좀 더 정확하게 관찰하고 쉽게 그릴 수 있습니다. 이번 예제에서는 첫 반영 표현인 만큼, 비교적 간단하게 야자수 나무를 복사하여 반영 표현을 익혀 봐요.

❶ 본격적인 작업 전, 레이어 목록을 정리하겠습니다. 레이어 이름만 보고 어떤 그림인지 확인할 수 있도록 "나무몸통", "언덕", "배경"과 같이 레이어 이름을 변경하고 야자수 줄기만 캔버스에 표시되도록 배경과 언덕 등의 레이어를 표시 해제합니다.

Tip '배경 색상' 레이어도 표시 해제하는 것을 잊지 마세요. ◢

2 세 손가락으로 화면을 아래로 쓸어 내리면 [복사 및 붙여넣기] 창이 표시됩니다. [모두 복사하기]를 선택한 다음, 다시 [복사 및 붙여넣기] 창을 표시해 [붙여넣기]를 선택합니다.

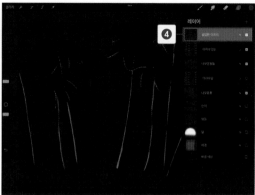

Tip [복사 및 붙여넣기]와 같은 편리한 기능 설정에 대한 자세한 설명은 455쪽을 참고하세요. ◢

3 '삽입한 이미지' 레이어를 '언덕' 레이어 아래로 옮기고, 표시 해제했던 레이어를 다시 표시합니다.

4 '삽입된 이미지' 레이어가 선택된 상태에서 🡥 -[수직 뒤집기]를 선택합니다. 뒤집어진 이미지가 어느 정도 보이도록 그림과 같이 배치합니다. 언덕 위로 빠져나온 나무 이미지는 바로 정리할게요.

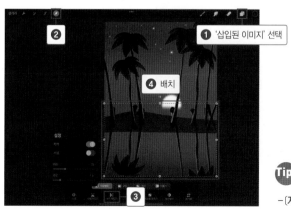

Tip 위치를 잡아줄 때에는 캔버스 아래쪽에 야자수 잎 위치가 어느 정도 보이는지 확인하세요. 변형 옵션에서 [스냅] -[자석]을 활성화하면, 좀더 수월하게 배치할 수 있어요. ◢

5 계속해서 (자유형태)를 선택한 다음, 위쪽 가운데 파란색 조절점만 아래로 내려 어느 정도 대칭이 되도록 배치합니다.

6 ✎ -(픽셀 유동화)를 선택합니다. 옵션 방법 중 (밀기)를 선택하고 뒤집어진 이미지를 좌우로 문질러 반영을 표현합니다. 정해진 설정값은 없으니 각 설정값을 조절하며 (픽셀 유동화) 기능을 실험해 보세요. 여기서는 다음과 같이 설정했습니다. 언덕에서 가까운 부분은 설명대로 작업하고 언덕에서 멀리 떨어진 부분을 직접 작업하면 좀더 취향을 반영할 수 있습니다. 물에 비쳐 일렁이는 정도를 자연스럽게 표현하면 되니까요.

크기 '14%', 압력 '57%', 왜곡 '61%', 탄력 '100%'

7 물과 언덕의 경계를 자연스럽게 표현하기 위해 언덕 아랫부분을 약간 흐릿하게 표현해 볼게요. '언덕' 레이어가 선택된 상태에서 ⑤ −〔직사각형〕을 선택해 언덕 아랫부분을 선택합니다.

8 선택 영역이 활성화된 상태에서 ⑦ −〔가우시안 흐림 효과〕를 선택한 다음, 물과 언덕의 경계에 흐림 효과를 적용합니다.

9 로 언덕 위로 빠져 나온 부분과 야자수 나무가 겹치는 부분을 정리합니다.

[에어브러시]-[소프트 브러시]

10 클리핑 마스크 기능을 사용해 언덕에도 명암을 넣어 줄게요. '언덕' 레이어 위로 새 레이어를 생성한 다음, 레이어 메뉴에서 [클리핑 마스크]를 선택합니다.

11 달을 기준으로 언덕에 명암을 넣어 주세요. 브러시 크기와 애플 펜슬의 압력을 조절하며 두 번에 걸쳐 채색하면 자연스러운 명암을 표현할 수 있습니다. 처음 채색할 때에는 브러시 크기를 크게 설정한 다음, 약한 압력으로 전체적인 명암을 표현하고 두 번째 채색할 때에는 브러시 크기를 작게 설정한 다음, 조금 더 강한 압력으로 언덕 외곽 부분만 채색해 보세요.

[에어브러시]-[소프트 브러시]   [8]

12 별과 달 레이어도 복제한 다음, 이름을 변경합니다. ➤ −[수직 뒤집기]로 반전하고 적절한 위치로 배치합니다. 반영된 별과 달이 꼭 대칭일 필요는 없습니다. 복제한 이미지를 위, 아래로 움직이며 자연스럽게 반영을 표현해 보세요. 필요하다면 반영된 야자수도 다시 배치하세요.

⬡ 달 주변에 구름을 그려 그림을 마무리할게요. 조금 어려울 수도 있지만 차근차근 따라해 보세요. '달' 레이어 아래로 새 레이어를 생성하고 레이어 모드를 [스크린]으로 변경합니다. 스크린 모드의 레이어에는 어떤 색상을 채색해도 밝게 표현됩니다.

Tip 레이어 모드에 대한 자세한 내용은 34쪽과 85쪽을 참고하세요. ◢

⬡ 달과 언덕 주변에 구름을 표현해 보세요. 브러시 크기와 불투명도를 조절하며 여러 번 덧칠하듯 채색하면 자연스러운 구름을 표현할 수 있습니다.

[유기물]-[레인포레스트]　[8]

15 구름을 더 자연스럽게 표현하기 위해 🔘 –〔가우시안 흐림 효과〕를 선택해 흐림 효과를 적용합니다.

16 달 주변의 구름은 조금 더 밝게 표현하는 게 좋을 것 같네요. 구름이 그려진 레이어 위로 새 레이어를 생성한 다음, 〔클리핑 마스크〕를 적용하고 레이어 모드를 〔추가〕로 변경합니다. 〔추가〕를 적용한 레이어는 〔스크린〕보다 좀더 밝게 표현됩니다.

Tip 레이어 모드에서 〔추가〕는 앞서 사용한 〔스크린〕보다 이미지를 더욱 밝게 표현할 때 사용합니다. 레이어 모드에 대한 자세한 내용은 34쪽과 85쪽을 참고하세요. ◢

17 달 아래 주변을 좀더 밝게 표현해 주세요. 브러시 크기를 조금 크게 설정하여 달 아래쪽을 두어 번 정도 가볍게 문질러 주세요.

[에어브러시]-[소프트 브러시]   [8]

18 모든 구름 레이어는 꼬집어 병합한 다음, 복제합니다.

19 ⬈ –[수직 뒤집기]를 선택하고 그림과 같이 배치하여 수면에 반영된 구름을 표현해 주세요. 여기서
는 반영된 구름이 너무 밝은 것 같아 레이어 불투명도도 70%로 조절했습니다.

20 수고하셨습니다.

필자가 마무리를 더한 그림

4

그림 지식
업그레이드!
중급반

방구석 미술학원의 중급반에 오신 걸 환영합니다! 기초반에서는 이론 설명 없이 따라 그리기에만 집중했다면, 이제부터는 그림을 그리는 데 필요한 미술 기초 지식도 함께 배울 거예요. 그림이 100% 감각의 영역이라고 생각하면 큰 오산입니다. 느낌이 좋은 그림, 영감을 주는 그림 모두 기초적인 미술 이론을 기반으로 작가의 창작이 더해져서 완성됩니다. 여러분도 단순히 그림을 따라 그리는 데 그치지 않고, 탄탄한 기초 지식을 바탕으로 자신만의 그림을 완성할 수 있기를 희망합니다. 미술 지식이라고 해서 어렵지도 않고, 배운 내용을 그림에 적용하지 않았다고 해서 큰일날 것도 아니므로 기초반에서 했던 것처럼 마음 편히 그림을 따라 그리며 차근차근 미술의 기초 지식을 익혀 보세요.

OIL COLOU
TANIUM WH
BLANC TITAN

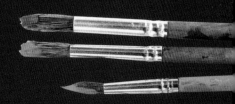

01

스케치

미술 기초 지식을 습득하기 위해 테니스공과 코트를 소재로 준비했습니다. 보통 미술의 기본이라고 하면 흰색 공이나 구체, 사과 같은 것들을 많이 그리는데요. 저와 함께 이번 그림을 완성하고 큰 성취감과 미술 기본 지식을 쉽게 이해할 수 있길 바랍니다. 그림을 완성하는 것도 중요하지만 이 책에서 설명하는 미술 기초 지식은 좋은 그림을 완성하는 데 중요한 요소이므로 따라 그리면서 이론을 쉽게 익혀 봅니다. 먼저 알아야 할 미술 기초 이론부터 알아보고, 이해한 것을 바로 적용하며 기본 명암을 제대로 표현하는 방법을 안내하겠습니다.

기초 미술 수업 - 1
스케치

가장 먼저 알아야 할 개념은 '스케치', '명암', '그림자'입니다. 많은 사람이 스케치의 중요성에 대해 알고 있지만, 명암과 그림자, 특히 그림자의 중요성까지 알고 있는 사람은 그리 많지 않습니다. 그림 안에서 밝고 어두운 부분의 조화와 비율은 그림을 보는 사람에게 많은 영향을 끼칩니다. 또한 명암은 단순히 어떠한 사물을 입체적으로 보이게 할 뿐 아니라 그림 전체의 뼈대와 조화를 완성시키는 중요한 요소이므로 차근차근 이해하고 넘어가세요. 여기저기 흩어져 있는 스케치, 명암, 그림자에 관한 정보들을 정리하여 이곳에 모았습니다.

스케치에 대하여

스케치는 목적에 따라 채색을 위한 전 단계가 될 수도 있고, 스케치 자체만으로 그림의 작품성을 인정받기도 합니다. 저는 종종 스케치를 잘 하는 방법에 대해 질문받기도 하는데요. 결론부터 말씀드리면 스케치에 지름길이란 없습니다. 끊임없는 연습만으로 실력이라는 결실을 맺을 수 있습니다. 그림은 각 단계별로 다양한 재미가 존재합니다. 하지만 그림의 기초가 되는 스케치에만 너무 몰두한 나머지, 그림의 여러 가지 재미를 느끼기도 전에 그림을 포기해버리는 사람을 보곤 합니다. 따라서 아무리 해도 스케치 실력이 늘지 않는다면 마음 편히 다음 단계인 채색으로 넘어가는 것도 나쁘지 않은 선택입니다. 어차피 그림을 계속 그린다면 스케치가 항상 여러분을 따라다닐 테니까요. :)

채색을 위한 스케치와 스케치를 토대로 채색을 완성한 그림

Tip 전적으로 개인 취향이지만 저는 채색이 목적인 스케치의 경우, 사물의 크기와 배치에 중점을 두고 스케치는 간략하게만 하는 편입니다.

아는 것 vs 보이는 것

스케치에서 가장 어려운 것은 머리 속에 정형화된 사물의 형태를 실제 눈에 보이는 그대로 표현하는 것입니다. 사람은 오래전부터 야생 동물과 같은 주변의 위협으로부터 살아남기 위해, 머릿속에 사물을 정형화하여 저장하고 빠르게 꺼내 사용했습니다. 당장 눈앞에 없지만 '사과'라는 단어를 들었을 때 바로 사과의 모양을 연상할 수 있는 것처럼 말이죠. 하지만 사람이 오랜 기간에 걸쳐 체득한 생존 능력은 그림을 그릴 때만큼은 오히려 방해 요소가 됩니다.

William Orpen, A Saint of the Poor(1905)

앞의 그림은 아는 대로 그렸을 때, 절대 완성할 수 없는 그림입니다. 만약 우리가 아는 대로 그렸다면 실제로 어두워서 보이지 않는 왼쪽 눈, 입술, 머리 부분 등을 좀더 뚜렷하게 그렸을테지만, 작가는 그림에서 강조하고 싶은 부분을 강조하기 위해 보이지 않는 부분은 과감하게 생략했습니다. 특히 배경과 인물이 겹쳐보이는 머리와 옷 등을 주목해 보세요. 명암의 차이와 배치, 강조로 그림을 감상하는 사람의 시선을 얼굴에서 손으로 이어지게 구성했다는 것을 알 수 있습니다.

그림의 거장들은 오랜 세월 동안 사물을 있는 그대로 보고 표현하기 위해 직접 시도하고 검증한 다양한 관찰법을 사용했습니다. 이 관찰법은 공통적으로 객관적인 기준을 통해 사물을 바라보는 방법으로 오늘은 여러 관찰법 중 꼭 알아야 할 몇 가지 방법을 소개합니다.

스케치 팁 1. 공간(3D) vs 평면(2D)

스케치에서 가장 기본은 입체적인 3차원 세상을 평면인 2차원의 캔버스로 옮기는 것입니다. 실제 사물이 아닌 사진을 보고 그림을 그린다면 이미 3차원의 세상이 2차원 사진으로 변환되었기 때문에 같은 2차원인 그림 그리기가 수월하지만 3차원인 사물을 보고 바로 2차원의 그림으로 그리는 것은 사진을 보는 것과 차이가 있기 때문에 더 어렵게 느끼는 것이죠. 또한 사진을 보고 그린다고 할지라도 모든 사물은 이미 우리의 머리 속에 3차원으로 저장되어 있으므로 사진에 보이는 그대로를 2차원인 캔버스에 옮기는 데 어려움을 느끼며, 실제 사물 위에는 수없이 다양한 무늬와 재질이 있으므로 더욱더 보이는 그대로 그리기가 어려운 것입니다.

평지 위의 테니스공을 그릴 경우, 〈그림 1〉과 같이 입체적인 테니스공을 평면화하여 표현하면 좀더 쉽게 그릴 수 있습니다. 테니스공 위에 그려진 선 역시 〈그림 2〉와 같이 평면화하여 구부러진 곡선이라고 생각하며 스케치하면 좀더 쉽게 그릴 수 있을 뿐만 아니라, 정확한 형태를 잡아낼 수 있습니다. 하지만 입체적인 테니스공의 표면 위에 곡선을 그린다고 생각한다면 훨씬 어렵다고 느낄 것입니다.

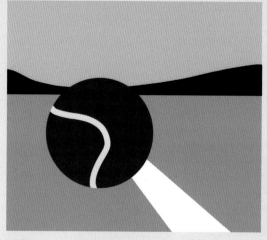

그림 1

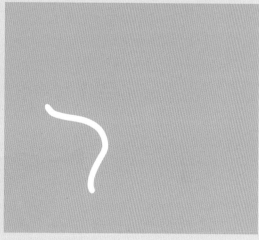

그림 2

스케치 팁 2. 상대적 위치 확인하기

그릴 대상에 가상의 선을 그려 상대적인 위치를 파악하는 것은 스케치에 있어 가장 기본적이고 중요한 기술입니다. 〈그림 1〉과 같이 테니스공의 위치를 파악하기 위해 테니스공을 감싸는 가상의 사각형과 지평선을 그린 다음, 상대적인 위치를 파악한다면 캔버스에서 테니스공을 배치하고 스케치하기 훨씬 수월합니다. 테니스공을 그릴 때에도 〈그림 2〉와 같이 가상의 사각형과 중심선을 그린다면 위치와 형태를 쉽게 스케치할 수 있습니다.

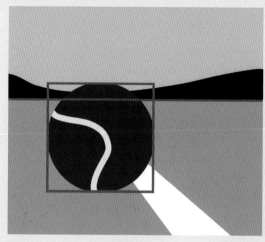

그림 1

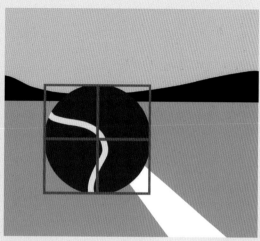

그림 2

스케치 팁 3. 여백 확인하기

사물의 여백을 그리는 훈련을 해 보세요. 스케치 실력 향상에 상당히 효과적입니다. 여백을 제대로 보기 위해서는 앞서 설명한 평면화하는 연습이 충분히 이뤄져야 하는데요. 〈그림 1〉과 같이 테니스장의 라인을 그린다고 생각하는 것보다, 라인 주변의 사다리꼴 여백을 그린다고 생각하면 좀더 수월하게 그릴 수 있습니다. 이는 테니스공을 그릴때도 마찬가지인데요. 〈그림 2〉와 같이 여백의 도형을 그린다고 생각하거나, 여백의 호를 정확하게 그리기 까다롭다면, 〈그림 3〉과 같이 테니스공 주변 여백의 직사각형 도형을 그린다고 생각하면 형태나 비율을 맞춰 그리기 훨씬 수월합니다.

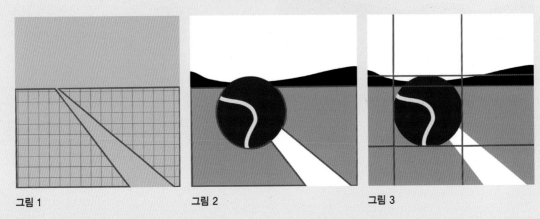

그림 1   **그림 2**   **그림 3**

앞서 소개한 세 가지 방법은 모두 사물을 보는 방식과 기준을 달리 하는 것으로 스케치의 완성도를 효과적으로 높일 수 있는 방법입니다. 이 외에도 사물을 관찰하는 여러 가지 방법이 있지만 우선 이 세 가지만큼은 꼭 잊지 않도록 해요.

기초미술수업 - 2
명암

미술

제가 그림에서 가장 중요하게 생각하는 것은 명암입니다. 명암은 모든 그림의 뼈대를 완성하기 때문이죠. 무엇을 그리든 어둡고 밝은 부분의 조화와 비율이 그림의 전체 디자인을 구성하므로 색상이 정확하지 않을 때보다 명도가 정확하지 않을 때 더 어색해 보입니다. 이번에는 그림에서 가장 중요한 요소인 명암과 명암의 단계에 대해 살펴보겠습니다.

저는 그림 해석에 관한 이야기는 보는 사람의 그림 감상을 방해할 수 있어 가급적 피하는 편입니다. 그림에도 다음 그림은 명암 차이를 효과적으로 활용한 부분이 있어 짚어 볼게요.

밝은 강과 집 등의 배경에 대비되어 도드라지게 어두운 색의 정장을 입은 주인공, 그리고 주인공과 같은 명도로 표현된 반려견은 주인공과 묘한 긴장감 및 관계를 연출합니다. 하지만 반려견을 비교적 어두운 부분에 배치하여 주인공보다는 덜 도드라져 그림의 전체적인 조화로움에 일조하고 있습니다.

Gustave Caillebotte, Richard Gallo and his dog(1884) : 명암의 차이로 주제를 부각한 좋은 예

명암

명암은 크게 '하이라이트 – 밝은 부분 – 어두운 부분 – 반사광 – 그림자'로 구분할 수 있습니다. 미술시간에 배워 익히 알고 있는 내용이지만 너무 익숙하다 보니 쉽게 지나칠 수 있는데요. 예시의 구에 적용된 명암의 단계는 현실 속 모든 물체에도 적용되며 날씨나 장소 등의 주변 환경에 따라 명암의 위치와 밝고 어두운 정도, 반사광 등이 모두 달라집니다. 그러므로 무엇을 그리든 주변 환경에 따라 달라지는 명암의 단계, '그라데이션'을 유심히 관찰해야 합니다. 여기서는 명암을 표현할 때 유의해야 할 세 가지에 대해 좀더 자세히 알아보겠습니다.

Tip 그라데이션은 밝은 부분부터 어두운 부분까지 변화하는 농도의 단계, 즉 명암의 단계적 차이나 변화를 의미합니다.

하이라이트

하이라이트를 적절하게 표현하면 그림에 생기를 더할 수 있지만 너무 과하게 표현할 경우 자칫 그림이 가벼워 보일 수 있으므로 포인트가 되는 부분에만 하이라이트를 표현하는 것이 좋습니다. 하이라이트를 표현할 때 밝기의 변화 없이 단순히 하얀색을 채색하는 실수를 하기 쉬운데요. 이럴 경우, 명암의 경계가 너무 명확하여 그림이 어색해집니다. 하이라이트 부분은 다른 부분에 비해 매우 밝게 빛을 반사하지만, 금속 재질이 아닌 이상 밝은 부분부터 어두운 부분까지 변화하는 밝기의 단계가 있다는 것을 잊지 마세요.

미숙한 하이라이트 표현의 예

숙련된 하이라이트 표현의 예

빛이 비치지 않는 부분

어떤 사물이든 빛이 비치지 않는 부분이 있습니다. 이전 예시인 구가 닿는 바닥 부분이나 다음 인물화의 경우 머리카락이 닿는 목 부분이나 겨드랑이 사이가 그렇습니다. 그림을 그릴 때 빛이 비치지 않는 부분을 파악하여 어둡게 강조하는 것은 매우 중요하며 제가 그림 초보시절에 가장 도움이 되었던 팁도 밝은 부분은 확실히 밝게, 어두운 부분은 확실히 어둡게 그려야 한다는 것이었습니다. 이렇게 어두운 부분과 밝은 부분을 명확히 구분하여 채색하면 명암 대비로 인해 더욱 선명해지는 것은 물론이며, 어두운 부분의 채색이 지저분하게 보이지 않습니다.

Tip 이 그림에서 어두운 부분인 머리카락, 겨드랑이, 교복 상의와 하의가 만나는 부분 등은 확실히 어둡게 표현했습니다. ◢

형태에 따라 달라지는 명암

명암은 형태를 따라 움직이므로 명암을 통해 사물의 형태를 확인할 수 있습니다. 예를 들어 인물화를 그릴 때 얼굴의 형태나 굴곡을 무시한 채 명암을 표현하기 쉬워요. 이는 누구나 하기 쉬운 실수로, 명암을 표현할 때에는 항상 대상의 형태를 파악하고 그려야 그림이 어색하지 않습니다. 저는 이 부분을 가르켜 "그리는 사물 위에 서서 그린다"라고 이야기하는데요. 여러분이 개미만큼 작아져 그릴 대상 위를 걸어다니며, 관찰하고 그린다고 상상해 보세요. 특히나 인물화를 그릴 때에는 형태에 대한 완벽한 이해와 그에 따른 자신감을 갖춰야 그림에 자신만의 느낌을 더할 수 있습니다.

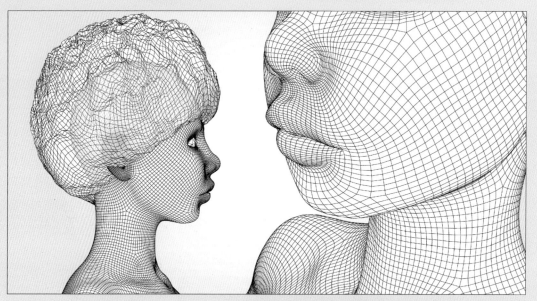

폴리곤 형태로 표현한 얼굴의 굴곡

기초 미술 수업 - 3
그림자의 이해

미술

그림자를 자칫 무채색이라고 생각하거나 그리고자 하는 대상의 부수적인 요소라고 생각하기 쉽지만 실제 세상의 그림자는 주변 환경에 따라 다양한 색을 띄며 제대로 표현해야 할 중요한 요소입니다. 그림자는 앞서 알아본 명암의 다섯 단계 중 하나이지만 그림에서 빼놓을 수 없는 중요한 요소이므로 좀더 자세하게 관찰해 보세요.

John Singer Sargent, Villa di Marlia, Lucca(1910) : 다채로운 색으로 표현된 그림자의 예

위 그림은 그냥 언뜻 보기에도 잘 그린 작품이지만, 그림자를 관찰하기 시작하면 이 그림의 또다른 재미를 느낄 수 있습니다. 그림의 절반 이상을 차지하고 있는 캔버스 위쪽 어두운 부분은 정확하게 무엇인지 몰라도 많은 변화를 표현하고 있다는 걸 알 수 있습니다. 조각상도 그림자 종류에 따라 크게 두가지 색상을 띄고 있는 걸 볼 수 있는데요. 첫 번째는 조각상 자체에 전체적으로 퍼진 차가운 파란색의 그림자가 뒷편 식물에서 반사되는 따뜻한 색감의 조화를 이루고 있으며, 두 번째는 조각상으로 인해 생긴 바닥 위의 푸른 계열의 그림자와 잔디 위로 드리워진 초록색 그림자의 조화를 예로 들 수 있습니

다. 이러한 그림자 표현은 공부한다고 접근하기보다는 그림을 더 많이 느끼고 감상한다는 측면에서 유심히 '즐길' 필요가 있습니다.

캐스팅 쉐도우 vs 폼 쉐도우

그림자는 어떤 사물에 가려져 생기는 '캐스팅 쉐도우(Casting shadow)'와 빛과 사물의 거리 또는 사물의 형태로 인해 사물 표면에 생기는 '폼 쉐도우(Form shadow)'로 구분할 수 있습니다. 〈그림 1〉에서 캐스팅 쉐도우는 구체로 인해 생긴 바닥의 그림자로, 그림자의 경계가 명확합니다. 〈그림 1〉에서 폼 쉐도우는 구체 표면을 따라 생긴 밝고 어두운 부분(그라데이션)을 말합니다.

〈그림 2〉에서 캐스팅 쉐도우는 인물의 코와 턱 바로 아래쪽의 그림자입니다. 폼 쉐도우는 인물의 이마 또는 가슴에서 빛의 거리와 표면의 형태에 따라 생기는 자연스러운 명암입니다. 그림을 그릴 때, 눈으로 관찰하고 그리는 것도 중요하지만, 캐스팅 쉐도우와 폼 쉐도우를 구분하여 각 그림자의 특성을 이해하고 그리는 것은 매우 중요합니다. 결국 아는 만큼 보이기 때문이지요.

그림 1

그림 2: John Singer Sargent, Thomas McKeller(1917~21)

사물과 빛의 거리에 따른 그림자의 변화

그림자는 사물과 가까울수록 선명하고 멀수록 흐려집니다. 당연한 사실이지만 그림자를 표현할 때 놓치기 쉬운 부분이므로 그림을 그리는 과정에서 제대로 표현해야 합니다. 다음의 〈그림 1〉과 같이 그림자는 사물과 바닥면에서 가까울수록 진하고 멀어질수록 흐려집니다. 〈그림 2〉와 같이 사물이 공중에 떠 있을 경우에는 그림자는 전반적으로 흐려집니다.

그림 1

그림 2

주변 환경에 따른 그림자 색의 변화

그림자는 주변 환경에 따라 다양한 색을 띕니다. 당장 주변의 그림자를 관찰해 보세요. 의외로 그림자가 다양한 색을 가졌다는 사실을 확인할 수 있을 거예요. 빛이 비치지 않아 그림자가 생기는 부분도 빛이 비치는 밝은 부분의 영향을 받습니다. 그림을 그릴 때 주변 환경에 따라 달라지는 그림자의 색상을 관찰하고 표현하면 그림에 생기를 불어넣을 수 있습니다. 다음 그림은 70% 정도를 그림자가 차지하고 있다고 해도 과언이 아닌데요. 이 그림에서 그림자를 일률적인 색상과 패턴으로 채색했다면 지루한 그림이 되고 말았겠지만, 그림자가 서로 섞이고 밝은 부분과 반응하며 그림에 활기를 더하고, 밝은 부분이 담장의 어두운 부분과 건물의 어두운 그림자를 가로질러 시원한 느낌마저 전달합니다.

Issac Levitan, Sunny Day(1898)

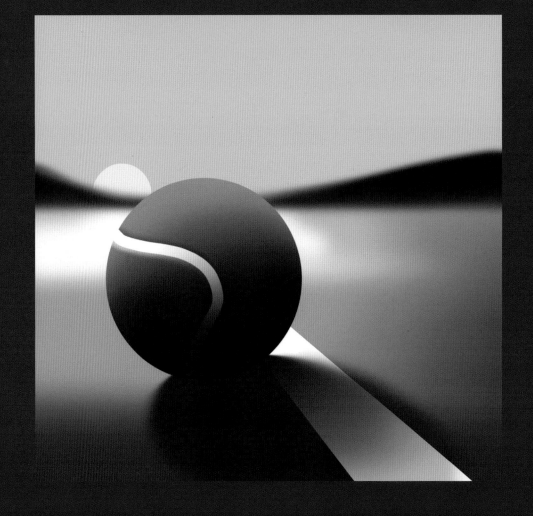

앞서 배운 미술 기초 지식을 염두에 두며 테니스장을 그려 볼까요? 우선 색상을 사용하지 않고 흑백으로 테니스장의 기본적인 요소들을 스케치하고 채색한 다음, 글레이징 채색법을 활용하여 색상을 덧칠하는 순서로 진행할 예정인데요. 이 과정에서 그림에 필요한 기본적인 요소를 하나씩 짚어 보겠습니다. 본 예제는 우리가 배운 미술 이론을 적용할 수 있게 구성하였지만, 동시에 많은 프로 작가들이 작업하는 방식을 단순화한 구성이기도 합니다. 이번에 흑백으로 작업한 실습 결과물은 다음에 배울 색 이론 시간에도 활용하여 최종 결과물을 만들어 나갈 예정이므로 차근차근 같이 그려 보아요. 좋은 그림은 좋은 명암에서 비롯된다는 사실도 잊지 않길 바라며 시작하겠습니다.

함께 그리기 - 1
기본 개체 그리기

실습

본격적인 작업에 앞서 테니스장의 바닥, 산, 테니스공 등의 기본 개체를 흑백으로 작업한 다음, 기본 채색까지만 실습합니다. 화면을 채울 요소는 기본 채색만 하고 나중에 디테일을 올리는 방식은 많은 작가가 애용하는 작업 방식입니다. 시간이 많이 소요되는 채색 작업 전, 그림의 전체적인 구도 및 배치를 미리 확인할 수 있어 나중에 큰 시간이 소요될 수 있는 수정 작업을 줄일 수 있습니다. 특히 기본이 탄탄한 흑백 그림은 좋은 그림에 훌륭한 뼈대가 되므로 이보다 더 좋은 작업 방식은 찾기 힘들어요.

1 갤러리에서 ➕를 터치한 다음, 🖊를 선택해 너비와 높이가 2,000px 사이즈인 캔버스를 생성합니다.

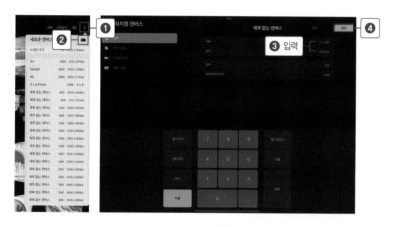

2 '레이어 1'의 레이어 이름을 "배경"으로 변경하고 컬러 드롭으로 레이어 전체에 색상을 채웁니다.

[1]

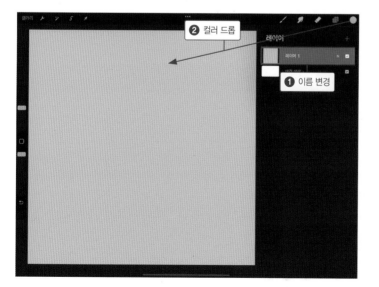

3 새 레이어를 생성하고 이름을 "바닥"으로 변경합니다. **5** −〔직사각형〕−〔색상 채우기〕를 차례대로 선택한 다음, 그림과 같이 영역을 선택하여 색을 채워 주세요.

[2]

 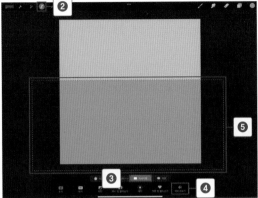

4 새 레이어를 생성하고 레이어 이름은 "산"으로 변경합니다. 산 능선을 스케치한 다음, 컬러 드롭으로 색상을 채워 줍니다.

[잉크]−[스튜디오 펜] [3]

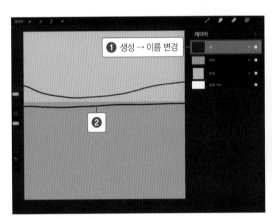 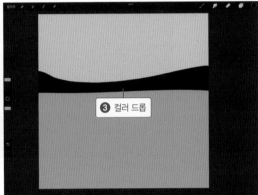

5 '산' 레이어는 '바닥' 레이어 아래로 옮겨 주세요.

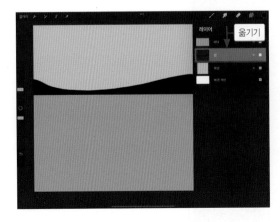

6 새 레이어를 생성하고 레이어 이름을 "라인"으로 변경합니다. 그림과 같이 테니스장의 라인을 스케치하고 컬러 드롭으로 색상을 채워 줍니다. '바닥' 레이어 바깥으로 빠져 나간 라인은 로 지웁니다.

[잉크]-[스튜디오 펜]　[4]

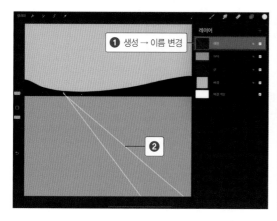
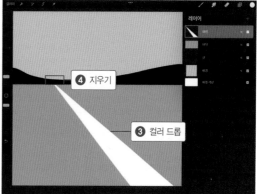

7 새 레이어를 생성한 다음, 레이어 이름을 "테니스공"으로 변경합니다. 그림과 같이 원을 스케치하고 컬러 드롭으로 색상을 채웁니다. 퀵쉐입 기능을 활용하면 쉽게 그릴 수 있어요.

[잉크]-[스튜디오 펜]　[5]

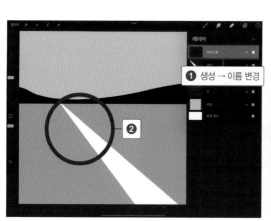
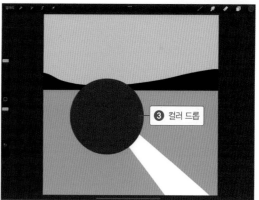

Tip 퀵쉐입에 대한 자세한 내용은 57쪽을 참고하세요. ◢

⑧ 새 레이어를 생성한 다음, 레이어 이름을 "테니스공 라인"으로 변경합니다. (클리핑 마스크)를 설정하고 테니스공을 관통하는 선을 스케치합니다. 스튜디오 펜의 브러시 크기를 라인의 너비와 같은 크기로 설정하면 한 번에 그릴 수 있습니다.

[잉크]-[스튜디오 펜]   [6]

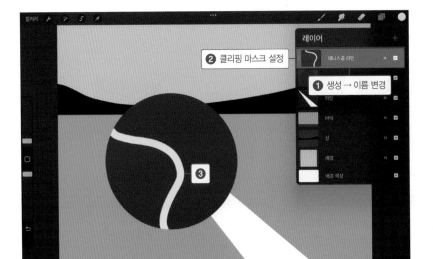

⑨ 마지막으로 이번 그림의 주요 대상인 테니스공의 그림자를 표현해 볼게요. '테니스공' 레이어를 복제한 다음, 아래쪽 레이어의 이름을 "테니스공 그림자"로 변경합니다. '테니스공 그림자'의 레이어 모드는 (곱하기)로 변경합니다.

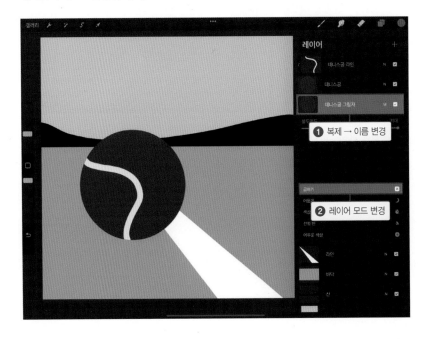

10 '테니스공 그림자' 레이어가 선택된 상태에서 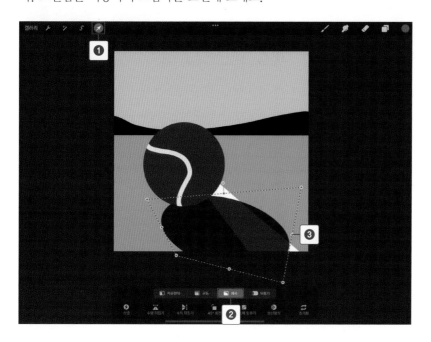 〔왜곡〕을 활용해 다음과 같이 그림자를 표현합니다. 조절점을 이용하여 그림자를 표현해 보세요.

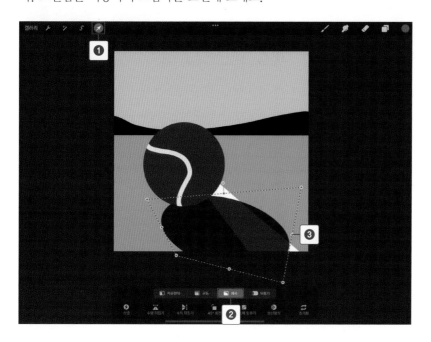

함께 그리기 - 2
테니스공 명암 표현하기

실습

이번에는 채색한 기본 개체에 기본적인 명암을 표현해 볼게요. 앞서 설명한 미술 기초 지식을 생각하며, 테니스공의 밝은 부분부터 어두운 부분의 순서로 채색할 예정인데요. 전통적인 수채화, 유화 등의 미술 재료를 사용할 때에는 재료의 특성상 밝고 어두운 부분 중 어느 부분을 먼저 채색하느냐에 따라 결과물에 큰 변화가 생깁니다. 하지만 디지털 페인팅에서는 순서에 따른 차이가 없기 때문에 채색 순서는 상관없다는 이점이 있습니다. 다만 명암을 자연스럽게 표현하려면 브러시를 최대한 크게 설정하여 한두 번의 터치로 채색해야 한다는 점을 유념하세요.

1 명암을 표현하기 전에 몇 가지 준비 작업이 필요합니다. 먼저 '테니스공 라인' 레이어를 복제한 다음, '배경 레이어 아래로 옮겨 줍니다.

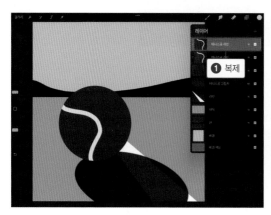
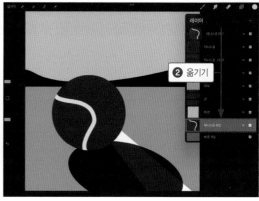

2 '테니스공' 레이어는 선택 영역을 저장하여 채색 작업에 활용할게요. 우선 레이어 목록 가장 위쪽에 있는 '테니스공 라인' 레이어를 터치한 다음, (아래 레이어와 병합)을 선택하여 '테니스공' 레이어와 병합합니다.

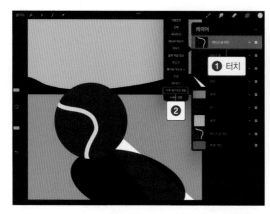
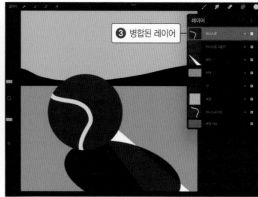

3 ⑤ -[자동]을 차례대로 선택한 다음, 테니스공 라인의 왼쪽 부분을 선택합니다. 선택 영역으로 지정된 것을 확인하고 [저장 및 불러오기] - ➕을 터치해 선택 영역을 저장합니다.

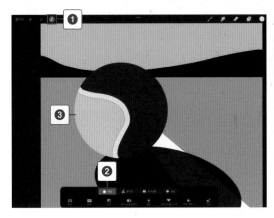 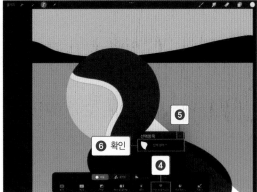

4 같은 방법으로 테니스공 라인과 오른쪽 부분도 각각 선택 영역으로 저장합니다.

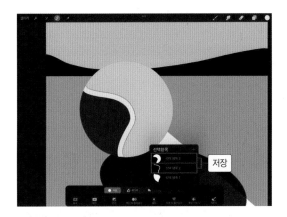

5 이제 테니스공의 명암을 표현해 보겠습니다. 그림을 배우는 단계에서 정석적인 방법은 직접 색상을 선택하여 채색하는 것이지만 레이어 모드와도 익숙해질 겸, 레이어 모드를 활용해 좀더 쉽게 명암을 작업해 볼게요. '테니스공' 레이어 위에 새 레이어를 생성한 다음, [클리핑 마스크]를 설정하고 레이어 모드를 [추가]로 변경합니다.

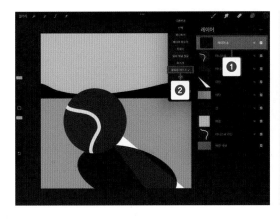 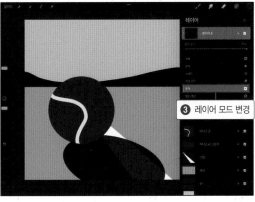

6 브러시 크기를 테니스공의 두 배 정도 크기로 확대한 다음, 빛이 비치는 방향을 상상하며 테니스공의 밝은 부분을 가볍게 채색합니다. 이때 애플 펜슬을 좌우로 움직여 채색하는 것보다 테니스공의 형태를 따라 둥글게 움직여 채색하면 더욱 자연스럽게 명암을 표현할 수 있습니다. 또한 빛이 산 능선 뒤쪽에서 비치며 노을이 지는 장면이므로 테니스공은 역광 상태입니다. 완전한 일몰 상태가 아니기 때문에 하늘 전체에서 은은한 빛이 아래로 비치므로 테니스공의 윗부분을 살짝 밝게 표현하면 훨씬 자연스러운 명암이 표현됩니다.

[에어브러시]-[소프트 브러시]   [5]

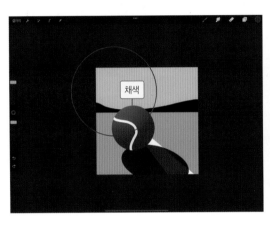
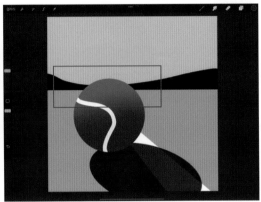

Tip 브러시의 크기나 위치를 가늠하기 어렵다면 캔버스에 브러시 커서를 표시할 수 있습니다. 컴퓨터 화면에 마우스 커서를 표시하는 것과 비슷한 기능으로 🔧 –（설정）을 차례대로 터치한 다음,（브러시 커서）를 활성화하면 됩니다.

7 이번에는 테니스공의 어두운 영역을 명암으로 표현해 볼게요. 앞서 채색한 레이어는 '테니스공' 레이어와 병합한 다음, 새 레이어를 생성합니다.（클리핑 마스크）를 설정하고 레이어 모드는（곱하기）로 변경합니다.

8 **6**과 같은 방법으로 테니스공의 아랫부분을 채색해 명암을 표현합니다.

[에어브러시]-[소프트 브러시] [5]

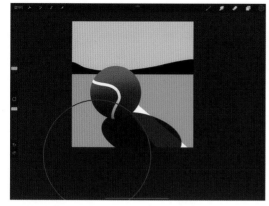 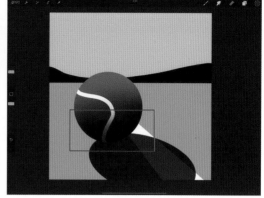

> **Tip** 앞서 밝은 부분과 같은 색상을 사용했지만, 레이어 모드를 곱하기로 변경했기 때문에 어둡게 표현됩니다. 같은 색상임에도 레이어 모드에 따라 밝은 부분(레이어 모드: 추가)을 채색할 수도, 어두운 부분(레이어 모드: 곱하기)을 채색할 수도 있다는 점을 기억합시다. ◢

9 어두운 부분을 채색한 레이어와 '테니스공' 레이어를 병합합니다. 테니스공의 밝은 부분 및 어두운 부분을 좀더 자연스럽게 표현하기 위해 각각 새 레이어를 생성하여 같은 방식으로 한번 더 채색합니다. 밝은 영역 표현을 위한 레이어 모드는 [추가], 어두운 영역의 표현을 위한 레이어 모드는 [곱하기]를 선택해야 자연스러운 명암을 표현할 수 있습니다. 또한 색상 선택은 [스포이드] 도구를 활용하여 밝은 부분을 채색할 시에는 이미 채색된 밝은 부분의 색상을 선택하고, 어두운 부분을 채색할 시에는 어두운 부분의 색상을 선택하여 채색해 보세요.

[에어브러시]-[소프트 브러시]

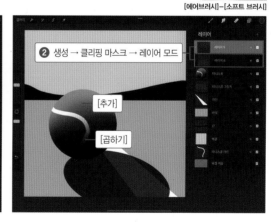

10 명암을 표현한 레이어의 불투명도를 조절하면 더 자연스러운 명암을 표현할 수 있습니다. 명암을 표현한 레이어는 '테니스공' 레이어와 다시 병합합니다.

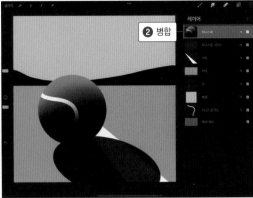

함께 그리기 - 3
그림자 표현하기

실습

앞서 테니스공의 명암 표현이 폼 쉐도우라면, 이번에 표현할 그림자의 명암 표현은 테니스공에 가려져 바닥에 생기는 캐스팅 쉐도우입니다. 캐스팅 쉐도우는 폼 쉐도우와는 다르게 경계가 명확하며, 테니스공과의 거리에 비례하여 명도가 달라지기 때문에 이러한 여러 특성을 살려 표현해야 해요. 항상 그림자는 소홀하기 쉬우나 그림자 또한 우리가 표현해야 할 개체이며, 충실한 그림자의 표현으로 주제를 더욱 돋보이게 할 수 있다는 점을 기억하세요.

1 '테니스공 그림자' 레이어가 선택된 상태에서 🖊️로 브러시 크기와 불투명도를 적절하게 조절하여 그림자 아랫부분을 살살 문지르며 지워 줄게요. 브러시 크기가 작을 경우 지워진 부분이 균일하지 않아 부자연스러워 보일 수 있으니 되도록 브러시 크기는 크게 설정하세요.

[에어브러시]-[소프트 브러시]

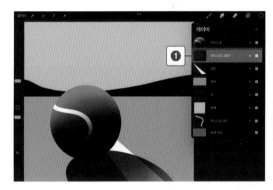

2 그림자를 좀더 자연스럽게 다듬어 볼게요. ⤴ –[올가미]를 선택한 다음, 아래와 같이 그림자 영역을 선택하고 선택 옵션 중 [페더]를 '12%'로 설정합니다. 페더값을 변경하면 선택 영역의 경계를 흐릿하게 처리할 수 있습니다. 이후 과정에서 흐림 효과를 적용할 것이므로 흐림 효과가 적용되지 않은 영역과의 이질감을 줄일 수 있죠.

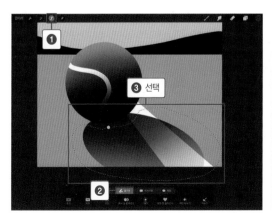

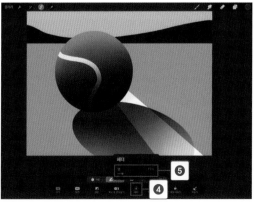

❸ 선택 영역이 활성화 된 상태에서 ✎ –[가우시안 흐림 효과]를 선택한 다음, 화면을 좌우로 슬라이드하여 적절하게 흐림 효과를 적용합니다.

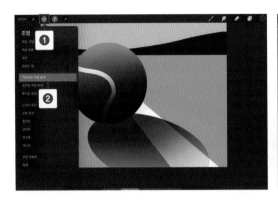 

Tip 지금까지 따라 그린 그림이 개인마다 조금씩 다를 수 있으므로 가우시안 흐림 효과 값은 직접 눈으로 확인하며 적절하게 적용해도 무방합니다. ◢

❹ 테니스공과 맞닿는 바닥 부분의 그림자는 빛이 들어가지 않아 굉장히 어둡습니다. 이를 표현하기 위해 '테니스공 그림자' 레이어 위로 새 레이어를 생성하고, [클리핑 마스크]를 적용합니다. 레이어 모드는 [곱하기]로 변경합니다.

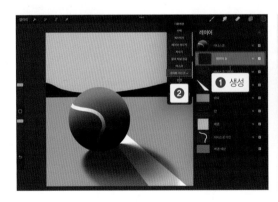 

❺ 테니스공을 그릴 때 사용한 기본 색상을 선택하여 테니스공과 맞닿는 바닥 부분의 그림자만 살짝 덧칠한 다음, 덧칠한 레이어는 '테니스공 그림자' 레이어와 병합해 주세요.

[에어브러시]–[소프트 브러시]　[5]

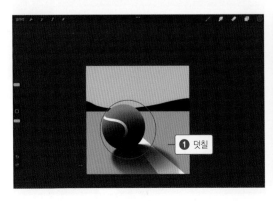 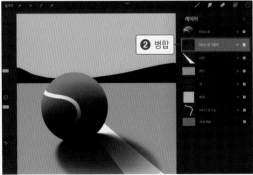

함께 그리기 - 4
테니스공 디테일 높이기

실습

색상을 입히기 전, 이번 그림의 주인공인 테니스공을 좀더 디테일하게 표현해 볼게요. 그림 속 모든 사물과 인물을 세세하게 그리기보다는 강조하고 싶은 부분만 선택하여 디테일을 높이는 것은 그림 표현 방법의 핵심입니다. 여기서는 앞선 과정에서 저장한 선택 영역을 활용하여 명암을 표현합니다. 특히 평면적으로 표현된 테니스공의 라인 부분을 약간 움푹 들어가 보이게 표현하여 입체감이 느껴질 수 있도록 표현할게요.

① '테니스공' 레이어 위로 새 레이어를 생성하고 클리핑 마스크를 적용합니다. 레이어 모드는 [스크린]으로 변경해 주세요.

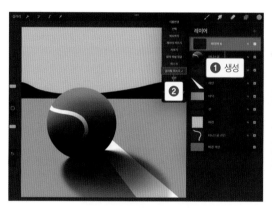 

② ③ -[저장 및 불러오기]를 터치한 다음, 저장된 선택 영역 중 테니스공 라인의 아랫부분을 선택합니다. 다음 그림과 같이 선택 영역이 활성화된 것을 확인하고 테니스 라인과 맞닿는 부분을 채색합니다. 브러시 크기를 테니스공의 라인보다 조금 더 크게 조절하면 쉽게 채색할 수 있어요.

[에어브러시]-[소프트 브러시]　[2]

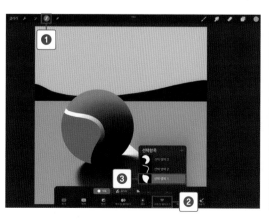 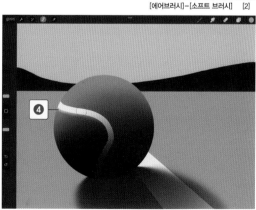

3 '테니스공' 레이어 위로 새 레이어를 생성하고 클리핑 마스크를 적용한 다음, 레이어 모드를 (곱하기)로 변경합니다.

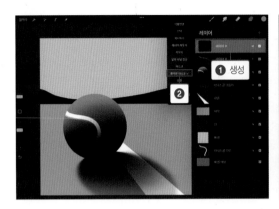 

4 **5** −(저장 및 불러오기)를 터치하고 저장된 선택 영역 중 테니스공 라인의 윗부분을 선택합니다. 다음 그림과 같이 선택 영역이 활성화된 것을 확인하고 **2**와 같은 방법으로 테니스공 라인과 맞닿은 부분을 채색합니다.

[에어브러시]−[소프트 브러시]　[2]

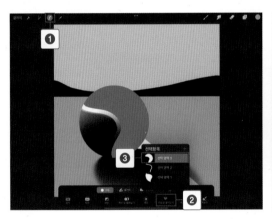 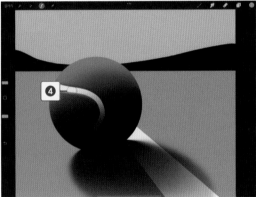

Tip 이렇게 선택 영역을 활성화하여 채색하면 좀더 자유롭게 원하는 부분만 채색할 수 있습니다.◢

5 명암을 표현한 레이어는 '테니스공' 레이어와 병합합니다.

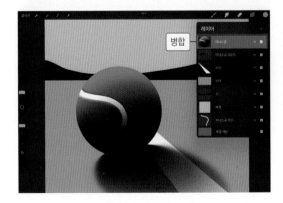

함께 그리기 - 5
배경 명암 표현하기

실습

이제 배경에도 명암을 표현해 볼게요. 명암을 자연스럽게 표현하려면 빛이 비치는 방향을 가늠할 수 있어야겠죠? 우선 태양을 그린 다음, 빛의 방향을 가늠하며 배경의 명암을 표현합니다. 그림 속에서 주광(畫光)이 태양빛일 경우, 배경을 포함한 캔버스 안의 모든 대상이 태양빛의 영향을 받게 된다는 것은 매우 기본적인 사항이지요. 하지만 배경의 명암을 표현할 때는 이 사실을 잊어버리는 경우가 많아요. 여러분이 보는 그림 속 모든 대상은 여러분들이 만들고 그려줘야 한다는 사실을 잊지 않길 바라요.

① '배경' 레이어 위로 새 레이어를 생성하고 퀵쉐입 기능을 활용해 원을 그린 다음, 컬러 드롭으로 색상을 채워 줍니다. 레이어 이름 "태양"으로 변경했어요.

[잉크]-[스튜디오 펜] [6]

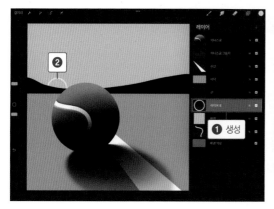

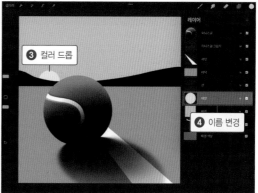

② '산' 레이어 위로 새 레이어를 생성하고 [클리핑 마스크]를 설정합니다. 태양과 가까운 산의 윗부분을 밝게 채색합니다. 태양과 가까운 부분은 좀더 밝게 표현되도록 덧칠해주면 좀더 자연스러운 명암을 표현할 수 있어요.

[에어브러시]-[소프트 브러시] [2]

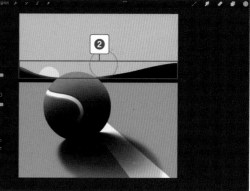

3 산 아랫부분도 좀더 밝게 채색하여 피어오르는 안개를 표현합니다. 채색을 완료한 다음, '산' 레이어와 병합해 주세요.

[에어브러시]-[소프트 브러시]　[2]

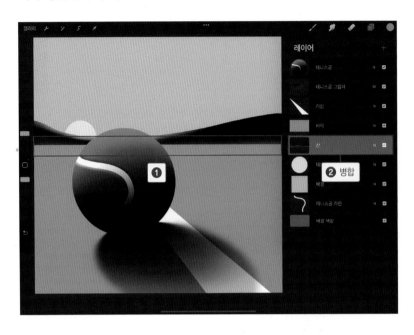

Doki's knowhow

각 영역의 밝기

이후 이어질 테니스 코트('바닥' 레이어)는 밝기에 따라 윗부분부터 '밝은 영역'-'중간 영역'-'어두운 영역'으로 구분할 수 있습니다. 이렇게 간단하게 각 영역을 구분하여 채색하면 결과물에서도 큰 차이가 나므로 각 영역의 밝기를 유념하며 명암을 표현해 보세요.

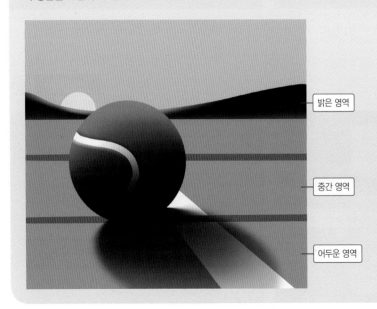

밝은 영역

중간 영역

어두운 영역

4 '바닥' 레이어 위로 새 레이어를 생성하고 [클리핑 마스크]를 설정합니다. 태양의 위치를 고려해 빛이 비치는 부분부터 채색합니다. 이어지는 과정에서 흐림 효과를 적용할 것이므로 자연스럽지 않아도 괜찮아요. 브러시 크기를 작게 조절하여 채색이 균일하지 않게 표현해 보세요.

[에어브러시]-[소프트 브러시]　　[7]

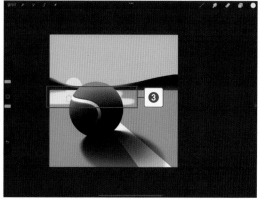

5 이번에는 테니스 코트 중 가장 어두운 영역의 명암도 표현해 볼게요. 브러시 크기를 테니스공 크기 정도로 크게 조절하여 빛이 비치지 않는 테니스장 아래쪽 및 오른쪽 모서리 부분을 어둡게 채색합니다.

[에어브러시]-[소프트 브러시]　　[8]

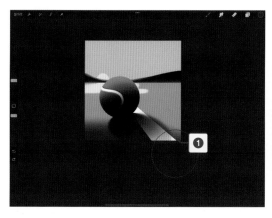
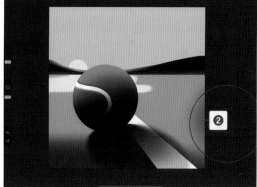

6 명암을 표현한 부분을 정돈해 볼게요. 🖌️–(움직임 흐림 효과)를 선택한 다음, 애플 펜슬을 좌우로 슬라이드하여 흐림 효과를 적용합니다.

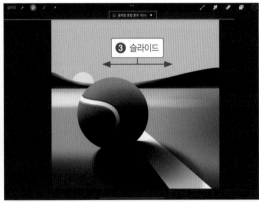

Tip (움직임 흐림 효과)는 흐림 효과에 방향성을 부여합니다. (움직임 흐림 효과)가 선택된 상태에서 애플 펜슬을 위·아래, 왼쪽·오른쪽으로 슬라이드해 보세요. 슬라이드 방향에 따라 흐림 효과가 적용됩니다. 직접 따라하면 바로 이해할 수 있을 거예요.

7 흐림 효과를 적용해서 어색해진 부분은 다시 채색하여 정돈한 다음, 🖌️–(가우시안 흐림 효과)를 적용하여 자연스러운 명암을 표현합니다.

[에어브러시]–[소프트 브러시]   [7]

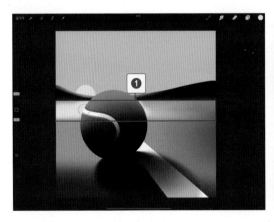

⑧ 멀리 보이는 산과 지평선 부분도 살짝 흐릿하게 표현해 볼게요. 우선 테니스 코트의 명암을 표현한 레이어는 '바닥' 레이어와 병합하고 ✎ -[가우시안 흐림 효과]를 적용합니다.

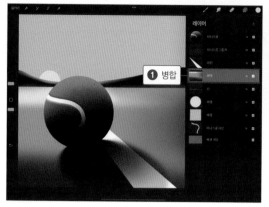 

⑨ '산' 레이어에도 가우시안 흐림 효과를 적용하세요.

⑩ '배경' 레이어에 명암을 표현하고 마무리하겠습니다. '배경' 레이어 위로 새 레이어를 생성하고 하늘 윗부분을 살짝 어둡게 채색합니다. 브러시 크기를 크게 설정하면 좀더 자연스럽게 표현할 수 있어요. 채색을 완료했다면 '배경' 레이어와 병합합니다.

[에어브러시]-[소프트 브러시] [2]

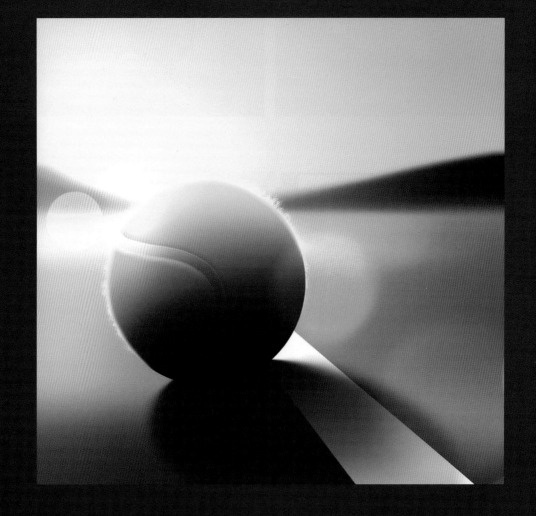

흑백으로 표현한 그림에 색상을 입히기 전, 작품의 색상은 어떻게 구성해야 하며 어떤 색을 어디에 사용해야 좋은지에 대해 알아보겠습니다. 그리고 여기서 배운 색에 대한 기초 지식을 바탕으로 디지털 페인팅의 채색 방법 중 하나인 글레이징 채색법에 대해서도 알아볼 거예요. 글레이징 채색법은 흑백으로 명암만 표현한 그림을 레이어 모드를 활용해 채색하는 방법인데요, 디지털 페인팅의 꽃이라고 할 수 있습니다. 저 역시 글레이징 채색법을 처음 접했을 때 놀라움을 금치 못했는데요. 여러분도 제가 느꼈던 놀라움을 느낄 수 있도록 최선을 다해서 설명해 볼게요.

기초 미술 수업 - 4
색의 세 가지 요소

미술

이번 시간에는 색에 관해 꼭 알아야 할 몇 가지 이론과 특성을 알아보겠습니다. 차가운 느낌의 '색상 1'이 좀더 차가운 느낌의 '색상 2' 옆에 있으면 '색상 1'은 상대적으로 따뜻한 느낌을 줍니다. 이렇게 색은 항상 상대적인 특성이 있습니다. 이 특성은 배우면 배울수록 더 어렵게 느껴지겠지만 이런 난해함은 수많은 경험을 통해 깨달을 수밖에 없는 부분이기도 해요. 하지만 색에 대한 흔들리지 않는 원칙과 이론이 밑바탕 된다면 색과 채색에 대한 어려움은 점점 사라지고, 그 특성을 좀더 제대로 이해할 수 있을 거예요.

색은 색상, 채도, 명도의 세 가지 요소로 이루어져 있습니다. 이 부분은 프로크리에이트의 〔색상〕-〔값〕의 항목을 예로 설명해 볼게요. 〔값〕에서는 모든 색을 일정한 값으로 선택할 수 있습니다. 이 항목에서 주목해야 할 부분은 'HSB'입니다. HSB는 색상(Hue), 채도(Saturation/Chroma), 명도(Brightness/Darkness)를 의미합니다. 각각에 대하여 자세히 알아볼게요.

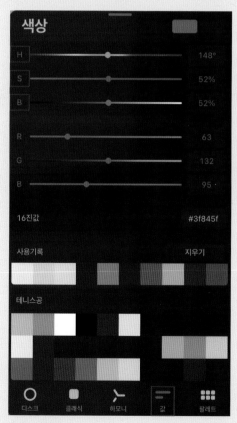

색상-〔값 탭〕

색상

어떤 사물이든 고유의 색상(HUE)을 가지고 있습니다. 노랑(Yellow), 빨강(Red), 자홍(Magenta), 파랑 (Blue), 청록(Cyan), 초록(Green) 등 여기서 나열한 색상 외에도 다른 색이 많지만 실제 물감으로 그림을 그리던 오래전부터 고안된 색상휠은 출판과 사진, 디지털 분야까지 주로 사용하는 색을 더욱 쉽고 편리하게 선택할 수 있도록 고안됐습니다. 프로크리에이트의 색상휠은 앞서 나열한 색상을 중심으로 구성되어 있으며 'RGB', 'CMYK' 또한 주요색으로 구성되어 있습니다. RGB는 Red, Green, Blue 의 이니셜 앞글자를 딴 빛의 삼원색입니다. 주로 컴퓨터 모니터 등 액정 화면에 표현하는 색상입니다. CMYK는 Cyan, Magenta, Yellow, BlacK는 인쇄물의 색을 표현하기 위한 색상입니다. 색상휠은 프로 크리에이트의 (색상)-(디스크) 탭에서 확인할 수 있습니다.

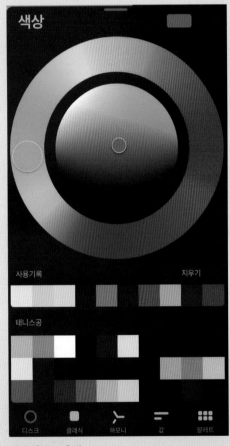

색상-[디스크] 탭

채도와 명도

채도(Saturation/Chroma)는 색의 선명한 정도 또는 진하기 정도를 나타내는 속성이며, 명도 (Brightness/Darkness)는 색의 밝고 어두운 정도를 나타내는 속성입니다. 이론을 좀더 깊이 있게 설명하기 위해 두세 페이지 정도를 할애해야 할 정도로 매우 중요한 요소이지요. 하지만 처음부터 너무 많은 지식을 전달하는 것은 그림 그리기 실습에 해가 되기도 하므로 꼭 알아야 할 지식과 팁만 간략히 정리하여 알아보겠습니다. 제가 채도와 명도를 함께 설명하는 이유는 두 가지 요소가 매우 밀접하게 관련되어 있기 때문인데요.

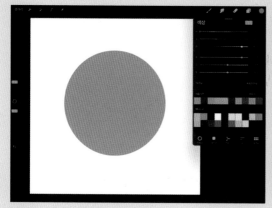

색상: 0, 명도: 87%, 채도 33%

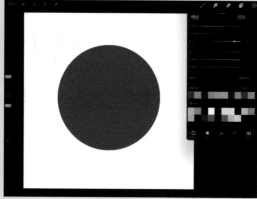

색상: 0, 명도: 87%, 채도: 100%

위 예시는 프로크리에이트의 [색상]-[값 탭]에서 채도값을 조정한 것으로 명도값은 그대로지만 명도(밝기)가 다르게 보인다는 것을 확인할 수 있습니다. 이는 프로크리에이트의 오류는 아니며, 색의 세 가지 속성을 수치화하여 값으로 나타내는 설정 때문에 일어나는 현상으로 포토샵 등 기타 프로그램에서도 동일하게 발생하는 현상입니다.

다음 예시는 위 예시를 흑백으로 변환한 것인데요. 명도값은 그대로지만 명도(밝기)가 다르게 보이는 것을 더 확실하게 알 수 있습니다. 여기에서 이렇게 복잡한 이야기를 꺼낸 이유는 색상의 속성 수치를 불신하라는 의미가 아니라, 오히려 채도와 명도는 밀접한 관계가 있으므로 특정색을 표현하기 위해서는 채도와 명도가 동시에 조절될 수 있다는 점을 설명하기 위함입니다.

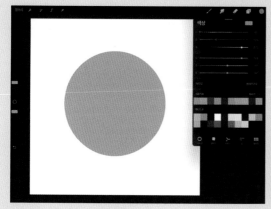

색상: 0, 명도: 87%, 채도 33%

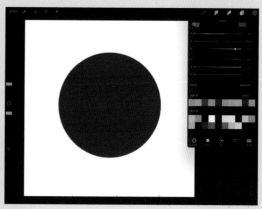

색상: 0, 명도: 87%, 채도: 100%

다음 이미지는 채도와 명도의 관계를 좀더 보기 쉽게 표현한 그림입니다. 여기서 명도의 정도를 나타내는 Z축 변화에 따라 각 색이 표현할 수 있는 채도(진하기의 정도)가 다름을 확인할 수 있습니다.

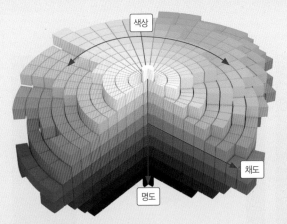

이미지 출처: Wikimedia Commons

이 말은 곧 다음과 같이 색상을 제일 잘 보여 주는 명도는 색상마다 각각 다르다는 것이지요. 다음 예시에서 노란색은 명도가 밝을 때, 파란색은 명도가 어두울 때 각 색의 고유색이 강하게 나타난다는 점을 알 수 있습니다.

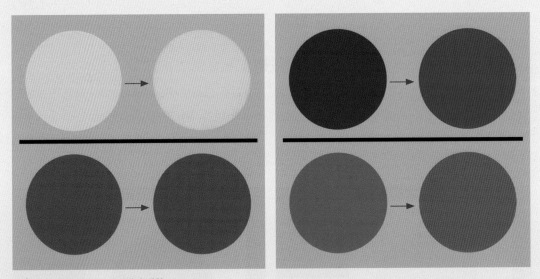

명도에 따라 다르게 보이는 색의 변화

아마도 여러분은 지금쯤 이걸 다 어떻게 생각하고 그리냐는 의문이 생길 수 있습니다. 그렇다면 아래 내용만 기억하세요.

1 채도와 명도는 밀접한 관계를 가지고 있다.

2 채도를 조절하면 실제로 보이는 명도가 달라질 수 있다.

3 이 두 가지를 잊지 말자! 모든 그림의 뼈대(기둥)는 흑백으로 변환했을 때 밝고 어두움의 배치와 조화가 중요하기 때문이다.

기초 미술 수업 - 5
색을 찾아 가는 과정

미술

그림을 그릴 때 색을 선택하는 것은 누구에게나 항상 어려운 문제입니다. 앞서 색상, 채도, 명도의 세 가지 속성을 알아본 것을 떠올리며 예시로 든 다음의 정물화로 색을 선택하는 방법에 대한 감을 익혀 보아요.

제가 프로크리에이트에서 자주 사용하는 색 선택 옵션은 (색상)-(클래식) 항목입니다. 이 기능을 이용하면 색상, 채도, 명도의 조절이 쉽기 때문이죠. 우선 정물을 그릴 경우가 실제와 가장 가깝다고 생각하는 색을 선택해 채색해 보세요. 이때 앞서 설명한 색의 세 가지 요소를 활용하여 실제 눈에 보이는 것과 가장 흡사한 색상을 찾아가야 합니다. 여기서는 캔버스의 왼쪽에 모작할 사진을 두고 채색해 볼게요.

1 첫 번째 채색: 명도를 조절하여 채색하기
해바라기의 밝은 꽃잎을 채색할 경우, 선택하려는 색상이 그리려는 실물 색상보다 밝은지, 어두운지 확인하며 우선 명도를 조절합니다.

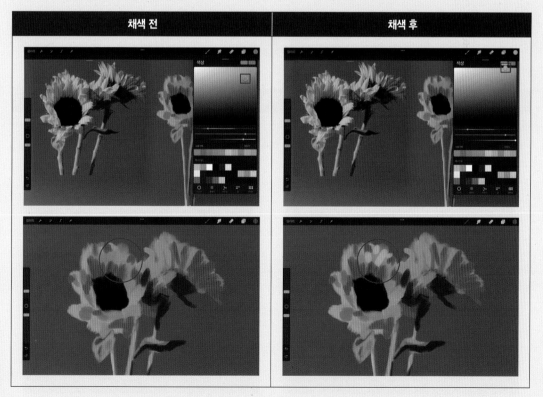

2 두 번째 채색: 채도를 조절(낮게)하여 채색하기

채색을 해보니 밝기를 최대한 밝게 조절했음에도 결과가 만족스럽지 않습니다. 다시 원본과 비교해보니 실제 색상보다 진하기가 약하네요. 이번에는 채도를 조절(낮게)하여 채색합니다.

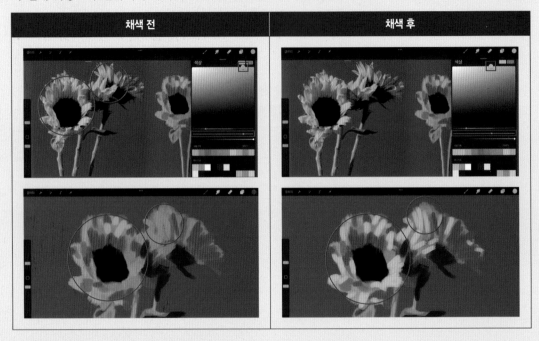

3 세 번째 채색: 색상을 조절하여 채색하기

이제 색상이 어느 정도 일치합니다. 보통, 채도와 명도를 조절하면 일치하는 색상을 찾아낼 수 있지만 혹시라도 실제색과 일치하지 않을 경우, 색상(Hue)을 확인해 보세요. 실제색이 좀더 빨간색을 띤다면, 해당색의 색 슬라이드를 빨간색 쪽으로 옮겨 채색해 보는 것이죠.

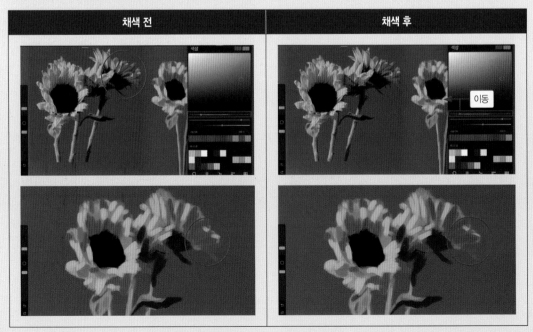

4 최종 결과물은 다음과 같습니다.

원본 사진

필자가 작업한 이미지

이렇게 색을 선택할 때에는 색의 세 가지 속성을 습관처럼 확인해야 합니다. 특히 특정색을 선택할 때, 색의 세 가지 속성 중 하나만 조절해서는 만족스러운 색을 선택하기 어려우므로 세 가지 속성 모두 복합적으로 조절하며 맞춰 보세요.

초보 단계에서 눈에 보이는 것과 같은 색을 단번에 선택하기란 어려운 일이지만 그림을 꾸준히 그리다 보면 자연스럽게 정확도가 올라갑니다. 우선 100% 정확한 색이 아닌 80% 정도로 일치하는 색을 선택하여 작업해 나가고, 전체적인 채색이 어느 정도 마무리된 단계에서 다양한 효과나 색 보정으로 원하는 색상을 맞춰 보세요. 만약 세 가지 속성값을 모두 조절하는 것이 부담스럽다면 우선 명도만 조절해서 그림을 그려 보세요. 왜냐하면 채도(Saturation)나 색상(Hue)은 정확도가 떨어져도 사물을 인식하는 데 큰 문제가 없으나, 명도의 정확성이 떨어지면 사물 자체가 달라 보이기 때문입니다.

기초미술수업 -6
색의 대비

미술

색 온도는 색에서 전해지는 따뜻함이나 차가움의 정도를 말하며, 보색은 두 가지 색을 섞었을 때 무채색이 되는 색을 말합니다. 색은 상대적이므로 그림에 사용한 색 대비를 활용하여 다양한 효과와 느낌을 전달할 수 있죠. 이번 시간에는 색 온도와 보색을 통해 색 대비가 무엇이고 어떻게 활용하면 좀더 멋지게 표현하고자 하는 대상을 강조할 수 있는지에 대해 알아보겠습니다.

색 온도(따뜻한 색 vs 차가운 색)

색은 기본적으로 따뜻해 보이거나 차가워 보이는 특성이 있습니다. 일반적으로 노랑, 빨강은 따뜻한 계열로 분류하고, 파랑, 청록 등은 차가운 색으로 분류합니다. 보통 〈그림 1〉과 같이 파란색은 노란색보다 차가운 색으로 보이지만 〈그림 2〉와 같이 노란색과 함께 있을 때 차가워 보였던 파란색이 채도가 높은 파란색과 함께 있으면 상대적으로 따뜻해 보이지요.

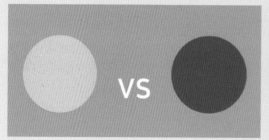
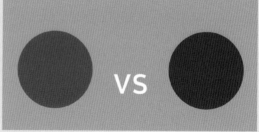

그림 1
그림 2

좋은 그림에서는 표현하고자 하는 대상에 따라 따뜻한 색과 차가운 색의 비율을 적절히 배분하여 그림이 단조롭지 않고 활기찬 에너지를 뿜어 냅니다. 색 온도를 활용하고 표현하기 위해서는 카멜레온과 같이 변하는 색의 속성을 알아야 합니다. 사람의 시선은 따뜻한 색상에 집중되는 등의 색 온도가 가진 특성을 적절히 활용하면 표현하고자 하는 대상을 더욱 강조할 수 있기 때문이죠.

보색

색 대비 중 알아야 할 또 다른 특성은 보색입니다. 보색은 색상휠에서 서로 마주보고 있는 색상인데 보색의 두 가지 물감을 섞을 경우, 채도가 낮은 회색에 가까워지며 색상은 물감의 색이 많이 섞인 방향으로 이동하게 됩니다. 디지털 페인팅에서도 보색인 두 가지 색상을 섞을 경우, 채도가 낮아집니다.

보색은 정반대의 성격을 가지기 때문에 보색을 사용해 채색
할 경우 조화롭지 않고 도드라져 보이게 되는데요. 이런 보
색의 특성을 살려 단조로운 그림에 생기를 더하거나, 그림
에서 표현하고자 하는 주제를 좀더 강조할 수 있습니다. 보
색을 사용하려면 프로크리에이트의 팔레트 옵션 중 [하모니]
탭을 선택하면 됩니다. 세부 항목에서는 '보색'을 포함하여
'유사', '삼합'(잘 어울리는 세 가지 색상) 등의 옵션도 선택할
수 있습니다.

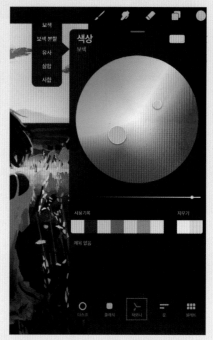

프로크리에이트에서 보색을 확인하는 방법

다음 그림은 색 온도와 보색을 활용하여 그린 그림으로 소녀의 머리 부분에 시선이 집중될 수 있도록
머리와 동일 선상에 밝고 따뜻한 색상을 선택하고, 앉아 있는 소녀가 단조로워 보이지 않도록 옷과 피
부는 보색에 가까운 색상으로 선택했습니다.

보색의 대비를 강조한 작업 이미지

레벨업! 고급 기능 - 1
글레이징 채색법

이론

글레이징 채색법은 유화에서 쓰이는 채색 기법 중 하나로 채색된 그림 위에 다른 색을 얇게 덧칠하여 그림의 전반적인 분위기를 바꾸거나, 색감을 더욱 풍성하게 만드는 기법입니다. 디지털 페인팅에서는 흑백으로 명암만 표현한 그림에 레이어 모드를 활용하여 색을 덧칠하는 방식으로 글레이징 채색법을 구현할 수 있습니다. 디지털 페인팅에서의 글레이징 채색법은 그림의 퀄리티를 높이거나 시간 단축 측면에서 꼭 알아야 할 주요 채색법입니다. 이번 시간을 통해 그 특징과 사용 방법을 알아보겠습니다.

글레이징 채색법의 이해

디지털 페인팅에서의 글레이징 채색법은 흑백으로 명암만 표현된 그림에 색상을 입히는 채색법입니다. 아래 그림과 같이 흑백의 명암이 표현된 구에 새 레이어를 생성하여 단색(갈색)을 채색하면 흑백의 이미지에 명암 단계까지 색을 입혀 표현할 수 있습니다.

글레이징 채색법 간단히 체험하기

디지털 페인팅에서 글레이징 채색은 너무나도 중요하기 때문에 간단한 예제를 통해 설명하겠습니다. 그냥 읽어내려가도 상관없지만, 되도록 예제파일을 통해 따라하길 적극 권장합니다.

1 예제파일은 공, 그림자, 바닥 및 간단한 배경으로 이루어져 있습니다. '공' 레이어 위로 새 레이어를 생성하고, [클리핑 마스크]를 적용합니다.

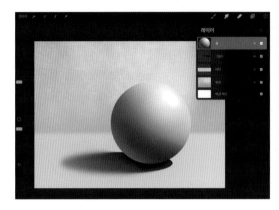
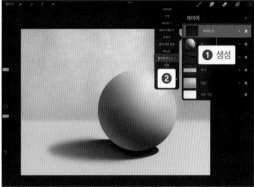

2 새로 생성한 레이어의 레이어 모드는 [색상]으로 변경하고, 갈색(H: 28, S: 100, B: 43) 혹은 여러분이 원하는 색상으로 채색해 보세요.

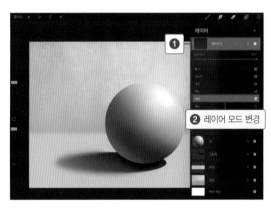
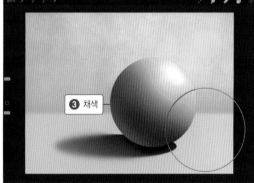

Tip 여기서는 소프트 브러시를 사용했지만, 균일하게 채색할 수 있다면 어떤 브러시든 상관없습니다.

3 다른 색상들도 적용해 봅니다.

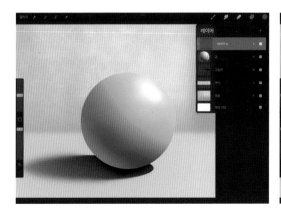
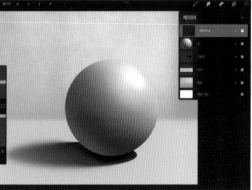

레이어 모드에 따른 글레이징 채색 결과물의 차이

프로크리에이트의 다양한 레이어 모드를 사용해 글레이징 채색법을 적용할 수 있지만 가장 일반적이고 효과적인 레이어 모드는 [색상]이며, 경우에 따라서는 [오버레이]를 사용하기도 합니다. 다음의 그림과 같이 [색상] 레이어 모드에서 채색할 경우, 명도 변화가 거의 없습니다. [오버레이] 레이어 모드에서 채색하면 밝은 부분은 더 밝게 어두운 부분은 더 어둡게 표현되는 [오버레이] 특성상 명도 변화가 일어나며, 색상에 따라 어두운 부분이 탁하게 표현되기도 합니다. 하지만 색에 따라서는 [오버레이]에서 채색한 결과가 좀더 쨍한 느낌을 주기도 합니다.

흑백으로 명암만 표현한 그림

레이어 모드 [색상]에서 채색한 그림

레이어 모드 [오버레이]에서 채색한 그림

Tip 레이어 모드는 꼭 [색상]이나 [오버레이]를 사용해야 하는 건 아닙니다. 다양한 레이어 모드를 사용할 수 있지만, 특정 레이어 모드는 그림의 명도값을 크게 변화시키므로 주의해서 사용해야 합니다.

글레이징 채색의 활용

이렇게 편리한 글레이징 채색은 언제, 어떤 그림에 사용할까요? 정해진 정답은 없습니다. 여러분이 직접 글레이징 채색을 적용하여 원하는 결과물만 만들 수 있다면 인물화나 풍경화 등 장르를 구분하지 않고 사용할 수 있습니다. 다만 저는 그림의 단조로움을 피하기 위해 글레이징 채색은 초벌 채색에서 사용하거나, 다음 그림과 같이 구조물이 복잡하고 색상이 다채로워 어떻게 채색할지 감이 잡히지 않을 때 사용하기도 합니다. 물론 이 경우도 초벌 작업으로만 사용하는 편이지만, 작가의 스타일에 따라 글레이징 채색만으로도 훌륭한 작품을 만들기도 합니다.

다음 그림과 같이 전체적인 구도와 명암만 표현한 다음, 글레이징 채색법을 활용하면 복잡하고 어려운 장면도 손쉽게 표현할 수 있습니다.

글레이징 채색법을 활용한 작업 이미지

또한 글레이징 채색법을 적용하면 작업 시간을 극적으로 단축시킬 수 있을 뿐 아니라, 명암만 표현한 그림 위에 색상을 덧칠하기 때문에 높은 퀄리티의 그림을 완성할 수 있습니다. 외주 작업을 진행할 경우 색상 차이에 따른 결과물의 변화를 클라이언트에게 제시하기도 수월하다는 장점도 있고요. 글레이징 채색법은 이어지는 함께 그리기에서 바로 적용해서 익혀 볼게요.

04

이론 적용하며 함께 그리기 2

이번 시간에는 앞서 배운 색의 기초 이론과 글레이징 채색법을 활용해 테니스장 그림을 채색하고 마무리하겠습니다. 지금까지 배운 프로크리에이트 기능과 미술 기초 이론을 모두 적용하는 시간이므로 그림을 빠르게 완성하는 것보다 기능과 기초 이론을 하나씩 되짚으며 완성하는 데 초점을 맞추세요. 충분한 시간과 정성을 들이면 누구나 좋은 그림을 그릴 수 있습니다. 특히 글레이징 채색법은 디지털 페인팅에서 매우 중요한 부분이므로 실습에 그치지 않고 완벽히 숙달할 수 있도록 계속 연습하세요.

함께 그리기 - 6
글레이징 채색법 적용하기

실습

글레이징 채색법이 아직 생소하겠지만 실제로 적용하기가 복잡하거나 어렵지 않습니다. 한 번만 따라해 보면 금방 익숙해질 거예요. 그리고 모든 경우에 적용할 수 있는 채색법이므로 이번 실습을 통해 확실히 익히세요. 글레이징 채색법에는 다양한 레이어 모드를 사용할 수 있지만 여기서는 가장 무난한 [색상] 레이어 모드를 사용하겠습니다. 특히 이번 과정은 기본적으로 채색하려는 레이어 위로 새 레이어를 생성하고 레이어 모드(색상)와 클리핑 마스크를 설정하기 때문에 각 요소별 (산, 테니스공, 코트바닥)로 같은 과정을 여러 번 반복하여 글레이징 채색법을 확실히 익힐 수 있도록 구성하였습니다.

1 '배경' 레이어 위로 새 레이어를 생성하고 레이어 이름을 "배경채색"으로 변경합니다. 레이어 모드도 (색상)으로 변경하고 (클리핑 마스크)를 설정합니다.

2 다음 그림과 같이 컬러 드롭을 활용해 색상을 차례대로 차곡차곡 쌓는다는 느낌으로 색을 채웁니다. 그리고 🪄 - (가우시안 흐림 효과)를 적용해 세 가지 색의 경계가 부드럽게 이어지도록 흐림 효과를 적용합니다.

[에어브러시]-[소프트 브러시] [9] [10] [11]

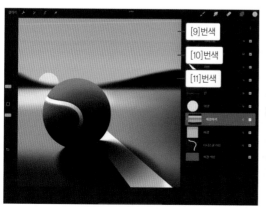

3 또 다른 배경인 산도 채색할게요. '산' 레이어 위로 새 레이어를 생성하고 레이어 이름을 "산 채색"으로 변경합니다. 레이어 모드는 (색상)으로 변경하고 (클리핑 마스크)를 설정합니다.

 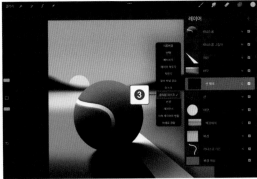

4 산 전체에 12번색을 채색하고 13번색으로 산과 태양이 만나는 경계와 산과 바닥이 만나는 경계를 채색합니다. 손목에 힘을 빼고 산 아래, 피어 오르는 안개를 살짝 밝은색으로 채색하세요.

[에어브러시]-[소프트 브러시]　[12]　[13]

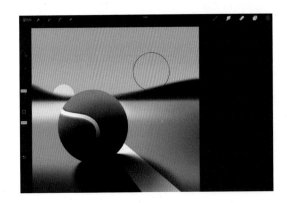

5 '테니스공' 레이어 위로 새 레이어를 생성하고 레이어 이름을 "테니스공 채색"으로 변경합니다. 레이어 모드는 (색상)으로 변경하고 (클리핑 마스크)를 설정합니다. 우선 테니스공 전체를 단일 색상으로 채색합니다. 테니스공은 그림의 주인공이므로 이어지는 과정에서 디테일을 좀더 높일 거예요.

[에어브러시]-[소프트 브러시]　[14]

6 '바닥' 레이어 위로 새 레이어를 생성하고, 레이어 이름을 "바닥 채색"으로 변경합니다. 레이어 모드를 [색상]으로 변경하고 [클리핑 마스크]를 설정한 다음, 컬러 드롭을 활용해 바닥 아래부터 차례대로 색을 쌓아 주세요.

[에어브러시]-[소프트 브러시]　[16]　[13]　[15]

채색된 부분을 보기 쉽게 표시한 이미지

7 바닥의 제일 밝은 부분을 덧칠한 다음, ● –[가우시안 흐림 효과]로 경계가 부드럽게 이어지도록 설정합니다.

[에어브러시]-[소프트 브러시]　[17]

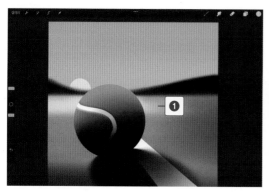

8 마지막으로 '태양' 레이어 위로 새 레이어를 생성하고 레이어 이름을 "태양 채색"으로 변경합니다. 레이어 모드는 [색상]으로 변경하고 [클리핑 마스크]를 설정하여 다음과 같이 태양을 채색합니다.

[에어브러시]-[소프트 브러시]　[18]

함께 그리기 - 7
태양 디테일 높이기

글레이징 채색법으로 색을 추가한 그림에 디테일을 높여 보겠습니다. 그림의 주인공은 테니스공이지만 빛이 비치는 방향에 따라 테니스공의 채색 방향을 결정할 수 있으므로 태양의 디테일을 먼저 추가할 거예요. 정해진 순서가 있는 것은 아니지만 먼저 빛의 방향을 명확하게 결정하는 것이 그림의 주제를 좀더 효과적으로 강조할 수 있는 방법입니다.

1 태양에 더 밝게 빛나는 효과를 추가할게요. '태양 채색' 레이어와 '태양' 레이어를 병합한 다음, 병합한 레이어를 슬라이드하여 복제합니다. 레이어의 이름은 "태양 효과1"로 변경하고 레이어 모드를 [스크린]으로 변경합니다.

2 '태양 효과1' 레이어를 슬라이드하여 복제한 다음, 레이어 이름을 "태양 효과2"로 변경합니다. 레이어 모드를 [추가]로 변경하고 🖉 -[가우시안 흐림 효과]로 밝은 빛이 은은하게 퍼지는 것과 같은 느낌이 들도록 적절하게 흐림 효과를 적용합니다.

❸ 태양 주변의 하늘을 좀더 밝게 처리하고 마무리할게요. '태양 효과2' 레이어 위로 새 레이어를 생성하고 레이어 이름을 "태양 효과3"으로 변경합니다. 레이어 모드를 [스크린]으로 변경한 다음, 브러시 크기를 크게 설정하고 태양 주변의 하늘을 채색합니다.

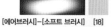
[에어브러시]-[소프트 브러시]　[18]

❶ 복제 → 이름 변경
❷ 레이어 모드 변경

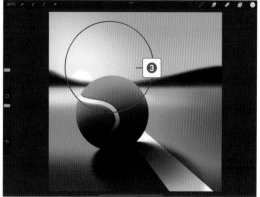
❸

❹ 효과를 적용하느라 많아진 레이어를 정리할게요. 태양과 관련된 모든 레이어를 다중 선택한 다음, [그룹]을 터치해 그룹화하고 그룹 이름을 "태양"으로 변경합니다.

❶ 다중 선택
❷

❸ 이름 변경

함께 그리기 - 8
테니스공 디테일 높이기

실습

태양의 디테일을 높여 빛의 방향과 밝기가 정해졌으므로 이번에는 그림의 주인공인 테니스공의 디테일을 높이겠습니다. 지금까지 알아본 다양한 기능을 활용하여 디테일하게 표현해 볼게요. 항상 표현하려는 주제는 다른 부분보다 표현 단계를 높여 강조하는 것이 좋습니다. 아울러 테니스공은 초록 계열의 차가운 색으로, 배경의 따뜻한 노란색과 붉은색 계열이 대비를 이루어 테니스공이 더욱 도드라져 보인다는 사실도 함께 기억합시다.

1 채색에 앞서 '테니스공 채색' 레이어와 '테니스' 레이어를 병합합니다.

2 병합한 레이어 위로 새 레이어를 생성하고 레이어 이름은 "테니스공 효과1"로 변경합니다. 레이어 모드를 (스크린)으로 변경하고 (클리핑 마스크)를 설정합니다.

❸ 태양이 테니스공 뒤에 있으므로 테니스공은 역광인 상태이며 테니스공의 그림자가 생기는 아 랫부분은 어둡습니다. 하지만 테니스공의 위쪽은 하늘 전체로 빛이 퍼지고 있죠. 브러시 크기를 크 게 조절한 다음, 테니스공의 위쪽 부분을 살짝 채색하여 하늘에 비치는 약한 빛을 표현합니다.

[에어브러시]–[소프트 브러시]   [9]

❹ 새 레이어를 생성하고 레이어 이름을 "테니스공 효과2"로 변경합니다. 레이어 모드는 [추가]로 변경 하고 [클리핑 마스크]를 설정합니다.

❶ 생성 → 이름 변경

❷ 레이어 모드 변경

❸

❺ 테니스공 외곽에 비치는 빛을 표현해 볼게요. 브러시 크기를 테니스공 라인의 두 배 크기로 설정하 고 테니스공의 경계를 얇게 채색합니다. 채색한 경계의 두께가 균일하지 않다면 지우개로 지워서 마무 리하면 됩니다.

[에어브러시]–[소프트 브러시]   [18]

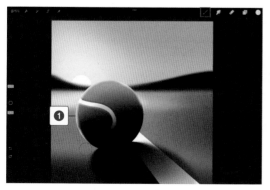 

❶

❷

6 테니스공 표면도 표현해 볼게요. '테니스공' 레이어 아래로 새 레이어를 생성하고 레이어 이름을 "테니스공 효과3"으로 변경합니다. 레이어 모드는 (추가)로 변경하세요.

7 브러시 크기를 작게 설정하고 테니스공 안에서 밖으로 직선을 긋는다는 느낌으로 테니스공 표면의 털을 표현합니다.

[유기물]-[세이블] [18]

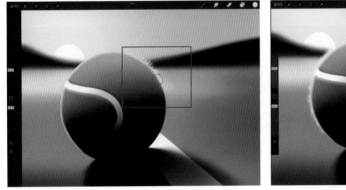 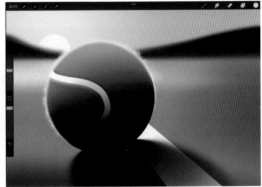

8 테니스공의 디테일을 높이니 손대지 않은 테니스공 라인의 색상과 밝기가 어색합니다. 테니스공의 라인은 저장했던 선택 영역을 불러와 작업하겠습니다. 레이어 목록 제일 위로 새 레이어를 생성하고 레이어 이름을 "테니스공 라인 채색"으로 변경합니다.

9 **⑤**-(저장 및 불러오기)를 선택한 다음, 테니스공 라인의 선택 영역을 선택하고 선택 옵션 중 (패더)를 2% 정도로 설정합니다.

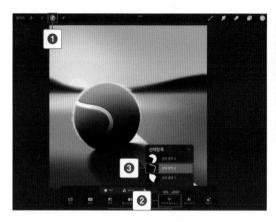
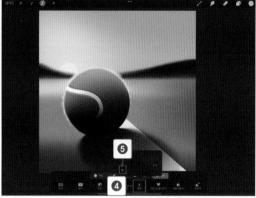

10 선택 영역이 활성화된 상태에서 테니스공 라인을 균일하게 채색합니다.

[에어브러시]-[소프트 브러시]   [7]

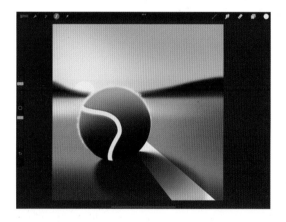

11 '테니스공 라인 채색' 레이어 위로 새 레이어를 생성합니다. (클리핑 마스크)를 설정하고 레이어 모드를 (곱하기)로 변경합니다.

12 브러시 크기를 그림과 같은 크기로 설정하고 15번색으로 라인을 전체적으로 어둡게 채색합니다. 그리고 3번색으로 테니스공 아랫부분의 어두운 영역을 채색해 주세요. 이미 표현한 테니스공의 명암과 이질감이 없도록 채색하는 것이 포인트입니다. 한 번에 채색하는 것보다 여러 번 문지르는 느낌으로 채색하세요.

[에어브러시]-[소프트 브러시] [15] [3]

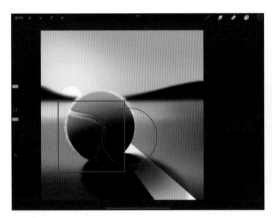
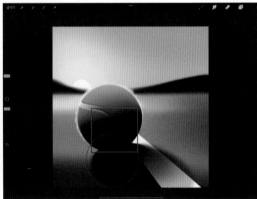

13 레이어 목록도 정리해 볼게요. 테니스공과 관련된 모든 레이어를 다중 선택한 다음, [그룹]을 터치합니다. 그룹 이름은 "테니스공"으로 변경하세요.

함께 그리기 - 9
효과로 마무리하기

실습

기본적인 채색과 디테일한 표현은 모두 완료했습니다. 이제 레이어 모드를 활용해 빛 효과를 포함한 여러 가지 효과를 추가하고 그림을 완성해 볼게요. 여기서 유의해야 할 점은 화려한 효과는 그림을 돋보이게 하는 양념과 같은 요소라는 것입니다. 탄탄하게 채색한 그림에 효과를 추가하면 그 효과가 극대화되지만 화려한 효과에만 치중하면 자칫 그림이 가벼워 보일 수 있으므로 주의하여 활용해야 합니다.

1 레이어 목록 가장 위로 새 레이어를 생성하고 레이어 이름을 "마무리 효과1"로 변경합니다. 레이어 모드는 [스크린]으로 변경하세요.

2 브러시 크기를 크게 설정한 다음, 손목에 힘을 빼고 태양 주변을 가볍게 채색합니다. 언뜻 이러한 효과는 화려해 보일 수 있지만 지금까지 채색한 색을 너무 밝게 만들 수 있으므로 최소한으로 사용하는 것이 좋습니다.

[에어브러시]-[소프트 브러시] [11]

채색된 부분을 보기 쉽게 표시한 이미지

③ 레이어 목록 가장 위로 새 레이어를 생성하고 레이어 이름을 "마무리 효과2"로 변경합니다. 레이어 모드는 (추가)로 변경하세요.

④ 브러시 크기를 테니스공의 절반 크기 정도로 설정한 상태에서 태양과 테니스공이 겹치는 부분을 위에서 아래로 채색합니다. (빛샘) 브러시의 특성상 자연스럽게 조절하기 쉽지 않으므로 원하는 효과가 표현될 때까지 크기를 조절하며 여러 번 시도하세요.

[빛]–[빛샘] [12]

채색된 부분을 보기 쉽게 표시한 이미지

5 마지막으로 프로크리에이트의 기본 브러시 중 하나인 (보케) 브러시를 활용하여 렌즈 플레어 효과를 추가하겠습니다. 새 레이어를 생성하고 레이어 이름을 "마무리 효과3"로 변경합니다. 레이어 모드는 (추가)로 변경했습니다.

6 브러시 사이즈를 크게 설정하고 애플 펜슬로 살짝 터치한다는 느낌으로 채색합니다. (보케) 브러시의 특성상 정확한 위치와 크기로 표현하기 어려우므로 (선택)과 (이동) 도구를 활용해 원하는 곳으로 배치하세요.

[빛]-[보케] [12]

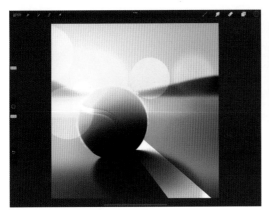
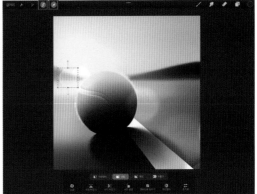

필자가 반사광 등으로 마무리를 더한 그림

5

다양한 소재를
그리는 고급반

드디어 방구석 미술학원의 고급반 과정입니다. 앞 과정에서는 꼭 알아야 할 프로크리에이트의 기본 기능과 미술 기초 이론을 중심으로 배웠기 때문에 기초반, 중급반에서는 그림을 '만든다'라는 성격이 더 강했다면 고급반에서는 '그린다'는 느낌을 받을 수 있을 거예요. 소개할 내용 역시 앞으로 어떤 소재라도 두려움 없이 그릴 수 있도록 구성했습니다. 그리고 기초반, 중급반을 거치며 쌓은 지식을 자신의 것으로 제대로 소화했다면 작업 시간은 줄고, 그림의 퀄리티는 높아질 거예요. 고급반이라고 해서 더 복잡한 기능을 사용하거나 이해하기 어려운 미술 지식을 전달하지 않습니다. 고급반에서는 여러분이 그림 그리기 과정을 더 깊이 이해할 수 있도록 각 예제 별로 주요 기능과 이론을 하나로 제한했습니다. 끝까지 저만 믿고 따라와 주세요.

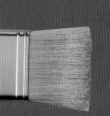

Things
get better
Always with
Time

01

입체적인 계곡 그리기

고급반의 첫 시간에는 변화도 맵(Gradient map) 기능을 활용해 판타지 애니메이션의 한 장면 같은 그림을 그려 볼게요. 이런 환상적인 장면의 분위기는 색감이 좌우합니다. 명암을 탄탄하게 표현한 흑백의 밑그림만 있다면 누구나 이런 멋진 분위기를 연출할 수 있습니다. 중급반에서 배운 글레이징 채색법을 활용하기 위해서는 그림의 명암을 제대로 표현할 수 있어야 했죠? 이번 그림에서 알아볼 변화도 맵 기능 역시 그림의 명암을 제대로 표현할 줄 알아야 합니다. 디지털 페인팅을 거듭할수록 명암의 중요함을 실감할 수 있을 텐데요. 이번 시간에는 명암의 중요성을 생각하며 변화도 맵의 활용법을 확실히 익혀 보세요.

레벨업! 고급 기능 - 2
변화도 맵

변화도 맵은 글레이징 채색법과 유사한 기능으로 기본 채색을 좀더 빠르고 간편하게 적용할 수 있는 기능입니다. 포토샵에서도 지원하기 때문에 디지털 페인팅을 하는 사람이라면 예외 없이 사용하는 기능이기도 합니다. 프로크리에이트에서는 포토샵처럼 세세한 값을 조정할 순 없지만, 기본 원리는 동일하므로 포토샵보다 간편하게 기능을 시험해 볼 수 있습니다. 그럼 바로 시작해 보겠습니다.

변화도 맵

변화도 맵을 사용하기 위해서는 글레이징 채색법을 배울 때와 마찬가지로 명암이 표현된 그림이 필요합니다. 책에 별도로 제공된 이미지를 직접 사용하여 익혀 보길 추천합니다.

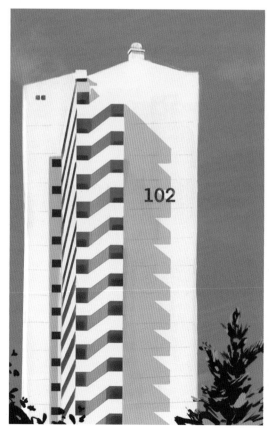

명암만 표현된 그림

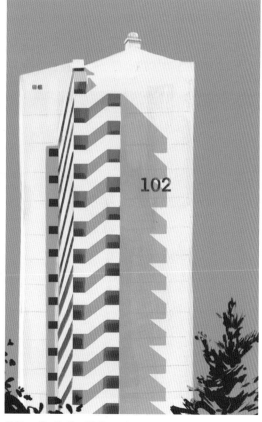

변화도 맵 기능을 적용한 그림

1 ✦ −(변화도 맵)을 터치하면 명암으로만 표현한 그림이 컬러로 변환됩니다. 이는 화면 아래 (변화도 라이브러리) 중 하나가 적용된 것으로 미리 설정된 라이브러리 중 원하는 항목을 선택하면 다른 색을 적용할 수 있습니다.

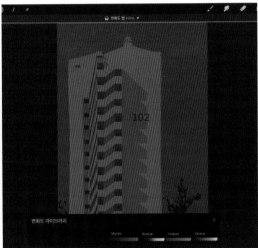

2 (변화도 라이브러리)의 (Blaze)를 터치하면 그림과 같이 다른 색상으로 변환되고 변화도 맵 막대가 표시됩니다. 변화도 맵 막대의 가장 왼쪽은 그림에서 가장 어두운 부분의 색상에 해당하고, 가장 오른쪽은 그림에서 가장 밝은 부분의 색상에 해당합니다. 변화도 맵은 그림의 명도에 맞춰 원하는 색상을 자동으로 변환하는 기능입니다.

3 변화도 맵 막대의 가장 왼쪽의 박스를 오른쪽으로 슬라이드하면 그림의 어두운 영역도 변화도 맵 막대의 색상에 맞춰 색이 채워집니다. 달라진 것이 없는 것 같지만 나무 색상이 더욱 어두워진 것을 확인할 수 있습니다.

4 이번에는 변화도 맵 막대의 가장 오른쪽에 있는 박스를 왼쪽으로 슬라이드해 보세요. 변화도 맵 막대의 색상에 맞춰 그림의 밝은 영역에 색이 채워집니다.

5 이번에는 캔버스에 손가락을 대고 좌우로 슬라이드해 보세요. 다른 기능과 같이 변화도 맵의 적용 정도를 설정할 수 있습니다.

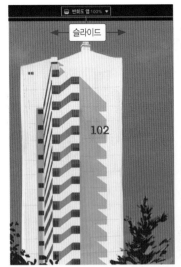  

변화도 맵 설정값: 100%   변화도 맵 설정값: 60%   변화도 맵 설정값: 20%

6 변화도 맵 막대의 빈 곳을 터치하면 새로운 색상을 추가할 수도 있고, 변화도 맵 박스를 지긋이 터 치하면 [삭제]가 표시되어 효과를 제거할 수도 있습니다.

 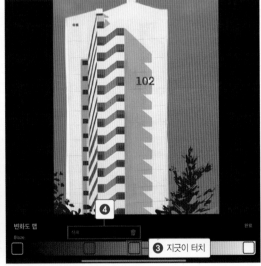

7 기본으로 제공하는 변화도 라이브러리의 여러 프리셋을 지긋이 터치하면 해당 프리셋을 복제하거나 삭제할 수도 있습니다. 자신만의 새로운 라이브러리 추가하려면 프리셋 오른쪽의 (+)를 터치해 원하는 프리셋을 생성할 수도 있습니다.

Tip ●를 터치하면 표시되는 (기본값 복원)을 선택하여 변화도 라이브러리를 초기화할 수 있습니다.

함께 그리기 - 1
밑그림 그리기

실습

이번 그림은 흑백의 밑그림을 그린 다음, 앞서 배운 변화도 맵을 적용하고 리터치하여 마무리하는 방식으로 진행됩니다. 많은 프로 아티스트들이 즐겨 사용하는 진행 방식으로, 여러분이 그리는 그림에도 똑같이 적용할 수 있습니다. 이미 느끼겠지만, 변화도 맵 기능은 글레이징 채색법의 한 종류이기 때문에 이번 기회에 글레이징 채색법의 원리와 효과를 다시 한 번 확실히 익히고, 흑백으로 명암만 표현한 그림의 중요성도 마음 속에 새기도록 해요.

우선 공기 원근법을 적용한 흑백의 밑그림부터 그려 볼게요. 원근법은 사물의 거리를 표현하는 방법으로 그중 공기 원근법은 멀리 떨어진 사물의 명도를 밝게, 가까이 있는 사물의 명도는 어둡게 표현하는 것입니다. 이는 사물이 멀리 있을수록 공기나 먼지 그리고 빛 등 대기 영향으로 뿌옇게 보이고 채도와 선명도가 낮아지는 것을 적용한 것입니다. 이 원리를 적용하면 공간감과 거리감을 표현할 수 있으므로 좀더 사실적인 그림을 완성할 수 있습니다.

기본 요소 그리기

이번 그림의 배경에 해당하는 기본 요소를 각각의 레이어로 구분하여 그려 볼게요. 흑백으로만 그리므로 그리는 대상의 형태에 좀더 집중하세요.

1 갤러리 메뉴에서 ⊕ – 🖼 을 선택한 다음, 너비 2,500, 높이 3,500px 사이즈의 새 캔버스를 생성합니다.

2 '레이어 1'에 색상을 채운 다음, 레이어 이름을 "배경"으로 변경합니다.

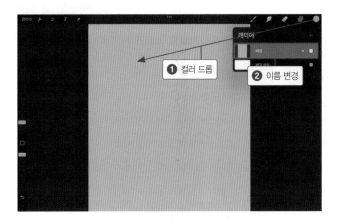

[1]

3 다음과 같이 캔버스의 윗부분을 조금 어둡게 채색합니다. 손목에 힘을 빼고 살살 문지르듯이 채색하세요.

[에어브러시]-[소프트 브러시]   [2]

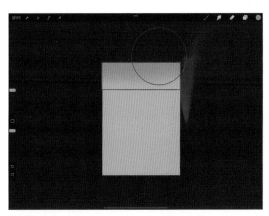 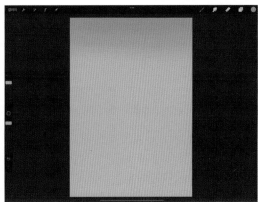

4 새 레이어를 생성하고 레이어 이름을 "계곡1"으로 변경합니다. 다음 그림과 같이 멀리 보이는 산을 스케치한 다음, 컬러 드롭으로 색상을 채워 주세요.

[잉크]-[스튜디오 펜]   [3]

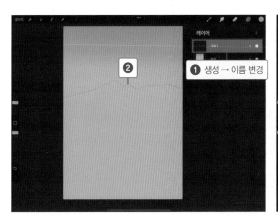 

5 새 레이어를 생성하고 레이어 이름을 "계곡2"로 변경합니다. 이번에는 조금 가까이 있는 계곡을 스케치하고 색상을 채워 주세요.

[잉크]-[스튜디오 펜] [4]

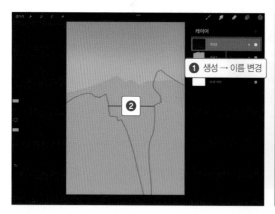

6 새 레이어를 생성하고 레이어 이름을 "계곡3"으로 변경합니다. 같은 방법으로 가까이 있는 계곡을 스케치한 다음, 색상을 채워 주세요.

[잉크]-[스튜디오 펜] [5]

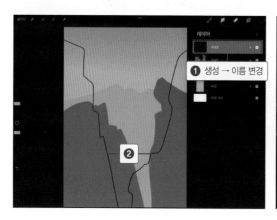

7 레이어 목록 제일 위로 새 레이어를 생성하고 레이어 이름을 "태양"으로 변경합니다. 다음 그림과 같이 적당한 위치에 태양을 스케치하고 컬러 드롭으로 색상을 채워 주세요. 완성한 '태양' 레이어는 '계곡1' 레이어 아래로 옮겨 주세요.

[6]

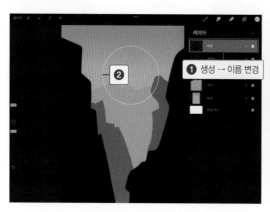

8 레이어 목록 제일 위로 새 레이어를 생성하고 레이어 이름을 "강"으로 변경합니다. 다음 그림과 같이 계곡 사이로 흐르는 강을 스케치한 다음, 컬러 드롭으로 색상을 채웁니다. 완성한 '강' 레이어는 '계곡2' 레이어 아래로 옮겨 주세요.

[6]

9 가까이 보이는 계곡 위에 나무도 그려 볼게요. 레이어 목록 제일 위로 새 레이어를 생성하고 레이어 이름을 "나무1"로 변경합니다. 적당한 위치에 나무 줄기에 해당하는 선을 스케치한 다음, 브러시 크기를 조절해 잔가지도 스케치합니다. 나무 줄기는 두어 번 그어 그릴 수 있는 굵기로 브러시 크기를 조절하여 그려주고 끝으로 갈수록 얇아지는 잔가지는 브러시의 크기를 더 작게 조절하여 실감나게 표현해 보세요.

[잉크]-[스튜디오 펜] [5]

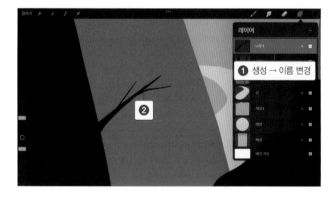

10 나뭇잎도 단순화하여 스케치한 다음, 컬러 드롭으로 색상을 채워 줍니다.

[잉크]-[스튜디오 펜] [5]

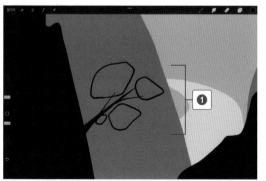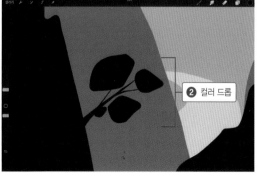

11 같은 방법으로 '나무1' 레이어에 또다른 나무를 스케치하고 색상을 채워 주세요.

[잉크]-[스튜디오 펜]   [5]

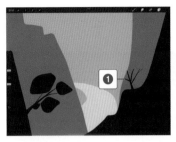 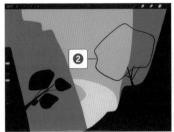 

12 단순해 보이는 나무에 디테일을 더해 볼게요. 브러시 크기를 조절하여 애플 펜슬로 도장 찍듯이 나무를 콕콕 찍어 솟아 나온 나뭇잎을 표현하세요.

[유기물]-[페이퍼 데이지]   [5]

13 이번에는 멀리 보이는 계곡에도 나무를 그려 볼게요. '계곡2' 레이어 아래로 새 레이어를 생성하고 레이어 이름을 "나무2"로 변경한 다음, 나무를 스케치하고 색상을 채웁니다.

[잉크]-[스튜디오 펜]   [4]

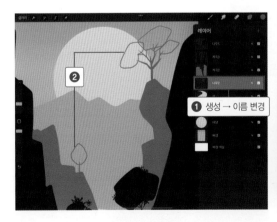 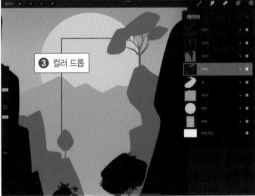

귀여운 고양이 그리기

이제까지 작업한 배경에 시선을 사로잡는 귀여운 고양이를 그려 볼게요. 풍경화를 주로 작업한다면, 풍경화 속에 동물, 사람 등을 그려 보세요. 그림에 귀여운 동물이나 사람을 그려 넣으면 밝은 에너지와 활력이 느껴지고 이야깃거리도 풍성해집니다. 시선이 더욱 강하게 끌리는 장점도 있고요.

변화도 맵을 활용해 채색하기 위해서는 탄탄하게 표현된 흑백의 밑그림이 필요하므로 끝까지 집중해 주세요.

1 귀여운 고양이를 그리기 전, 계곡을 잇는 다리를 그려 볼게요. '계곡2' 레이어 위로 새 레이어를 생성하고 레이어 이름을 "다리"로 변경한 다음, 간단하게 계곡을 잇는 다리를 스케치합니다. 다리는 채색한다기보다는 스케치한다는 생각으로 그려 보세요. 우선 왼쪽 그림과 같이 퀵쉐입을 이용해 깔끔하게 선을 그려준 다음, 오른쪽 그림과 같이 자연스러운 선으로 다리를 표현하면 됩니다. 브러시 크기 조절만 신경 쓴다면 어렵지 않게 그릴 수 있을 거예요.

[잉크]-[스튜디오 펜] [5]

2 '계곡2' 레이어 위로 새 레이어를 생성하고 레이어 이름을 "고양이"로 변경합니다. 다음 그림과 같이 두 개의 원으로 고양이의 몸통과 귀를 단순화하여 스케치한 다음, 머리와 몸통을 잇는 선을 그려 주세요. 그리기 어려운 사물도 단순화하여 단계별로 나누어 그리면 쉽게 그릴 수 있습니다. 고양이를 그린다고 생각하기보다 두 개의 원을 그린다고 생각하고 그려 보세요.

[잉크]-[스튜디오 펜] [7]

 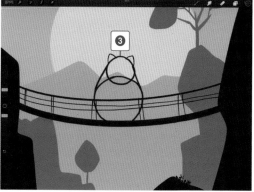

3 **2**번 과정에서 완성한 고양이의 꼬리와 수염도 스케치하고 컬러 드롭으로 색상을 채워 줍니다. 컬러 드롭으로 색상을 채우면 꼬리의 일부분 밖에 보이지 않지만 보이지 않는 부분까지 스케치하면 좀더 자연스럽고 정확한 형태를 잡을 수 있습니다. 꼬리 모양이 마음에 들지 않는다면 여러 번 시도하여 원하는 형태가 그려질 때까지 그려 보세요.

[잉크]-[스튜디오 펜] [7]

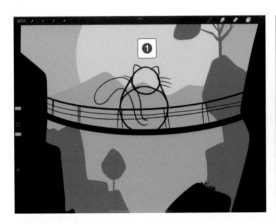

4 태양을 바라보는 고양이에 기본적인 명암을 표현해 볼게요. '고양이' 레이어 위로 새 레이어를 생성한 다음, [클리핑 마스크]를 설정합니다.

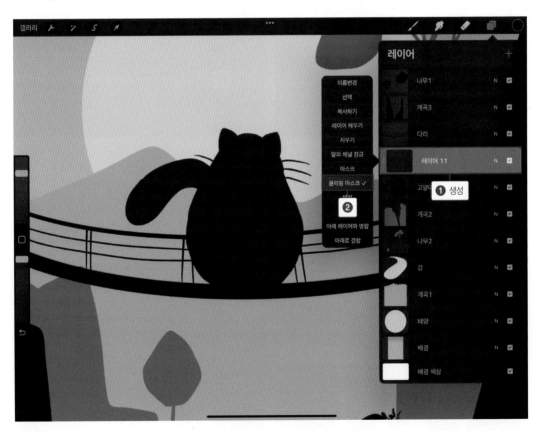

5 빛이 비치는 방향을 고려하면서 고양이의 명암을 표현하세요. 여기서는 고양이의 털을 표현하기 위해 '아크릴' 브러시를 사용하였습니다. 고양이의 명암을 표현할 때에는 귀와 몸통의 두드러진 각각의 형태를 상상하며 덩어리감이 느껴지도록 명암을 표현해 보세요. 예를 들어, 고양이의 아래쪽 원이 위쪽 원보다 더 크고, 두껍게 명암 처리가 되도록 합니다.

[페인팅]-[아크릴] [8]

6 하이라이트 부분을 찾아 채색한 다음, 클리핑 마스크를 설정한 레이어와 '고양이' 레이어를 병합합니다.

[페인팅]-[아크릴] [9]

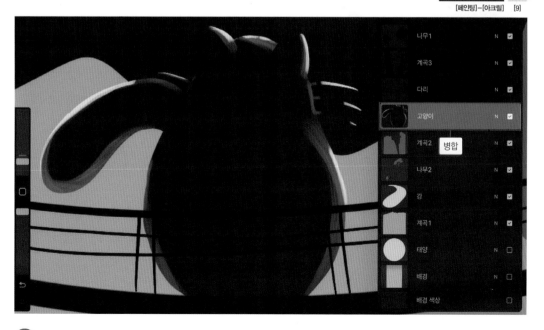

Tip 하이라이트 부분이 잘 보일 수 있도록 불필요한 레이어를 표시 해제한 이미지입니다. ◢

함께 그리기 - 2
변화도 맵 적용하기

실습

지금까지의 노력이 결실을 맺을 수 있도록 채색하고 완성해 보겠습니다. 밑그림 작업까지 10시간이 걸렸다면, 변화도 맵을 활용한 채색 시간은 30분 정도 밖에 걸리지 않아요. 작업에 걸리는 시간만 봐도 명암으로 표현된 밑그림이 얼마나 중요한지 알 수 있습니다. 이번 단계는 개인적으로 작업할 때 가장 두근거리는 단계예요. 여러분도 제가 느끼는 두근거림을 느끼길 바라며 바로 시작하겠습니다.

변화도 맵으로 채색하기

앞서 배운 변화도 맵을 활용해 각 레이어를 채색해 볼게요. 지금까지 작업한 레이어를 하나로 병합하여 한 번에 변화도 맵을 적용할 수도 있지만, 이럴 경우 나중에 레이어별로 채색을 추가하거나 수정하기 어렵기 때문에 각각의 레이어에 변화도 맵을 적용하겠습니다. 최종적으로 어떤 결과물이 나올지 확인하는 데 시간이 오래 걸리므로, 작업 전에 최종 결과물을 먼저 확인하는 게 좋겠죠? 여기서도 지금까지 그린 레이어들을 하나의 이미지로 복사하여 변화도 맵을 미리 적용해 보고 각 레이어에 적용하는 순서로 작업해 볼게요.

1 표시 해제한 레이어가 있다면 보이게 설정하여 모든 레이어를 표시한 다음, 레이어 목록 중 제일 위쪽 레이어가 선택된 상태에서 🔧 -[추가]-[캔버스 복사]를 차례대로 터치합니다. [캔버스 복사]를 선택하면 화면에 표시된 그림을 모두 복사할 수 있습니다.

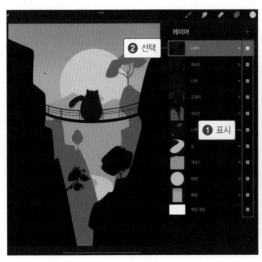

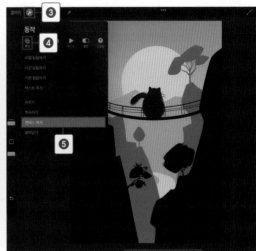

❷ 캔버스가 복사된 상태에서 (붙여넣기)를 터치하면 캔버스에 표시된 모든 레이어가 '삽입한 이미지' 레이어에 하나의 이미지로 붙여넣기 됩니다.

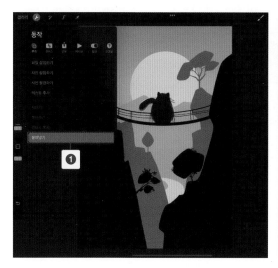

❸ '삽입한 이미지' 레이어가 선택된 상태에서 ✎ –(변화도 맵)을 선택합니다. 변화도 라이브러리가 표시되면 원하는 프리셋 값을 적용해 보세요. 여기서는 (Blaze)를 선택했습니다.

3 [Blaze]의 변화도 맵 막대를 조금 조절해 볼게요. 변화도 맵 막대의 첫 번째 색상 상자를 오른쪽으로 옮겨 가장 가깝게 보이는 '계곡3' 레이어를 좀더 어둡게 표현합니다. 앞서 공기 원근법에서 설명한 것과 같이 화면으로부터 가까이 있는 대상은 어둡게, 멀리 있는 대상은 밝게 표현하여 원근감을 강조하기 위해서 말이죠.

Tip 공기 원근법에 대한 자세한 설명은 256쪽을 참고하세요. ◢

4 변화도 맵 막대의 두 번째 색상 상자도 오른쪽으로 옮겨 조금 더 멀리 보이는 '계곡2' 레이어를 살짝 어둡게 조정해 주세요. 그림에 정답은 없으므로 지금까지 그린 그림에 맞춰 적절하게 변화도 맵 막대의 색상 상자를 조정하면 됩니다. 결과물이 마음에 든다면 변화도 맵 막대의 (완료)를 터치하여 변화도 맵을 종료합니다.

Tip 메뉴의 ⬤나 캔버스의 빈 곳을 터치해도 완료됩니다.

5 맘에 드는 최종 결과물을 확인하였다면, 이제 각 레이어에 변화도 맵을 적용할 차례입니다. 최종 결과물 확인을 위해 사용한 '삽입한 이미지' 레이어는 삭제합니다. 각 레이어를 선택한 다음, ⬡ –(변화도 맵)을 선택한 다음, 앞선 과정과 같이 (Blaze)를 적용합니다.

Tip 아쉽게도 변화도 맵은 레이어를 다중 선택하여 한 번에 적용할 수는 없습니다. ◢

채색 리터치 및 추가 요소 그리기

변화도 맵을 적용한 것만으로도 그림의 퀄리티는 높아졌지만 좀더 완성도를 높이기 위해서 리터치 과정이 반드시 필요합니다. 여기에서는 리터치 작업을 좀더 쉽게 하기 위해 레이어를 나누어 변화도 맵을 각각 적용하였는데요. 우선 가장 가깝게 보이는 계곡의 암반이 느껴지도록 추가적인 명암을 표현하고 구름과 같은 추가 요소를 그려 그림을 좀더 풍성하게 할 거예요. 적용한 변화도 맵의 색상이 전반적으로 따뜻한 색상이므로 구름과 같은 추가 요소는 차가운 색상을 사용해 대비가 되도록 채색하겠습니다.

Tip 색의 대비에 대한 내용은 226쪽을 참고하세요

1 '계곡3' 레이어에 위로 새 레이어를 생성하고 [클리핑 마스크]를 적용합니다. 브러시 크기를 적정하게 조절하여 다음 그림과 같이 계곡 암반의 명암을 표현해 주세요.

[에어브러시]–[소프트 브러시] [10]

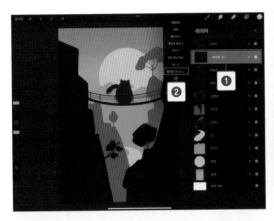

2 **1**에서 표현한 암반의 일부를 지우개로 지우면 계곡의 거친 암반을 자연스럽게 표현할 수 있습니다. 거친 암반을 자연스럽게 표현하려면 채색을 더 해도 되지만 암반을 너무 디테일하게 표현할 경우 시선이 분산될 수 있으므로 되도록 간결하게 표현하는 것이 좋습니다.

[에어브러시]–[미디움 하드 브러시]

지우기

③ 이번에는 그림을 좀더 풍성하게 할 구름을 그려 볼게요. 레이어 목록 제일 위로 새 레이어를 생성하고 레이어 이름을 "구름1"로 변경합니다. 계곡 아래로 구름을 스케치하고 색상을 채워 주세요.

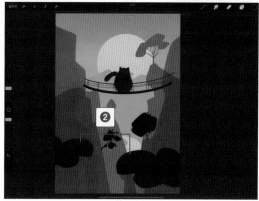

[잉크]-[스튜디오 펜] [11]

Tip 오른쪽 그림은 구름 스케치가 잘 보이도록 '계곡3' 레이어의 불투명도를 낮춘 그림입니다.

④ 구름을 채색하기 위해 '구름1' 레이어 위로 새 레이어를 생성합니다. 레이어 이름을 "구름1 채색"으로 변경하고 [클리핑 마스크]를 적용합니다.

⑤ 브러시 크기를 작게 조절하여 구름의 경계에 명암을 표현합니다. 퀵쉐입 기능을 활용하면 깔끔하게 명암을 표현할 수 있어요.

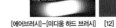
[에어브러시]-[미디움 하드 브러시]　[12]

⑥ 구름의 하이라이트를 표현해 볼게요. 채색한 구름의 경계면 안쪽만 채색할 수 있도록 '구름1 채색' 레이어에 [알파 채널 잠금]을 설정한 다음, 그림과 같이 구름의 경계면에 하이라이트 부분을 채색합니다.

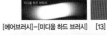
[에어브러시]-[미디움 하드 브러시]　[13]

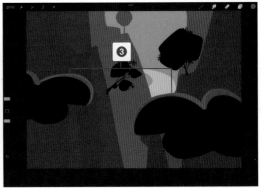

⑦ 이번에는 멀리 보이는 작은 구름을 그려 원근감을 강조해 보겠습니다. '다리' 레이어 위로 새 레이어를 생성하고 레이어 이름을 "구름2"로 변경한 다음, 구름을 스케치하고 색상을 채워 줍니다.

[잉크]-[스튜디오 펜]　[14]

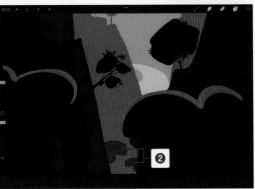

8 '구름2' 레이어에 (알파 채널 잠금)을 설정하고 명암을 표현합니다.

[에어브러시]-[미디움 하드 브러시]   [15]

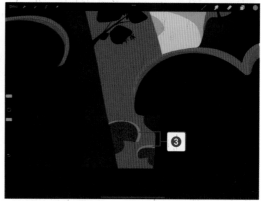

9 마지막으로 캔버스 위쪽에 잔구름을 그려 보겠습니다. 레이어 목록 제일 위로 새 레이어를 생성하고 레이어 이름을 "잔구름"으로 변경합니다. 다음 그림과 같이 흩날리는 구름을 스케치하세요.

[잉크]-[스튜디오 펜]   [16]

10 컬러 드롭으로 색상을 채운 다음, '잔구름' 레이어에 (알파 채널 잠금)을 설정합니다.

[16]

11 태양에 가까운 구름 부분을 채색해 명암을 표현하세요. 브러시 크기를 크게 설정하여 채색하면 경계면을 자연스럽게 표현할 수 있습니다.

[에어브러시]-[소프트 브러시]   [17]

실습

함께 그리기 - 3
마무리하기

그림을 더욱 돋보이게 할 여러 가지 효과를 넣고 그림을 마무리하겠습니다. 지금까지의 과정 중에서 투자 시간 대비 가장 극적인 변화가 느껴질 거예요. 하지만 이러한 효과는 탄탄한 그림이 뒷받침 될 때, 그리고 꼭 필요한 효과를 적절히 추가할 때 더욱 빛을 발한다는 사실을 유념하세요. 또한 작업을 진행하면서 레이어를 정리하는 습관은 작업 효율 및 결과물에 큰 영향을 미칠 수 있는데요. 레이어를 정리하지 않아 엉뚱한 레이어에 작업하거나, 수정이 필요할 경우 어떤 레이어를 수정해야 할지 몰라서 작업의 호흡이 끊기는 경우가 빈번히 발생합니다. 따라서 마무리 작업 전, 레이어를 정리하는 시간도 가져 보겠습니다.

레이어 목록 정리하기

여러 가지 효과를 수월하게 적용하고 작업 효율을 높이기 위해 레이어 목록부터 정리할게요. 지금까지 내용을 그대로 따라했다면 레이어 순서와 이름이 똑같겠지만 간혹 레이어 이름을 변경하지 않았거나 일부 내용을 빠뜨렸다면 레이어 순서와 이름이 다를 수도 있습니다. 이참에 함께 정리해 보아요. 레이어 목록을 정리할 때 가장 중요한 것은 작업자 본인이 알아보기 쉽도록 레이어 개수를 최소화하는 것입니다. 기본적으로 저는 클리핑 마스크를 사용하여 채색한 부분 중, 추후 어렵지 않게 다시 채색할 수 있는 부분은 모두 병합해 줍니다. 여러분도 자신의 작업 방식과 잘 맞는 기본적인 레이어 정리법을 갖출 수 있길 바라겠습니다.

1 '계곡2' 레이어와 '나무2' 레이어를 병합하고 레이어 이름을 "계곡2"로 변경합니다.

② '계곡3' 레이어와 클리핑 마스크를 적용해 채색한 '레이어 11'도 병합하고 레이어 이름을 "계곡3"으로 변경해 주세요.

③ '나무1' 레이어를 '계곡3' 레이어 아래로 옮긴 다음, 두 레이어를 병합합니다. 레이어 이름은 "계곡3"으로 변경해 주세요.

④ '구름 1 채색' 레이어와 '구름1' 레이어를 병합하고 레이어 이름을 "구름1"로 변경합니다.

여러 가지 효과 적용하기

이제 빛 표현을 포함한 여러 가지 효과를 추가해 그림을 마무리해 볼게요.

1 태양이 밝게 빛나는 효과를 넣어 볼게요. '태양' 레이어를 복제한 다음, 위쪽 레이어 이름을 "태양 빛1"로 변경합니다. 레이어 모드를 [스크린]으로 변경해 주세요.

❶ 복제 → 이름 변경

❷ 레이어 모드 변경

> **Tip** 레이어 모드에 대한 자세한 내용은 34쪽과 85쪽을 참고하세요. ◢

2 산이나 나무에 가려 빛나지 않는 부분을 지울게요. '계곡1' 레이어 메뉴에서 [선택]을 터치하면 '계곡1' 레이어 전체가 선택 영역으로 활성화됩니다. 이 상태에서 '태양 빛1' 레이어 메뉴에서 [지우기]를 터치하여 선택 영역으로 활성화된 영역을 지워 주세요. '태양1' 레이어의 가려진 영역을 지웠기 때문에 변한 것이 없는 것 같지만 레이어의 섬네일을 살펴 보면 선택 영역으로 활성화한 계곡1의 영역이 지워진 것을 확인할 수 있습니다.

❸ 확인
❷
❶
❹ [레이어 메뉴] → [지우기]

태양 빛1

③ 같은 방법으로 나무에 가려진 영역도 지워 볼게요. '계곡2' 레이어 메뉴에서 〔선택〕을 터치해 선택 영역으로 활성화한 다음, '태양 빛1' 레이어의 레이어 메뉴에서 〔지우기〕를 터치합니다.

④ '태양 빛1' 레이어가 선택된 상태에서 ● −〔가우시안 흐림 효과〕를 선택해 적절하게 흐림 효과를 적용하세요.

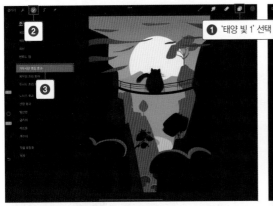

⑤ 태양을 좀더 밝게 표현하기 위해 '태양 빛1' 레이어를 복제한 다음, 레이어 목록 중 위쪽 레이어의 이름을 "태양 빛2"로 변경합니다. 레이어 모드는 〔추가〕로 변경하세요.

6 적용한 효과가 캔버스 전체에 반영되도록 '태양 빛2' 레이어를 레이어 목록의 제일 위로 옮겨 줍니다.

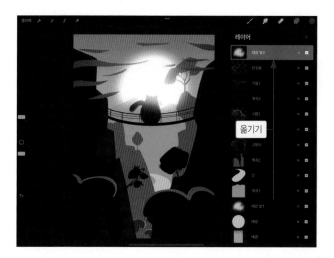

7 계곡 사이로 흐르는 강도 밝게 표현할게요. '강' 레이어를 복제한 다음, 복제된 위쪽 레이어의 이름을 "강 빛"으로 변경합니다. 레이어 모드는 (스크린)으로 변경합니다.

8 '강 빛' 레이어가 선택된 상태에서 ✎ –(가우시안 흐림 효과)를 선택해 적절하게 흐름 효과를 적용합니다.

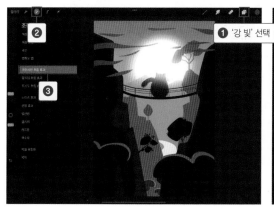

9 가장 가깝게 보이는 계곡 아랫부분에는 빛이 비치지 않을 테니 조금 어둡게 처리할게요. '계곡3' 레이어 위로 새 레이어를 생성하고 레이어 이름을 "계곡명암1"로 변경합니다. 레이어 모드는 [곱하기]로 변경하세요.

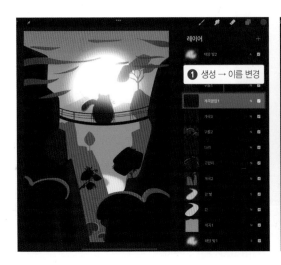 

10 계곡의 어두운 부분을 손가락으로 지그시 터치하면 해당 영역의 색을 선택할 수 있습니다. 색이 선택된 상태에서 빛이 비치지 않는 영역을 채색합니다. 브러시 크기를 크게 변경하여 어두운 영역을 슥슥 문지르듯이 채색해 주세요.

[에어브러시]-[소프트 브러시]

Tip 캔버스를 손가락으로 지긋이 터치하면 포토샵의 스포이트 도구와 같이 터치한 영역의 색을 선택할 수 있어요. ◢

278

11 조금 멀리 보이는 계곡에도 명암을 추가하여 표현할게요. '계곡2' 레이어 위로 새 레이어를 생성하고 레이어 이름을 "계곡명암2"로 변경합니다. 브러시를 크게 조절한 다음, 계곡 아래의 어두운 부분을 채색해 주세요.

[에어브러시]−[소프트 브러시]   [18]

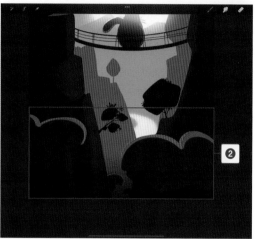

12 마지막으로 노을 효과를 넣겠습니다. '구름1' 레이어 위로 새 레이어를 생성하고 레이어 이름을 "최종효과"로 변경합니다. 레이어 모드는 (색상 닷지)로 변경했습니다.

13 브러시 크기를 태양 크기 정도로 설정한 다음, 손목에 힘을 빼고 가볍게 수직으로 선을 그어 줍니다.

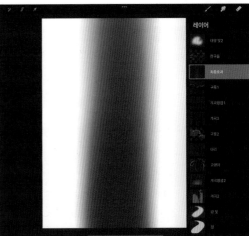

[에어브러시]-[소프트 브러시] [19]

Tip 오른쪽 이미지는 '최종효과' 레이어에서 채색한 부분만 보기 쉽게 레이어 모드를 (보통)으로 설정한 것입니다.

14 노을 표현이 너무 과한 것 같다면 '최종효과' 레이어의 불투명도를 적절하게 조절해 주세요.

15 완성되었습니다. 정말 수고했어요.

필자가 마무리 터치를 더한 그림

투시 도법을 활용한 풍경화

고급반 두 번째 시간에서는 투시 도법에 대해 알아보고 이를 적용하여 몽환적인 분위기의 풍경화를 그려 봅니다. 투시 도법이라 고 하면 왠지 어려울 것 같은 느낌이죠? 하지만 그림에는 정답이 없으므로 처음부터 투시 도법에 대해 모든 것을 이해할 필요가 없으며 투시 도법에 어긋나는 그림을 그리는 것은 아닌지 겁먹을 필요도 없습니다. 투시 도법은 여러분이 표현하고자 하는 대상 을 좀더 현실감 있게 표현하는 방법 중 하나일 뿐이예요. 그리고 제가 이렇게 어려운 주제를 가져온 이유는 프로크리에이트를 활용하면 투시도를 쉽게 그릴 수 있기 때문입니다. 우선 저와 함께 투시 도법의 기본적인 이론을 가볍게 살펴보고, 프로크리에 이트에서 어떻게 투시도를 쉽게 그릴 수 있는지 알아볼게요.

기초 미술 수업 - 7
투시 도법

미술

투시 도법은 2차원인 캔버스에 공간감과 원근감을 표현하기 위한 표현 기법을 말하며, 이를 통해 그림에 현실성을 강조할 수 있습니다. 알면 알수록 어려운 개념이지만, 가장 기본적인 이론을 이해하는 것만으로도 그림의 퀄리티를 한층 더 끌어올릴 수 있으므로 꼭 알아야 할 주요 내용만 최대한 쉽게 설명할게요.

투시 도법은 다양한 표현 기법 중 하나이므로 관련된 내용을 달달 암기하는 것보다 어떻게 적용하여 어떤 결과물을 얻는지 탐구하고, 내가 표현하고자 하는 주제를 더욱 잘 드러내는 방법을 고민하는 것이 더욱 적절합니다. 그림에 투시 도법을 적용하지 않았다고 해서 문제되지 않을뿐더러 그림에 따라 투시 도법을 적용하지 않은 그림이 오히려 시선을 사로잡기도 하니까요. 하지만 투시 도법을 알면서 적용하지 않는 것과 모른 채로 적용하지 못하는 것은 큰 차이가 있으므로 여러분이 꼭 알아야 할 만큼만 설명해 볼게요.

투시 도법의 이해, 소실점

투시 도법을 적용한 그림을 투시도라고 하며 투시 도법에 사용한 소실점(消失點)의 개수에 따라 1점 투시도, 2점 투시도, 3점 투시도 등으로 구분합니다. 그렇다면 소실점은 무엇일까요? 소실점은 '실제로 평행하는 직선을 투시도상에서 멀리 연장했을 때 하나로 만나는 점'입니다. 조금 더 쉽게 설명하자면 '눈으로 보았을 때, 지면과 평행한 직선을 멀리까지 연장하여 어느 한 곳으로 모여 보이는 점'인데 다음의 그림을 보면 더욱 쉽게 이해할 수 있을 거예요.

소실점 예시, 소실점으로 모이는 직선

1점 투시도

1점 투시도는 소실점이 하나인 투시도입니다. 1점 투시도로 그린 그림은 〈그림 1〉과 같이 지평선 끝으로 보이는 파란색 소실점을 바라볼 때 사물의 정면을 제외한 나머지 부분은 모두 소실점을 향해 모이는 것처럼 보입니다. 〈그림 1〉의 소실점을 중심으로 표시한 파란색 수평선은 사물을 바라보는 사람의 눈높이에 해당하며 '눈높이 선'이라고도 합니다. 그래서 눈높이 선을 기준으로 아래쪽의 사물은 윗면이 보이게 되고, 눈높이 선을 기준으로 위쪽의 사물은 아랫면이 보이는 것이죠.

소실점은 항상 화면 가운데로 설정하는 것은 아닙니다. 소실점은 표현하고자 하는 그림의 어느 곳에 설정해도 상관없어요. 〈그림 2〉와 같이 투시선과 소실점을 표시하지 않으면 투시 도법의 목적인 원근감이 더 잘 느껴집니다.

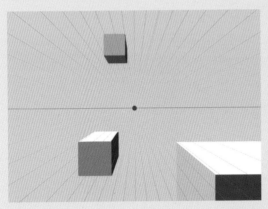

그림 1

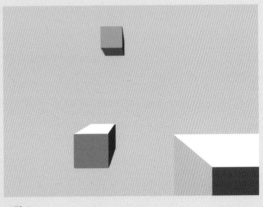

그림 2

1점 투시도는 화면 안의 대상이 모두 화면을 바라보고 있을 때, 더욱 쉽게 이야기하면 아래 이미지와 같이 나란히 늘어선 육면체 건물을 표현할 때 활용하기 좋은 투시 도법입니다. 또한 투시를 처음 접하는 초보도 어렵지 않게 적용할 수 있어 연습하기에 좋은 투시도입니다.

1점 투시 도법을 활용하여 작업한 이미지

2점 투시도

2점 투시도는 소실점이 두 개인 투시도입니다. 다음의 〈그림 1〉과 같이 두 개의 소실점을 이었을 때 그려지는 수평선과 그 수평선과 직각을 이루는 수직선을 제외한 나머지 선들은 양쪽의 소실점을 향해 모이는 것처럼 보이죠. 2점 투시도에서는 두 개의 소실점을 잇는 직선을 그렸을 때 표시되는 선이 눈높이 선이 됩니다. 〈그림 2〉와 같이 투시선과 소실점을 표시하지 않으면 원근감이 더욱 강하게 느껴집니다.

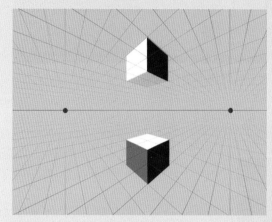

그림 1

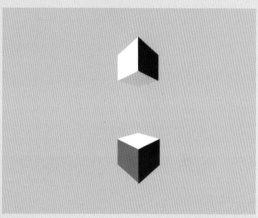

그림 2

특별히 운동감을 강렬하게 표현할 것이 아니라면 두 소실점을 잇는 눈높이 선은 사선이 아닌, 직선으로 설정하는 것이 좋습니다. 반대로 운동감을 강렬하게 표현하려면 눈높이 선을 사선으로 설정하거나 두 소실점을 가깝게 설정하면 됩니다.

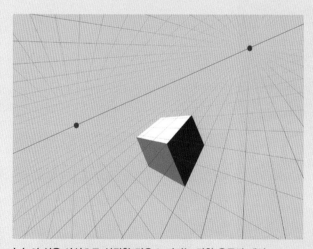

눈높이 선을 사선으로 설정할 경우 느껴지는 강한 운동감 예시

2점 투시도의 두 소실점을 가깝게 설정할수록 사물의 왜곡이 심해지므로 원근감을 강하게 표현할 것이 아니라면 어느 정도 거리를 두고 소실점을 설정하는 것이 좋습니다. 또한 두 소실점을 모두 한 화면 안쪽으로 설정하는 경우는 드물고, 하나의 소실점 또는 두 개의 소실점을 모두 화면 밖으로 설정하면 더욱 자연스러운 원근감을 표현할 수 있죠.

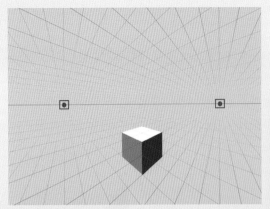

두 개의 소실점이 가까울 때

두 개의 소실점 멀 때

2점 투시는 1~3점 투시 중 가장 무난하고 효과적으로 사용할 수 있는 투시로 일반적인 배경 작업에서 유용하게 사용할 수 있습니다.

2점 투시 도법을 활용하여 작업한 이미지

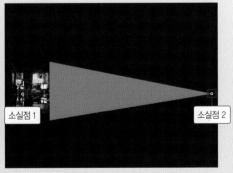

소실점 위치

3점 투시도

3점 투시도는 소실점이 세 개인 투시도로 다음 〈그림 1〉과 같이 육면체의 면을 이루는 모든 선이 소실점 중 하나로 모입니다. 3점 투시도의 눈높이 선은 세 개의 소실점 중 지평선(또는 눈 높이)을 나타내는 두 개의 소실점을 이어 설정하고, 나머지 소실점의 위치는 눈높이 선을 기준으로 사물을 바라보는 방향에 맞춰 설정합니다. 예를 들어 〈그림 1〉과 같이 소실점을 눈높이 선 위로 설정해 위를 바라보는지, 혹은 〈그림 2〉와 같이 소실점을 눈높이 선 아래로 설정해 아래를 바라보는지를 표현하는 것이죠. 간혹 세 번째 소실점을 눈높이 선 위로 설정하고 그리는 대상은 눈높이 선 아래로 그린다거나, 또는 그 반대로 설정하여 그릴 경우, 물체의 모양이 왜곡될 수 있으므로 주의해야 합니다.

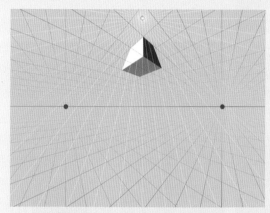

그림 1: 소실점을 위로 설정한 경우   그림 2: 소실점을 아래로 설정한 경우

세 번째 소실점은 기본적으로 캔버스 가운데 기준선을 중심으로 배치하고, 화면 밖 멀리 배치할수록 왜곡이 줄어들어 자연스러운 원근감을 표현할 수 있습니다.

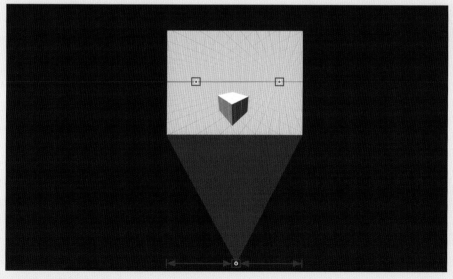

세 번째 소실점 설정 예시

3점 투시는 2점 투시보다 화면에 좀더 운동감을 더하거나, 특정 대상을 부각시키고 싶을 때 사용합니다. 아래의 이미지는 3점 투시를 활용하여 화면에 가까운 풍력 발전기를 좀더 강조하고 있습니다.

3점 투시 도법을 활용해 작업한 이미지

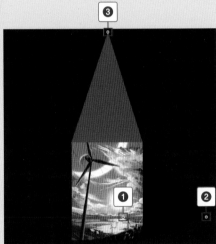

소실점 위치

레벨업! 고급 기능 - 3
그리기 가이드

이론

투시 도법에 대한 내용이 이해하기 어려웠나요? 하지만 걱정할 필요 없습니다. 프로크리에이트의 그리기 가이드 기능을 활용하면 소실점과 눈높이 선 등을 쉽게 적용할 수 있습니다. 그리고 직접 따라하면 앞에서 설명한 이론적 내용을 더 쉽게 이해할 수 있을 거예요. 그리기 가이드 메뉴에는 투시 설정 외에도 유용한 기능이 가득합니다. 우선 여기서는 투시와 관련된 기능부터 알아볼게요.

그리기 가이드

🔧 -[캔버스]-[그리기 가이드]를 선택하면 캔버스에 격자선이 표시됩니다. 우선 [그리기 가이드 편집]을 터치해 보세요. 캔버스에 표시된 격자는 그리기에 참고할 수 있는 가이드를 제공하는 기능으로 [그리기 가이드 편집]의 옵션 중 [그리기 도움받기]를 활성화하면 퀵쉐입 기능 없이도 가이드 선에 맞춰 반듯한 선을 그릴 수 있습니다.

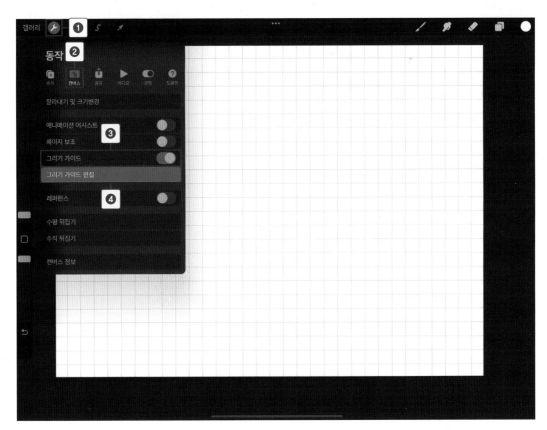

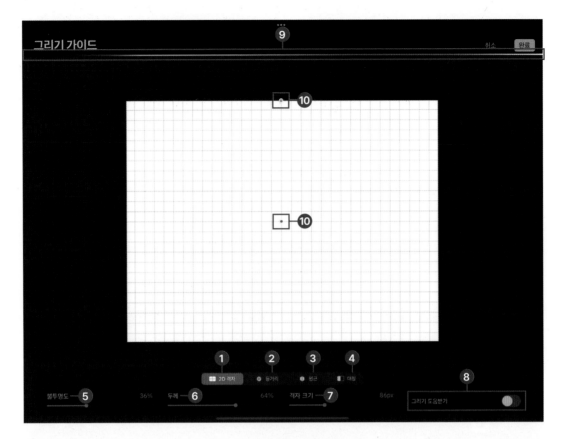

① **2D 격자**: 그리기 가이드의 기본 설정으로 격자 모양의 가이드 선을 제공합니다. 2D 격자는 인물화나 사진 모작 등을 연습할 때 유용합니다. 2D 격자에 대한 자세한 내용은 413쪽(인물화)을 참고하세요.

② **등거리**: 육각형 모양의 가이드 선을 제공합니다. 가이드 선에 맞춰 블록과 같은 형태의 그림이나 문자를 그릴 때 유용합니다.

③ **원근**: 투시도를 그리는 데 필요한 소실점이나 눈높이 선 등을 설정할 수 있습니다

④ **대칭**: 사용자가 설정한 수직/수평/사분면/방사형 가이드 선을 기준으로 대칭되는 사물을 그릴 수 있습니다.

⑤ **불투명도**: 가이드 선의 투명도를 조절합니다. 그림 작업에 방해되지 않도록 육안으로 가이드 선을 확인할 수 있는 정도로만 설정하세요.

⑥ **두께**: 가이드 선의 두께를 조절합니다.

⑦ **격자 크기**: 가이드 선의 격자 크기를 조절할 수 있습니다.

⑧ **그리기 도움받기**: 그리기 도움받기를 활성화하면 가이드 선에 맞춰 그림을 그리거나 채색할 수 있습니다.

⑨ **가이드 선 색상**: 색상 바의 조절점을 좌우로 움직여 캔버스에 표시된 가이드 선의 색상을 변경할 수 있습니다.

⑩ **가이드 조절점**: 가이드 선과 함께 표시되는 **파란색** 조절점을 움직이면 가이드 선으로 활용할 격자의 위치를 조절할 수 있고 **초록색** 조절점을 움직이면 격자를 회전시킬 수 있습니다.

원근

〔원근〕을 터치하면 캔버스에 표시된 가이드 선이 모두 사라지는데 화면의 빈 곳을 터치하면 바로 소실점과 눈높이 선이 표시됩니다. 소실점과 눈높이 선, 가이드 선을 활용하면 손쉽게 1점 투시도를 그릴 수 있는 것이죠.

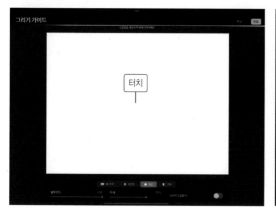

그리기 가이드의 다른 항목과 같이 **파란색** 조절점을 움직이면 소실점과 눈높이 선을 원하는 위치에 배치할 수 있습니다. 물론 소실점을 캔버스 바깥쪽으로 옮길 수도 있습니다.

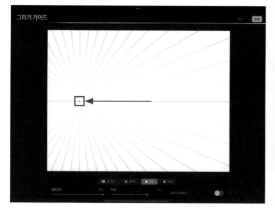
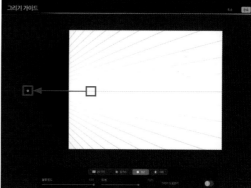

하나의 소실점이 생성된 상태에서 다시 캔버스의 빈 곳을 터치하면 또다른 소실점이 생성되므로 2점 투시를 설정할 수 있습니다. 앞서 알아본 투시 도법과 같이 역동적인 장면을 표현하는 것이 아니라면 두 소실점이 수평이 되도록 설정하세요. 또한 두 개의 소실점을 멀리 배치할수록 자연스러운 원근감을 표현할 수 있습니다.

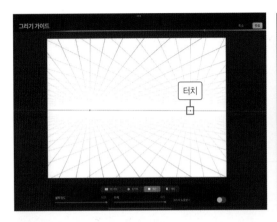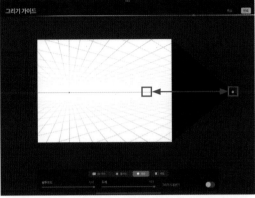

Tip 화면에 표시된 소실점 중 하나를 터치하여 나타나는 팝업 메뉴에서 (삭제)를 선택하면 소실점을 삭제할 수 있습니다. ◢

3점 투시

다시 화면의 빈 곳을 터치하면 3점 투시를 설정할 수 있습니다. 2점 투시가 설정된 상태에서 추가하는 소실점은 바라보는 방향에 해당하므로 위를 바라볼 경우에는 수평선 위로, 아래를 바라볼 경우 수평선 아래로 소실점을 설정합니다. 3점 투시를 설정할 때 유의해야 할 것은 세 번째 소실점을 항상 캔버스 가운데로 배치하고 기존의 소실점과 멀리 떨어뜨려 배치하는 것입니다. 이렇게 소실점을 배치하면 왜곡이 줄어 더욱 자연스러운 원근감을 표현할 수 있습니다.

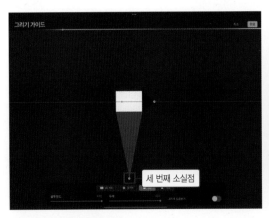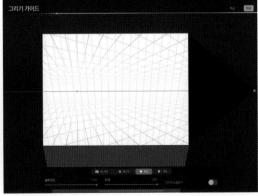

내려다본 3점 투시도의 예

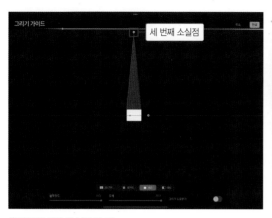
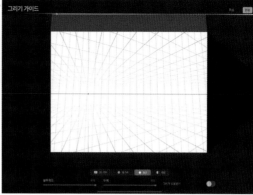

올려다본 3점 투시도의 예

다음 시간에는 그리기 가이드와 투시 도법을 활용해 몽환적인 풍경을 그려 보겠습니다.

함께 그리기 - 1
투시 설정 & 스케치하기

실습

지금까지 알아본 투시 도법과 그리기 가이드를 활용해 몽환적인 풍경을 그려 볼게요. 프로크리에이트에서 제공하는 그리기 가이드의 원근 기능과 그리기 도움받기 기능을 활용하면 쉽고 빠르게 멋진 장면을 완성할 수 있습니다. 여기서는 투시 도법 중 1점 투시로 원근감을 표현하겠습니다. 다양한 투시 도법을 사용하면 좀더 현실적인 원근감을 표현할 수 있어요. 이번 그림을 통해 투시 도법과 그리기 가이드 기능을 확실히 익혀 두도록 해요.

투시 설정하고 스케치하기

우선 그리기 가이드의 원근 기능을 사용해 소실점을 설정하고 기본 스케치를 완성할 거예요. 스케치인 만큼 끝까지 집중하여 함께 그려 보아요.

1 메뉴에서 를 선택하여 너비 2,048, 높이 2,048px 사이즈의 정사각형 캔버스를 생성합니다.

 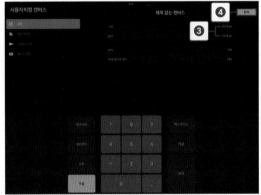

2 가장 먼저 해야 할 것은 1점 투시를 설정하는 것입니다. 🔧 - [캔버스]를 선택하고 [그리기 가이드]를 활성화한 다음, [그리기 가이드 편집]을 선택합니다.

3 그리기 가이드 편집을 선택하면 기본 설정인 (2D 격자)가 표시됩니다. 우선 소실점의 위치를 표시하기 위해 (격자 크기)를 (최대)로 변경한 다음, (완료)를 터치합니다.

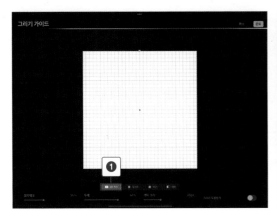 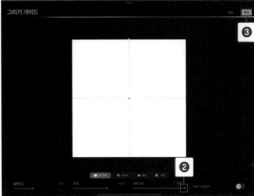

4 '레이어 1'의 레이어 이름을 "스케치"로 변경한 다음, 가이드 선의 가운데에 점을 하나 찍어 주세요. 이 점은 1점 투시의 소실점 위치를 표시한 것입니다.

[잉크]-[테크니컬 펜]

 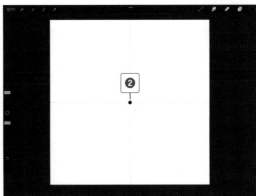

5 다시 🔧 -(캔버스)-(그리기 가이드 편집)을 선택한 다음, 옵션 중 (원근)을 선택합니다.

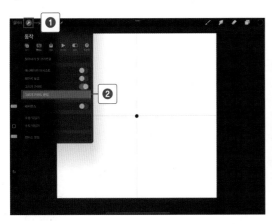 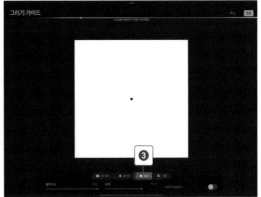

6 4에서 표시한 점을 애플 펜슬로 콕 찍어 1점 투시도의 소실점을 생성합니다. 가이드 선의 색상, 불투명도, 두께를 설정한 다음, [그리기 도움받기]를 활성화하고 [완료]를 터치합니다.

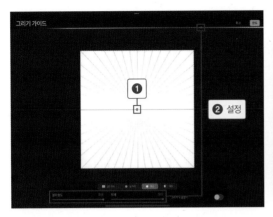

7 그리기 도움받기가 활성화된 레이어에는 [보조]가 표시되어 있으므로 다른 레이어와 쉽게 구분할 수 있습니다. 그리기 도움받기가 활성화된 '스케치' 레이어에 선을 그어 보세요. 퀵쉐입 기능을 사용하지 않아도 가이드 선에 맞춰 수평/수직선을 그릴 수 있습니다.

[잉크]-[테크니컬 펜]

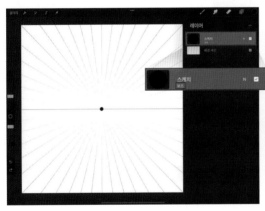
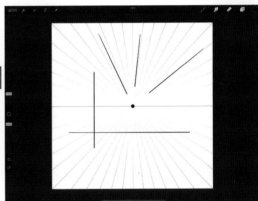

Doki's knowhow 그리기 도움받기와 그리기 도우미

[그리기 도움받기] 기능을 활용하면 가이드 선에 맞춰 깔끔하게 스케치할 수 있습니다. 하지만 가이드 선에 어긋나는 스케치를 할 수는 없죠. 이럴 때는 [그리기 도움받기] 기능을 해제하면 됩니다. 레이어 메뉴의 [그리기 도우미]를 터치하면 간편하게 설정을 변경할 수 있습니다.

8 '스케치' 레이어를 선택한 다음, [지우기]를 터치해 소실점을 설정하기 위해 표시한 점을 깨끗하게 지워 줍니다. 그리고 다음 그림과 같이 캔버스 전체를 가로지르는 대각선 그어 주세요. [그리기 도움받기]가 활성화되어 있으므로 반듯하게 대각선을 그을 수 있습니다.

[잉크]-[테크니컬 펜]

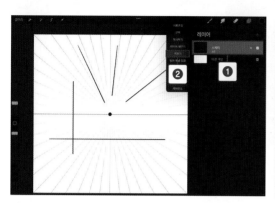
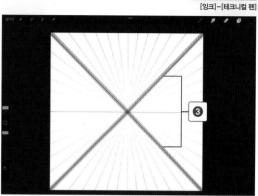

9 가장 멀리 보이는 벽부터 스케치해 볼게요. 다음 그림과 같이 **8**의 대각선을 기준으로 조금 아랫부분에 직선을 긋고, 직선과 대각선이 교차하는 점을 기준으로 사각형을 스케치합니다.

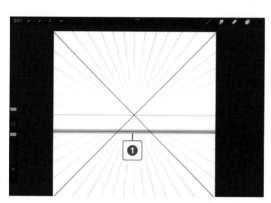
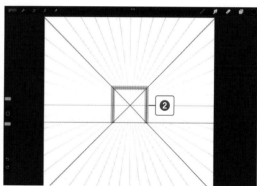

10 벽의 두께감을 표현하기 위해, **9**의 사각형보다 작은 사각형 하나를 더 그린 다음, 그림과 같이 필요 없는 선을 ⚫로 지웁니다. 선을 지우는 데 [그리기 도움받기]가 방해된다면 설정을 해제하세요.

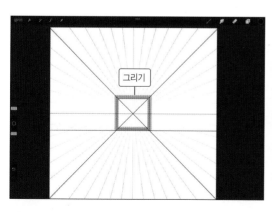
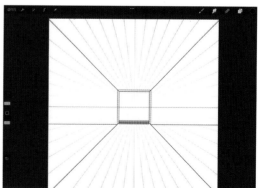

Tip 이어지는 과정의 지우기 작업에는 모두 둥근 브러시를 사용했으며 지우는 부분은 주황색으로 표시했습니다. ◢

11 두 번째 벽 스케치를 위해 첫 번째 벽 아래에 직선을 긋고, 다음과 같은 순서로 벽을 스케치하고 바닥면을 지워 주세요.

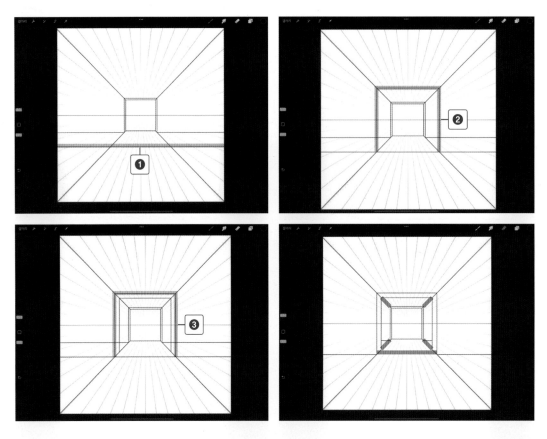

Tip 이번 그림의 특성상 스케치와 지우기 작업을 반복해야 합니다. 특히 스케치 시작 전 각 과정의 이미지를 끝까지 확인한 다음, 작업을 시작하면 좀더 수월하게 따라 그릴 수 있을 거예요. 선을 그을 때는 애플 펜슬의 기울기 각도나 필압에 따라 각 선이 그림과 같이 정확하게 교차되지 않을 수도 있습니다. 하지만 최종 결과물에는 큰 영향을 미치지 않으므로 작은 차이는 무시하고 과감하게 다음 단계로 넘어가세요. ◢

12 세 번째 벽도 같은 방식으로 스케치합니다.

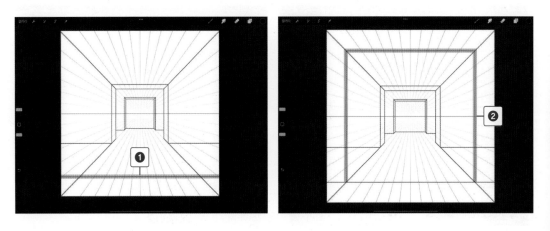

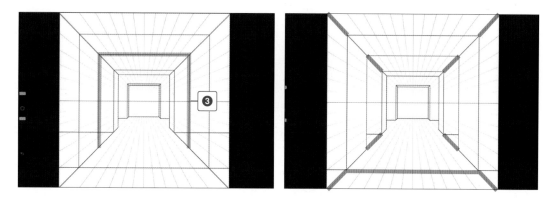

13 단조로움을 피하기 위해 앞서 스케치한 벽과 대비되는 위치에 큰 디딤돌도 두 개를 그려 줄게요.

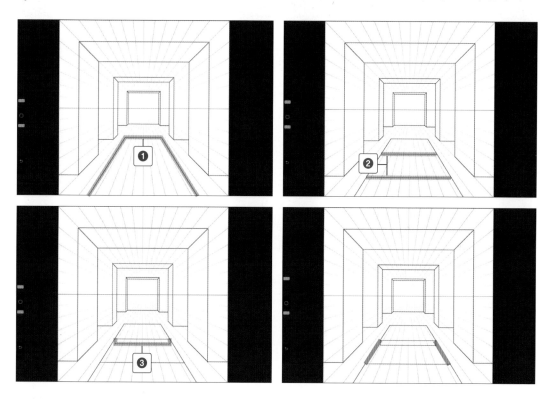

14 🔧 −캔버스−〔그리기 가이드〕를 선택하여 해제한 다음, 완성한 스케치를 확인합니다.

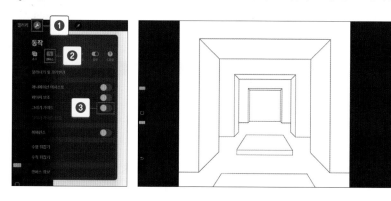

기본 요소 채색하기

스케치를 바탕으로 그림의 요소별로 레이어를 구분해 채색할게요. 레이어를 구분하여 채색하면 명암을 좀더 수월하게 표현할 수 있습니다. 채색면이 명확하게 구분되어 자칫 딱딱하고 차갑게 보일 수도 있지만 여기서는 이런 분위기를 의도한 것이므로 차가운 느낌의 그림을 그릴 때 적극적으로 활용해 보세요.

1 '스케치' 레이어에 설정된 (그리기 도움받기)를 해제한 다음, 채색에 방해가 되지 않도록 레이어의 불투명도를 낮춰 줍니다.

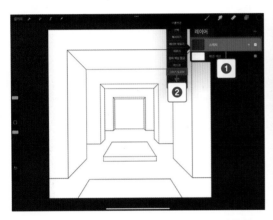 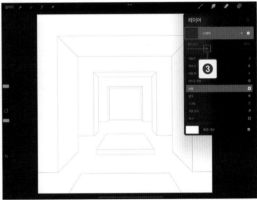

2 '스케치' 레이어를 기준으로 레이어를 분할할 것이므로 '스케치' 레이어 메뉴에서 (잠금)을 설정합니다. 이어지는 과정의 채색 작업은 모두 잠금 설정한 '스케치' 레이어 아래로 새 레이어를 생성하며 진행하겠습니다.

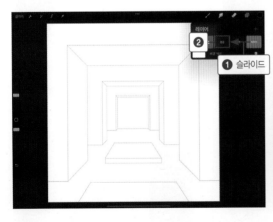 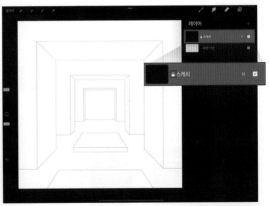

Tip 잠금이 설정된 레이어는 잠금을 해제해야 수정할 수 있습니다. ◢

③ 🔧 −[캔버스]−[그리기 가이드]를 선택하여 투시 가이드 선을 표시합니다. 새 레이어를 생성하고 레이어 이름을 "배경"으로 변경한 다음, 그림과 같이 눈높이 선 조금 아래로 선을 그어 줍니다.

[잉크]−[스튜디오 펜]   []

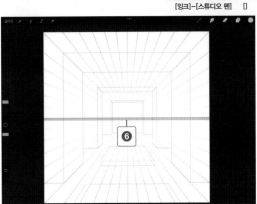

④ ③에서 그어 준 선 바로 아래로 파란색 선을 하나 더 그어 줍니다. 아랫부분은 컬러 드롭을 이용해 파란색을 채워 주세요.

[잉크]   [2]   [3]

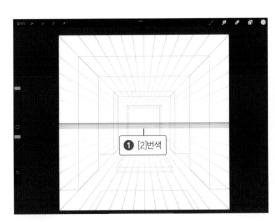

⑤ 선 위쪽도 컬러 드롭으로 색상을 채운 다음, 🔧 −[가우시안 흐림 효과]를 선택하여 두 색의 경계가 자연스럽게 섞이도록 흐림 효과를 적용합니다.

[4]

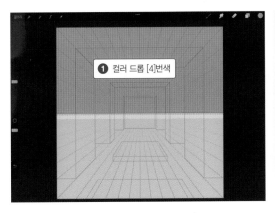

6 새 레이어를 생성한 다음, 레이어 이름을 "바닥"으로 변경합니다. 스케치한 벽 중 멀리 보이는 벽의 바닥 부분에 선을 그은 다음, 컬러 드롭으로 색상을 채워 주세요.

[잉크]-[스튜디오 펜] [5]

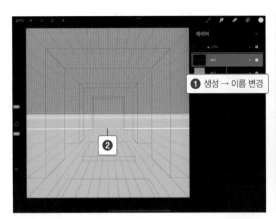

7 이제부터 벽을 차례대로 채색해 볼게요. 새 레이어를 생성하고 레이어 이름을 "벽1-1"로 변경합니다. 가장 멀리 보이는 벽의 안쪽 부분을 스케치한 선을 따라 그린 다음, 컬러 드롭으로 색상을 채워 주세요. '벽1-1' 레이어의 레이어 메뉴에서 [그리기 도움받기]를 활성화하면 좀더 수월하게 작업할 수 있습니다. 캔버스 전체에 색상이 채워진다면 선이 잘 닫혀 있는지 확인해 보세요. 만약 선이 닫혀 있는데에도 캔버스 전체에 색상이 채워진다면 컬러 드롭 임계값 조절을 조절해 보세요.

[잉크]-[스튜디오 펜] [6]

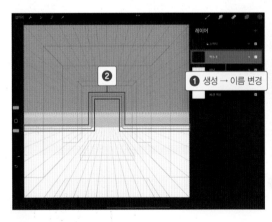
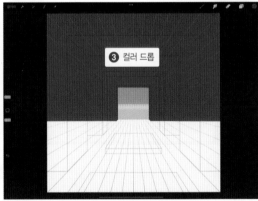

Tip 컬러 드롭 임계값 조절에 대한 자세한 내용은 42쪽을 참고하세요.

8 '벽1-1' 레이어를 복제한 다음, 복제한 위쪽 레이어의 이름을 "벽1"로 변경합니다. '벽1' 레이어는 〔알파 채널 잠금〕을 설정해 주세요.

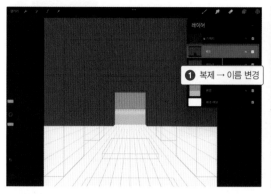 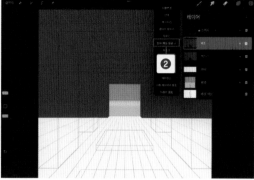

9 그림과 같이 '벽1' 레이어의 입구 바깥쪽을 따라 선을 그린 다음, 컬러 드롭으로 색상을 채워 주세요.

[잉크]-[스튜디오 펜]　[7]

 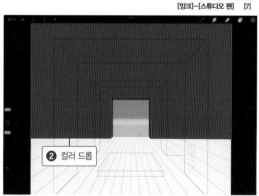

Tip 알파 채널 잠금이 설정되어 있으므로 바닥면까지 선을 그리지 않아도 컬러 드롭으로 색상을 채울 수 있습니다. ◢

10 같은 방법으로 앞쪽 벽도 채색해 볼게요. 새 레이어를 생성하고 레이어 이름을 "벽2-1"로 변경합니다. 그림과 같이 벽 안쪽의 스케치를 따라 선을 그린 다음, 컬러 드롭으로 색상을 채워 주세요.

[잉크]-[스튜디오 펜]　[8]

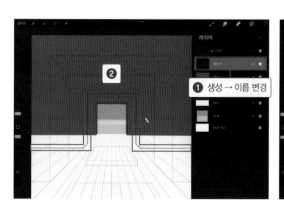 

11 '벽2-1' 레이어를 복제한 다음, 복제된 위쪽의 레이어 이름을 "벽2"로 변경하고 (알파 채널 잠금)을 설정합니다. **9**와 같이 바깥쪽을 따라 선을 그리고 컬러 드롭으로 색상을 채워 줍니다.

[잉크]-[스튜디오 펜]   [9]

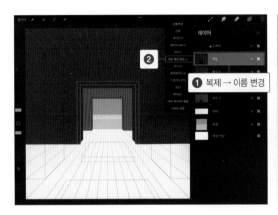
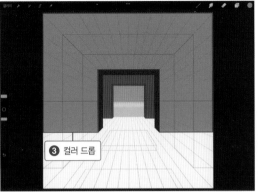

12 같은 방법으로 '벽3-1', '벽3' 레이어를 복제하여 채색합니다.

[잉크]-[스튜디오 펜]   [10]   [11]

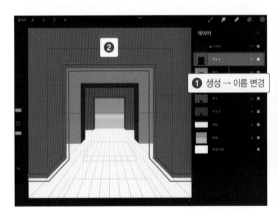
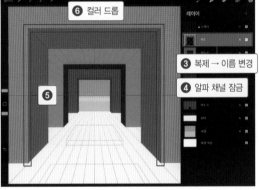

13 그림 가운데 디딤돌을 채색할게요. 새 레이어를 생성하고 레이어 이름을 "디딤돌"로 변경한 다음, 스케치를 따라 선을 그리고 컬러 드롭으로 색상을 채워 줍니다.

[잉크]-[스튜디오 펜]   [12]

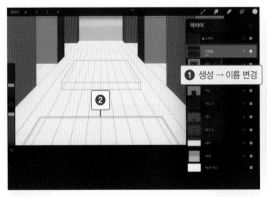

Tip 저는 스케치할 때 (그리기 도우미)를 활성화하여 작업했습니다. ◢

14 계속해서 같은 방법으로 '디딤돌' 레이어에 디딤돌 스케치를 따라 선을 그린 다음, 컬러 드롭으로 색상을 채워 줍니다.

[잉크]-[스튜디오 펜]　　[13]　　[14]

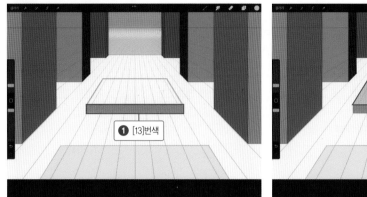
❶ [13]번색

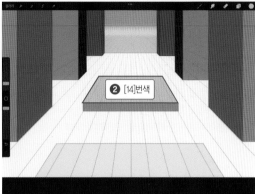
❷ [14]번색

함께 그리기 - 2
명암 표현하기

채색까지 완성된 기본 요소에 간단하게 명암을 표현해 볼게요. 명암 단계는 꼭 정확하고 사실적으로 표현할 필요는 없으며, 개인의 성향이나 표현하려는 그림의 주제에 따라 달라질 수 있습니다. 이번 시간에 따라 그리는 그림은 차갑고 차분한 분위기와 어울리게 최소한의 명암만 표현하겠습니다.

세밀한 작업을 시작하기 전에는 되도록이면 캔버스에서 큰 비중을 차지하는 영역부터 명암 혹은 채색 작업을 하는 것이 좋습니다. 그 이유는 캔버스에서 크게 비중을 차지하는 만큼 전체적인 그림 분위기에 영향을 미치고, 이후 채색될 색상이나 명도까지 영향을 받기 때문이죠. 미술의 기초에서 알아본 "색은 상대적"이라는 말을 기억하며 명암을 표현해 볼까요?

1 먼저 그림에서 가장 큰 비중을 차지하는 바닥부터 명암을 표현해 볼게요. '바닥' 레이어 위로 새 레이어를 생성하고 레이어 이름을 "바닥명암"으로 변경합니다. 명암을 표현하는 데 방해가 될 수 있으므로 ⚙ –〔캔버스〕–〔그리기 가이드〕를 선택해 가이드 선의 표시를 해제하고 '스케치' 레이어도 표시 해제합니다.

1 생성 → 이름 변경

2 〔그리기 가이드〕해제

3 표시 해제

2 '바닥명암' 레이어의 레이어 모드를 (곱하기)로 변경합니다.

3 '바닥명암' 레이어가 선택된 상태에서 다음 그림과 같이 벽을 따라 생기는 그림자를 스케치합니다. 스케치 영역이 닫히도록 스케치선은 캔버스 끝까지 그려 주세요.

[잉크]-[스튜디오 펜]   [15]

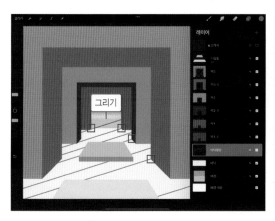 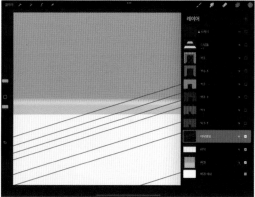

채색된 부분을 보기 쉽게 표시한 이미지

4 컬러 드롭으로 색상을 채운 다음, '바닥명암' 레이어에 (클리핑 마스크)를 설정합니다. 그림자의 어색한 부분은 이어지는 과정에서 보강할 것이므로 우선 벽을 중심으로 생기는 그림자만 채색합니다.

[15]

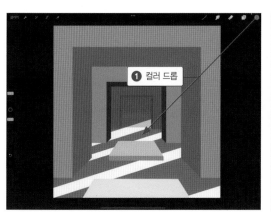 

5 그림의 오른쪽에서 비치는 빛을 상상하며 어색해 보이는 그림자를 좀더 자연스럽게 표현해 보세요. 여기서는 제일 멀리 보이는 벽 입구의 그림자를 지우고 가운데 벽의 그림자를 추가로 채색했습니다.

[페인팅]-[둥근 브러시]　[15]

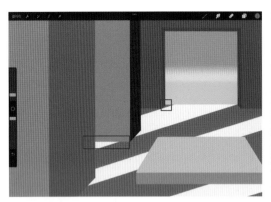

채색 정리 전　　　　　　　　　　**채색 정리 후**

6 이제 디딤돌에도 명암을 표현해 볼게요. '바닥명암' 레이어의 디딤돌에 생기는 그림자 부분을 스케치한 다음, 색상을 채웁니다. 벽의 그림자와 같은 방향으로 그림자를 표현하세요.

[페인팅]-[둥근 브러시]　[15]

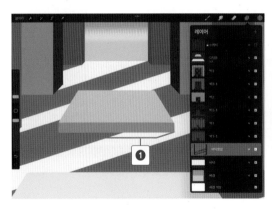
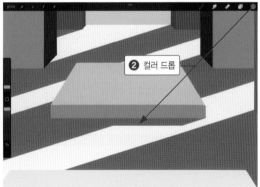

7 '디딤돌' 레이어 위로 새 레이어를 생성한 다음, 레이어 이름을 "디딤돌명암"으로 변경하고 (클리핑 마스크)를 설정합니다. 레이어 모드도 (곱하기)로 변경했습니다.

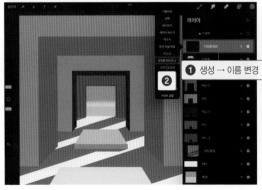
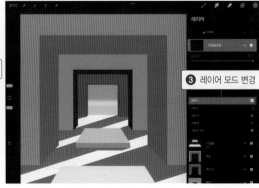

8 다음 그림과 같이 디딤돌 위로 생기는 벽의 그림자를 스케치한 다음, 디딤돌의 어두운 면을 채색합니다. 바닥에서 돌출된 디딤돌의 형태가 드러날 수 있도록 벽의 그림자보다 조금 위쪽에서 그림자를 채색하면 더 자연스러운 그림자를 표현할 수 있습니다.

[페인팅]-[둥근 브러시] [16]

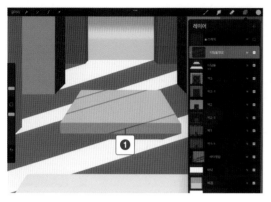
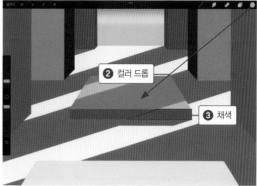

9 같은 방법으로 '디딤돌명암' 레이어의 나머지 디딤돌에도 그림자를 표현합니다.

[페인팅]-[둥근 브러시] [16]

10 제일 앞쪽 벽의 밝은 부분을 채색하겠습니다. '벽3' 레이어에는 벽 바깥쪽 밝은 부분과 빛이 비치지 않아 어두운 벽 안쪽 부분이 같은 레이어에 있으므로 안쪽 부분을 삭제한 다음, 채색할 거예요. '벽3' 레이어가 선택된 상태에서 ⑤-(자동)을 선택한 다음, '벽3' 레이어의 안쪽 벽을 선택합니다.

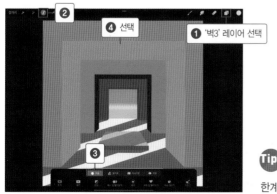

Tip 안쪽 벽 어두운 부분이 깔끔하게 선택되지 않는다면 어두운 부분을 지그시 터치해 보세요. 컬러 드롭과 같이 (선택 한계값)이 표시되므로 선택 영역을 조정할 수 있습니다.

⑪ 선택 영역이 활성화된 상태에서 '벽3' 레이어의 레이어 메뉴에서 (지우기)를 터치하면 선택된 영역이 삭제됩니다. 아무런 변화가 없는 것 같지만 '벽3-1' 레이어를 표시 해제하면 '벽3' 레이어의 어두운 부분이 깔끔하게 지워진 것을 확인할 수 있습니다.

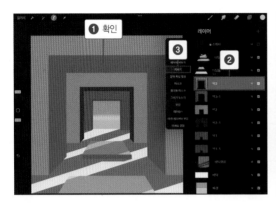
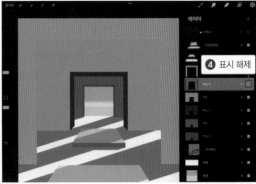

'벽3-1' 레이어를 표시 해제한 상태

⑫ '벽3' 레이어 위로 새 레이어를 생성하고 레이어 이름을 "벽3 명암"으로 변경합니다. '벽3' 레이어에 (클리핑 마스크)를 설정하고 레이어 모드도 (스크린)으로 변경하세요.

⑬ 그림의 오른쪽 위에서 비치는 빛을 상상하며 밝은 부분을 채색합니다. 브러시 크기를 크게 설정한 다음, 손목에 힘을 빼고 두세 번 슬슬 문지르듯이 채색해 보세요.

[에어브러시]-[소프트 브러시] [17]

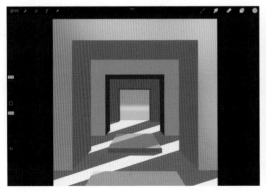

채색된 부분을 표시한 이미지

14 이번에는 제일 멀리 보이는 '벽1' 레이어 안쪽의 어두운 벽을 밝게 채색해 볼게요. '벽1' 레이어에 밝은 부분과 어두운 부분이 함께 있으므로 채색하지 않을 영역을 삭제해야 합니다. '벽1' 레이어가 선택된 상태에서 ⑤ −(자동)을 선택한 다음, '벽1' 레이어의 어두운 부분을 선택합니다.

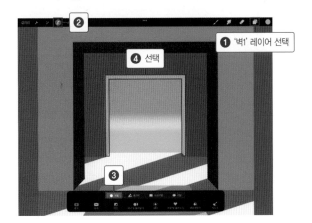

15 선택 영역이 활성화된 '벽1' 레이어의 레이어 메뉴에서 (지우기)를 선택합니다.

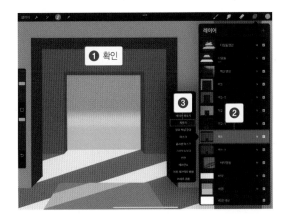

16 변화가 없는 것 같지만 '벽1−1' 레이어를 표시 해제하면 지워진 면을 확인할 수 있는데요. 깔끔하게 지워지지 않은 부분이 있다면 (지우개)로 지우거나 깔끔하게 채색하여 정리합니다.

[페인팅]−[둥근 브러시]

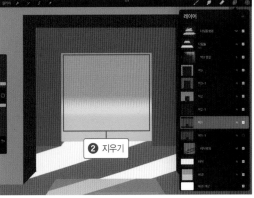

17 다시 '벽1-1' 레이어를 표시한 다음, 바로 위에 새 레이어를 생성합니다. 레이어 이름을 "벽1-1 명암"으로 변경하고 (클리핑 마스크)를 설정합니다. 레이어 모드는 (스크린)으로 변경하세요.

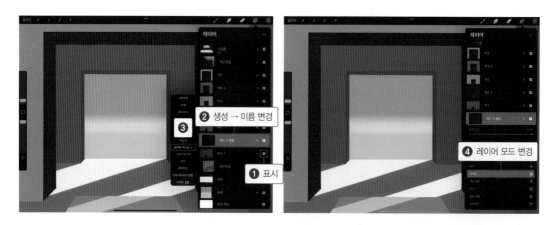

18 다른 부분과 같이 그림의 오른쪽 위에서 빛이 비치므로 벽의 왼쪽 면만 밝게 채색해 주세요. 브러시를 크게 설정하여 한 번에 밝은 부분을 채색합니다. 여러 번 채색할 경우 명암을 깔끔하게 표현하기 어렵습니다.

[에어브러시]-[소프트 브러시] [18]

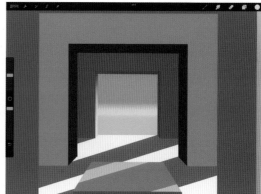

빛 표현하기

실습

이번 그림의 하이라이트인 빛을 표현해 볼게요. 프로크리에이트에서는 빛을 표현할 때 주로 레이어 모드를 활용합니다. 이번 그림에서도 레이어 모드를 활용하지만 빛을 부드럽게 채색하여 사실적으로 표현하기보다는 디자인적인 요소로 빛을 강조하기 위해 빛의 경계를 뚜렷하게 표현해 보겠습니다.

1 이 그림의 하이라이트가 될 벽 사이로 쏟아지는 빛을 표현해 볼게요. '벽1' 레이어 위로 새 레이어를 생성하고 레이어 이름을 "빛1"로 변경합니다. 레이어 모드는 (스크린)으로 변경하세요.

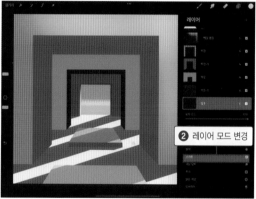

2 다음 그림과 같이 빛 경계를 스케치한 다음, 컬러 드롭으로 색상을 채워 줍니다. 빛을 표현한 삼각형의 아래면이 벽2의 그림자와 겹치지 않도록 주의하세요.

[잉크]-[스튜디오 펜]   [19]

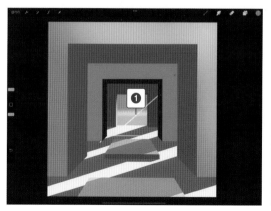

③ '빛1' 레이어를 복제해 다른 벽 사이로 쏟아지는 빛을 표현할 거예요. '빛1' 레이어를 복제한 다음, '벽2' 레이어 위로 옮기고 레이어 이름을 "빛2"로 변경합니다.

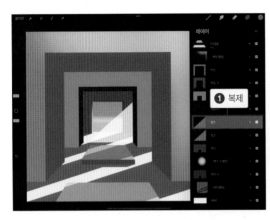
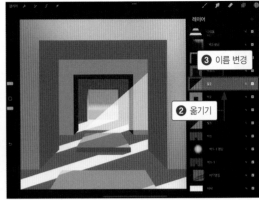

④ 벽 크기에 맞춰 '빛2' 레이어의 크기를 수정하겠습니다. 정확한 위치를 가늠하기 위해 🔧 –〔캔버스〕 –〔그리기 가이드〕를 선택해 다시 가이드 선을 표시한 다음, ➤ –〔균등〕를 선택해 복제한 '빛2' 레이어 크기와 위치를 수정합니다. 가이드 선에 맞춰 '빛1' 레이어의 빛과 '벽1' 레이어의 벽이 교차하는 지점 을 가늠하여 '벽2' 레이어의 빛의 위치를 수정해 보세요. 이때에도 빛이 '벽3' 레이어의 그림자와 겹치지 않도록 주의해야 합니다.

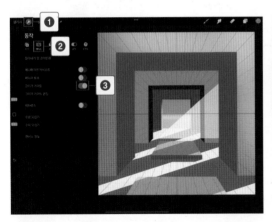

5 수정한 '빛2' 레이어를 복제한 다음, '벽3 명암' 레이어 위로 옮기고 레이어 이름을 "빛3"으로 변경합니다. 이때 위치를 옮긴 '빛3' 레이어에 자동으로 [클리핑 마스크]가 설정되므로 [클리핑 마스크]를 해제해야 합니다.

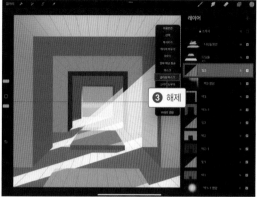

6 ↗ -[균등]을 선택하여 4번 과정과 같이 '빛3' 레이어의 위치와 크기를 수정합니다. '빛3' 레이어의 빛은 벽과 가이드 선 밖까지 비치므로 그림과 같이 빛이 자연스럽게 표현되도록 하는 것이 중요합니다. 수정을 완료했다면 [그리기 가이드]를 다시 표시 해제하세요.

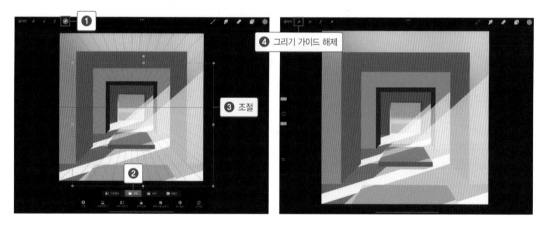

7 '빛1~3' 레이어의 빛이 시작되는 부분을 좀더 강하게 표현해 볼게요. '빛3' 레이어 위로 새 레이어를 생성하고 레이어 이름을 "빛 추가1"로 변경합니다. 레이어 모드는 (추가)로 변경하세요. 레이어 모드 (추가)를 사용하면 (스크린)보다 좀더 밝은 빛을 표현할 수 있습니다.

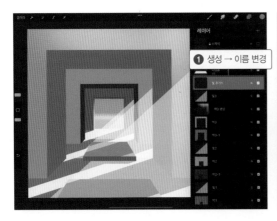 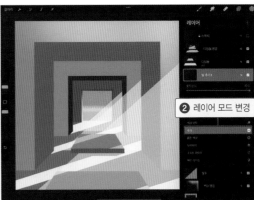

8 건물 밖의 밝은 부분이 표현되도록 빛이 시작되는 부분을 살짝 채색합니다.

[에어브러시]-[소프트 브러시]　[20]

채색된 부분을 보기 쉽게 표시한 이미지

9 계속해서 빛을 더 강조해서 표현해 볼게요. '빛2' 레이어 위로 새 레이어를 생성하고 레이어 이름을 "빛 추가2"로 변경한 다음, 그림과 같이 강하게 내리쬐는 빛을 한 줄기 그려 주세요.

[에어브러시]-[소프트 브러시]　[20]

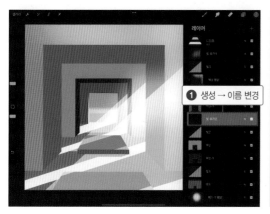

❶ 생성 → 이름 변경

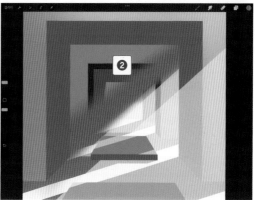

❷

Tip 이어지는 과정에서 레이어 모드를 변경할 거예요. 지금은 쉽게 채색할 수 있도록 레이어 모드를 변경하지 않습니다.

10 '빛 추가2' 레이어에 (알파 채널 잠금)을 설정한 다음, 그림과 같이 단계를 나눠 덧칠해 주세요.

[에어브러시]-[소프트 브러시]　[21]　[22]

❶ 알파 채널 잠금

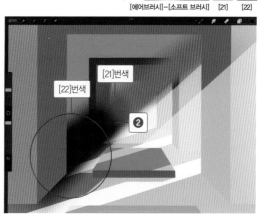

[21]번색

[22]번색

❷

Tip 채색에 방해가 된다면 '빛 추가1' 레이어 표시를 해제합니다.

⑪ '빛 추가2' 레이어 모드를 [색상 닷지]로 변경한 다음, 어색한 부분을 덧칠해 주세요.

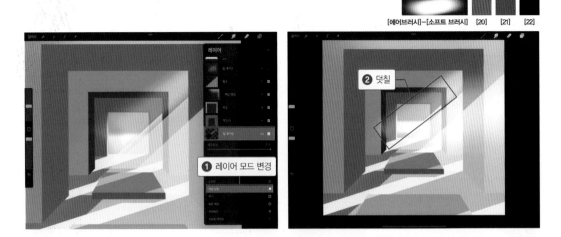

[에어브러시]-[소프트 브러시]   [20]   [21]   [22]

Tip '빛 추가2' 레이어로 뒤쪽의 푸른 바다 색상이 보이지 않게 되었다면, '빛 추가2' 레이어를 선택한 상태에서 **S** - [직사각형] 으로 바다 아랫부분을 선택하고 어두운 갈색으로 덧칠해 주세요. ◢

함께 그리기 - 4
장식요소 추가하여 마무리하기

마지막으로 표현하고자 하는 주제로 시선을 유도하도록 여러 장식 요소를 그려 보겠습니다. 이번 그림은 구도상 시선이 가운데로 모이지만 주변에 어두운 개체를 그려 넣으면 시선을 더욱 집중시킬 수 있습니다. 또한 그림 한 가운데에 요트와 소녀를 그려 넣으면 그림이 좀더 풍성해 보일 거예요. 이럴 경우, 그림의 주인공은 건물 끝에 앉아 있는 소녀가 되겠죠? 여러분도 표현하고자 하는 주제를 자유롭게 표현해 보세요.

❶ 레이어 목록 제일 위로 새 레이어를 생성하고, 레이어 이름을 "야자잎"으로 변경합니다. 브러시를 변경하고 연습 삼아 선을 그어 보세요. 선을 그을 때에는 선 시작 부분부터 빠르게 긋고 끝으로 갈수록 힘을 빼면 선 끝 부분을 날렵하게 표현할 수 있습니다. 이어지는 과정에서 그리는 것은 부가적인 요소이고, 흐림 처리를 적용할 것이므로 아주 정밀하게 묘사하지 않아도 됩니다.

[잉크]-[스튜디오 펜] [23]

❶ 생성 → 이름 변경

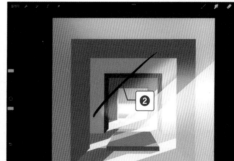

❷

> **Tip** 개인 설정에 따라 선의 두께나 끝단 처리가 다를 수 있습니다.

❷ ❶에서 연습한 선을 지운 다음, 그림과 같이 적당한 위치에 야자수 줄기를 그려 줍니다. 그리고 브러시 크기를 작게 조절하여 줄기를 중심으로 뻗어 나가는 야자잎을 그려 주세요. 애플 펜슬을 누르는 힘을 조절하여 두께에 변화를 주거나 브러시 크기를 조절하면 좀더 풍성하고 자연스러운 야자잎을 그릴 수 있습니다. 또한 야자잎은 한 번에 그어 표현할 때 더욱 자연스럽습니다.

[잉크]-[스튜디오 펜] [23]

3 '야자잎' 레이어에 [알파 채널 잠금]을 설정하고 브러시 크기를 조절하여 야자잎의 밝은 부분을 채색해 줍니다. 밝은 부분이 균일하지 않도록 듬성듬성 밝게 채색해 주세요.

[에어브러시]-[스튜디오 펜] [24]

❷ 밝은 부분 채색

4️⃣ 야자잎을 좀더 풍성하게 표현해 볼게요. '야자잎' 레이어의 (알파 채널 잠금)을 해제한 다음, 레이어를 복제합니다. 복제된 위쪽의 레이어 이름은 "야자잎2"로 변경해 주세요.

5️⃣ '야자잎' 레이어가 선택된 상태에서 ↗를 터치한 다음, 변형 옵션 중 (균등)과 (왜곡)을 사용해 복제한 티가 나지 않도록 적정하게 배치하고 변형합니다. 🧽를 이용해 야자잎도 조금 지워 주세요. 야자잎을 두세 개만 지워도 복제한 것처럼 보이지 않습니다.

6️⃣ 🪄 –(가우시안 흐림 효과)를 선택하여 '야자잎'과 '야자잎2' 레이어에 흐림 효과를 적용합니다. 이때 각 레이어의 흐림 정도를 다르게 설정하면 좀더 자연스러운 야자잎을 표현할 수 있습니다.

7 '야자잎'과 '야자잎2' 레이어를 병합한 다음, 새 레이어를 생성하고 레이어 이름을 "식물추가"로 변경합니다.

8 '식물추가' 레이어에 야자수와는 다른 느낌의 식물을 그린 다음, (알파 채널 잠금)을 설정합니다.

[잉크]-[스튜디오 펜]   [25]

9 야자잎 과정과 마찬가지로 잎 일부를 밝게 채색한 다음, (알파 채널 잠금)을 해제하고 가우시안 흐림 효과를 적용해 주세요. 좀더 풍성하게 표현하고 싶다면 레이어를 복제하여 (가우시안 흐림 효과) 값을 서로 다르게 적용하면 됩니다.

[에어브러시]-[스튜디오 펜]   [26]

10 '배경' 레이어 위로 새 레이어를 생성하고, 간단하게 요트와 소녀의 실루엣을 그려 줍니다. 여러 가지 빛 효과를 표현한 레이어와 레이어 모드 때문에 자신이 선택한 색상과 다르게 채색될 수 있으므로 필요하지 않은 레이어의 표시를 해제한 상태에서 작업하세요. 요트의 경우 캔버스를 확대해 그리기 보다 삼각형과 직사각형으로 등 단순화하여 그리면 쉽게 그릴 수 있을 거예요.

[에어브러시]-[소프트 브러시] [27]

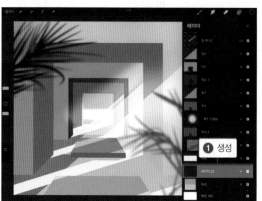 

11 저는 약간의 재질감을 더 표현하여 마무리했습니다. 수고했어요.

03

네온사인 그리기

고급반 세 번째 시간에는 심도 있는 빛 표현 방법을 배워 봅니다. 빛 표현이 잘된 그림을 보면 이미지에서 실제로 빛을 뿜어 내는 듯한 느낌을 받기도 하는데요. 어떻게 하면 어둠 속에서 밝게 빛나는 빛을 실감나게 표현할 수 있는지 그 원리에 대해서도 알아보겠습니다. 또한 프로크리에이트의 빛 관련 기능에 대해서도 자세히 알아볼 거예요.

기초 미술 수업 - 8
빛을 표현하는 방법

미술

그림을 따라 그리기 전, 먼저 빛을 제대로 표현하기 위한 미술 기초 지식을 이해하고 넘어 갈게요. 이러한 이해를 바탕으로 프로크리에이트의 기능을 활용하여 밝은 빛을 표현하는 방법에 대해 알아보겠습니다.

빛 표현이 잘된 그림을 보면 실제로 눈이 부시다고 생각하거나, 어둠 속에서 빛이 뿜어져 나오는 것 같은 느낌을 받을 수 있습니다. 하지만 캔버스에 채색된 물감이 실제로 빛을 내는 것은 아니지요. 아이패드의 경우 뒷면에 백라이트가 있어 실제로 화면이 밝게 빛나지만 디지털 페인팅으로 완성한 그림이라고 해서 이미지 자체가 빛을 발하지는 않습니다. 그렇다면 실제로 밝게 빛나는 것처럼 느껴지는 그림에는 어떤 원리가 숨겨져 있을까요?

명암, 눈부신 그림의 비밀

흔히 명암은 단순히 사물을 사실적으로 묘사하기 위한 도구 정도로 생각하곤 하는데, 저는 그림에서 명암의 가치는 훨씬 더 높다고 생각합니다. 우리가 어떤 그림을 볼 때, 알게 모르게 어둡고 밝음에서 느껴지는 대비와 균형, 화면의 분배 등 명암이 그림에 끼치는 영향은 생각보다 큽니다. 빛 표현은 이러한 명암의 특성을 이용하여 표현합니다. 예를 들어 다음 그림과 같이 캔버스에 가장 어두운 검은색을 채운 다음, 소프트 브러시로 흰색 점을 그린다면 간단하게 어둠 속에서 밝게 빛나는 불빛을 표현할 수 있습니다.

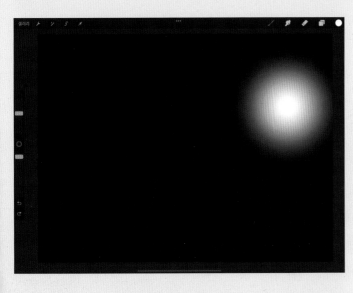

여기에 이전 시간에서 배운 투시 도법을 적용하여 소질점으로 갈수록 점점 작아지는 흰색 점을 추가한다면 어두운 밤을 밝히는 가로등 불빛을 표현할 수 있죠. 그림에서 빛을 표현하는 유일한 방법은 명도의 차이(대비)를 이용하는 것입니다. 따라서 가장 밝고 깨끗한 흰색과 가장 어둡고 선명한 검은색은 그림에서 빛을 표현하는 비장의 무기이므로 아껴 두는 것이 좋습니다.

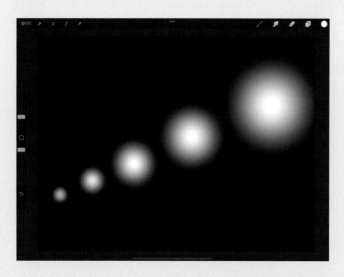

그렇다면 어두운 밤이 아닌 밝은 낮에는 빛을 어떻게 표현할 수 있을까요? 캔버스 전체를 밝게 표현한다면 그림에서 빛을 느낄 수 없죠. 낮이라고 해서 어두운 부분이 없는 것은 아닙니다. 이럴 때에는 그림자를 사용한 대비를 활용하거나, 캔버스 전체를 중간 정도의 명도로 채색한 다음, 빛을 밝게 채색하여 표현할 수 있습니다.

다음 그림은 배와 돛의 윗부분은 밝은 색으로 표현하고 아래로 드리워진 그림자는 강한 대비가 느껴지는 색채로 표현해 한낮의 강한 빛을 효과적으로 나타낸 그림입니다. 앞으로 밝게 빛나는 그림을 보게 된다면, 어떤 부분을 밝고 어둡게 표현했는지 유심히 살펴보세요. 그림 공부에 많은 도움이 될 거예요.

John Singer Sargent, Boats Drawn Up(1908)

레벨업! 고급 기능 - 4
빛 표현하기

이론

디지털 페인팅에서 빛을 표현하는 방법과 기본 원리는 동일하지만 프로크리에이트에서는 좀더 쉽게 빛을 표현할 수 있는 다양한 기능을 제공합니다. 프로크리에이트뿐만 아니라 대부분의 앱에서도 유사한 방법으로 빛을 표현하는 만큼 이번 내용은 확실하게 알아 두세요. 여기서는 어두운 배경에 그린 가로등을 밝게 표현하는 방법을 통해 레이어 모드로 빛을 표현하는 방법을 익혀 보겠습니다.

디지털 페인팅에서 빛을 가장 쉽게 표현할 수 있는 방법은 레이어 모드를 활용하는 것입니다. 프로크리에이트에서 레이어 모드를 제외한 빛산란 효과나 브러시는 빛을 좀더 쉽게 표현할 수 있도록 레이어 모드를 응용하여 사용할 수 있는 기능이라고 생각해도 무방합니다. 디지털 페인팅에서 레이어 모드를 이해하고 제대로 활용하는 것은 매우 중요합니다. 어떤 사물을 그릴 때 어떤 레이어 모드를 사용해야 한다는 공식은 없으니 자신의 그림에 가장 적합한 레이어 모드를 다양하게 적용하면 됩니다. 여기서는 어두운 배경에 그린 가로등을 밝게 표현하는 방법을 통해 레이어 모드로 빛을 표현하는 방법을 익혀 보겠습니다.

> **Tip** 레이어 모드에 대한 자세한 내용은 34쪽과 85쪽을 참고하세요. ◢

레이어 모드 활용 - 스크린/추가

레이어 모드 중 [스크린]은 은은하게 퍼지는 빛을 표현할 때 유용합니다. 노란 전구색으로 가로등을 그린 레이어 위로 새 레이어를 생성하고 레이어 모드를 [스크린]으로 변경한 다음, 소프트 브러시로 전구와 같은 색상으로 채색하면 다음 그림과 같이 은은하게 빛나는 가로등을 표현할 수 있습니다.

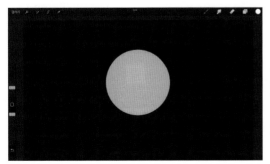

간단한 빛 표현 방법

> **Tip** 소프트 브러시는 은은하게 퍼지는 빛을 표현할 때 자주 사용합니다. ◢

레이어 모드 중 (추가)는 (스크린)보다 더 강렬한 빛을 표현할 때 유용합니다. 〈그림 1〉 레이어 모드 설정을 (추가)로 변경하면 좀더 강렬한 빛을 표현할 수 있습니다. 〈그림 2〉의 경우 가장 밝게 빛나는 중심부는 레이어 모드 중 (추가)를 사용했고, 주변부로 은은히 퍼지는 빛을 표현하기 위해 (스크린) 모드를 함께 사용했습니다. 상황에 따라 더 강렬한 빛을 표현하고 싶다면 (스크린)과 (추가) 모드를 함께 사용할 수도 있습니다. 간단하게 레이어 모드를 변경하거나 중복 사용하는 것만으로도 빛을 다르게 표현할 수 있는 것이죠.

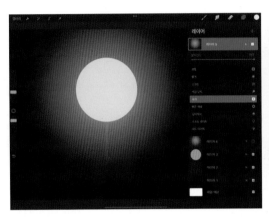

그림 1

그림 2

프로크리에이트 기능 활용 - 빛산란

다음 그림은 ● -(빛산란) 기능을 이용해 빛을 표현한 것입니다. (빛산란) 기능만으로도 만족할 만한 빛 표현을 할 수 있지만 중요한 장면이라면 좀더 세밀하게 조정할 수 있는 레이어 모드를 활용해 보세요.

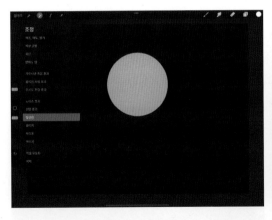

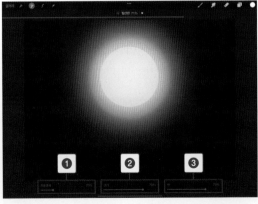

빛산란 기능의 적용 정도는 화면을 손가락 또는 애플 펜슬로 터치한 다음, 좌우로 슬라이드하여 조정할 수 있습니다. 다른 기능과는 조금 다르게 효과가 적용되는 범위만 조정할 수 있으며, 빛의 세기와 크기 등은 하위 옵션을 통해 조정할 수 있습니다.

❶ 전환효과: 대상의 명암을 기준으로 효과가 적용되는 영역을 좀더 세밀하게 지정할 수 있습니다. 예를 들어 설정값이 0%(없음)이면 명암에 상관없이 모든 영역에 적용하며, 반대로 100%(최대)에 가까울수록 어두운 영역은 제외됩니다.

❷ 크기: 빛이 퍼지는 크기를 조정할 수 있습니다.

❸ 번: 빛산란의 강도(세기)를 조정할 수 있습니다.

브러시 활용

프로크리에이트에서 제공하는 다양한 브러시를 활용하면 좀더 자연스러운 빛을 표현할 수 있습니다. 일부 브러시는 다음 그림과 같이 자체적으로 (스크린)이나 (추가) 등의 레이어 모드가 설정되어 있으므로 간편하게 빛을 표현할 수 있죠. 대표적인 브러시는 (빛) 카테고리에서 확인할 수 있습니다.

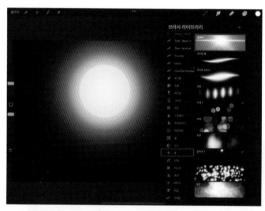

플레어 브러시를 사용한 예

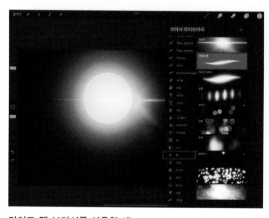

라이트 펜 브러시를 사용한 예

함께 그리기 - 1
밑그림과 배경 조명 그리기

이번 그림은 많은 단계를 거칩니다. 단계가 많다는 것은 여러분이 알게 되는 기능과 지식이 많아진다는 의미이기도 합니다. 꼭 많은 단계를 거쳐야 좋은 그림을 그릴 수 있는 건 아니지만, 보통의 그리기 작업은 많은 단계가 필요하죠. 늘어나는 단계와 작업 시간 또한 여러분들이 익숙해져야 하는 과정임을 잊지 않도록 합시다. 이번 시간에는 앞서 배운 이론을 바탕으로 투시 도법을 적용해 좀더 사실적인 장면을 그려볼텐데요. 앞선 예제들과 마찬가지로 간단하게 배경을 먼저 작업합니다.

투시도 설정하고 기본배경 작업하기

프로크리에이트 그리기 가이드의 원근(투시) 기능을 사용하여 투시를 설정하고 기본 스케치를 진행하겠습니다.

1 갤러리 메뉴에서 ⊕ – ▬ 를 선택해 너비 3,000, 높이 4,600px 사이즈의 캔버스를 생성합니다.

2 이번 그림은 1점 투시 도법을 적용한 그림입니다. ⚙ −(캔버스)−
(그리기 가이드)를 선택한 다음, (그리기 가드 편집)을 터치합니다.

3 (원근)을 터치한 다음, 캔버스의 빈 곳을 터치하여 소실점을 생성합니다. 투시선이 잘 보이도록 선
색과 불투명도, 두께를 설정하세요.

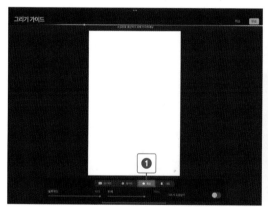
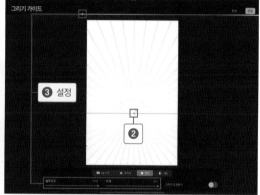

4 다음 그림을 참고해 적절한 위치에 소실점을 배치한 다음, (완료)를 터치해 설정을 종료합니다. 소
실점의 위치를 그림과 똑같이 설정하지 않아도 됩니다. 다만 소실점을 캔버스 가까이 배치할수록 왜곡
이 심해지므로 캔버스에 너무 가깝게 배치하지 않도록 주의하세요.

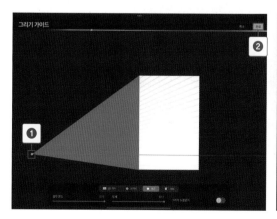

5 '레이어 1'의 이름을 "기본배경"으로 변경합니다. [그리기 도우미]를 활성화한 다음, 가이드 선을 따라 선을 긋고 아래 부분은 컬러 드롭으로 색상을 채웁니다. 윗부분도 다른 색상으로 채워 천장과 벽을 구분해 주세요.

[잉크]-[스튜디오 펜] [1] [2]

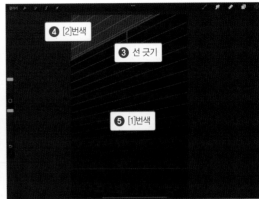

Tip 그리기 도우미가 활성화된 레이어에는 [보조]라는 글씨가 표시되므로 활성화 여부를 쉽게 구분할 수 있습니다.

6 새 레이어를 생성하고 레이어 이름을 "벽 명암"로 변경합니다. 레이어 모드를 [곱하기]로 변경하세요.

7 '벽 명암' 레이어가 선택된 상태에서 다음 그림과 같이 벽의 어두운 영역을 스케치한 다음, 컬러 드롭으로 색상을 채워 줍니다. [그리기 도우미]를 활성화하면 쉽게 그릴 수 있지만 가이드 선이 방해된다면 🔧 -[캔버스]-[그리기 가이드 편집]에서 가이드 선의 불투명도를 조절해 보세요.

[잉크]-[스튜디오 펜] [2]

8 색을 채운 어두운 영역이 어색하지 않도록 ✨ -[가우시안 흐림 효과]를 선택해 적절하게 흐림 효과를 적용합니다. 여기서는 흐림 효과 값을 50% 정도로 설정했습니다.

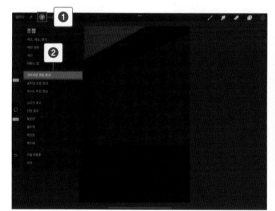

9 브러시 크기를 적절하게 조절한 다음, 천장과 벽이 만나는 부분을 좀더 어둡게 표현합니다. 이때는 여러 번 채색하는 것보다 한 번에 채색하는 것이 좋습니다.

[에어브러시]-[소프트 브러시] [2]

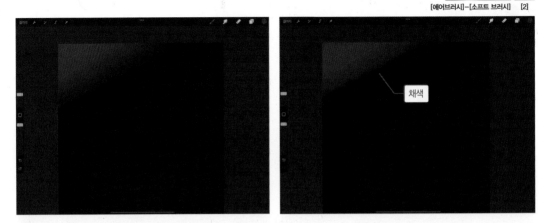

> **Tip** 밝은 빛이 비치는 방도 빛이 닿지 않는 모서리 부분은 어둡게 보입니다. ◢

10 다시 적절하게 가우시안 흐림 효과를 적용합니다. 여기서는 흐림 효과 값을 17%로 설정했습니다.

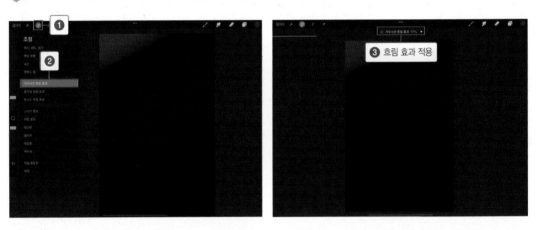

11 조금 더 세밀한 명암을 표현하기 위해 다시 한번 천장 부분을 좀더 어둡게 표현해 주세요. 채색에 자신이 있다면 소프트 브러시로 전체 명암을 표현해 보세요. 브러시로 명암을 표현하는 데 가이드 선이 방해된다면 🔧 - [캔버스] - [그리기 가이드]를 해제하고 작업하세요. [그리기 도우미]가 활성화된 상태라면 가이드 선을 표시하지 않아도 가이드 선을 따라 채색할 수 있습니다. 이어지는 단계에서 벽에 조명을 그려줄 예정이므로 벽 바로 위쪽 천장 일부는 조명에 비쳐 밝게 보이도록 남겨 두었습니다.

[에어브러시] - [소프트 브러시]   [3]

벽 조명 작업하기

1 레이어 목록 제일 위로 새 레이어를 생성하고 레이어 이름을 "벽 조명"으로 변경한 다음, [그리기 도우미]를 활성화합니다.

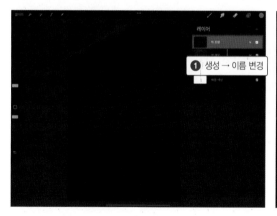

② 다음 그림과 같이 두 개의 직선을 그리고, (그리기 도우미)를 비활성한 상태에서 깔끔한 호를 그려줍니다. 퀵쉐입 기능을 활용하면 쉽게 그릴 수 있을 거예요.

[잉크]-[스튜디오 펜]   [4]

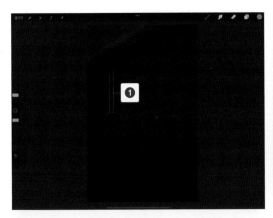
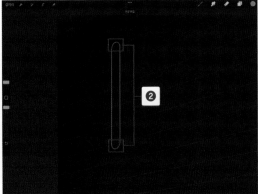

③ 컬러 드롭으로 색상을 채운 다음, ⑤-(직사각형)을 선택해 다음과 같이 선택 영역으로 지정합니다.

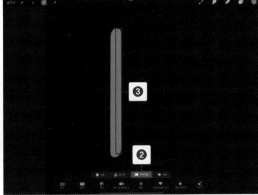

④ 선택 영역이 활성화된 '벽 조명' 레이어의 레이어 메뉴에서 (지우기)를 터치해 선택 영역으로 활성화된 영역을 지워 줍니다.

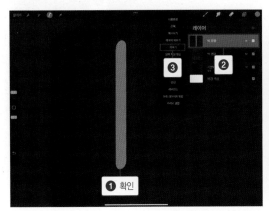
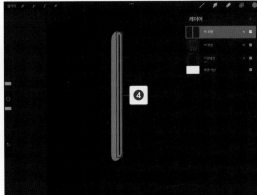

5 '벽 조명' 레이어를 복제한 다음, 🡭를 선택해 캔버스 오른쪽에 배치합니다. 조명 위쪽의 가이드 선을 참고하면 쉽게 배치할 수 있어요.

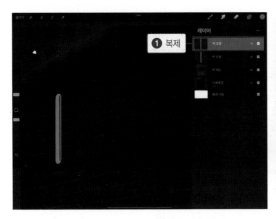
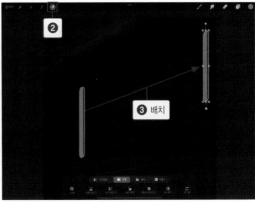

6 실제로 가까이 보이는 사물은 크게 보이므로 🡭 −〔균등〕을 선택해 크기를 조절하세요. 이때 역시 가이드 선을 참고하면 크기를 조절하는 데 도움이 됩니다. 배치와 크기 조절 작업을 완료했다면 '벽 조명' 레이어를 병합합니다.

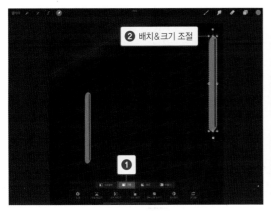
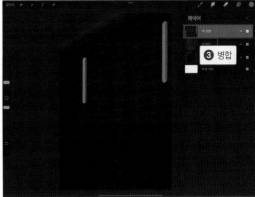

7 벽 조명의 빛을 표현하기 전, 조명 뒷부분의 음영부터 표현해 볼게요. '벽조명' 레이어를 복제한 다음, 복제된 레이어 이름을 "조명 그림자"로 변경합니다. '조명 그림자' 레이어에는 (알파 채널 잠금)을 설정합니다.

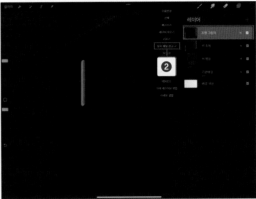

8 브러시 크기를 크게 조절한 다음, 검은색으로 채색하세요. 조명 안쪽 비어 있는 영역도 (알파 채널 잠금)을 해제한 다음, 검은색으로 채웁니다.

[에어브러시]-[소프트 브러시]

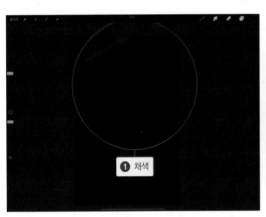
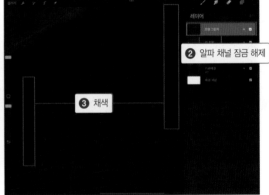

9 '조명 그림자' 레이어를 '벽 조명' 레이어 아래쪽으로 옮긴 다음, ➚를 선택해 가이드 선을 따라 다음과 같이 벽 조명 오른쪽 위에 배치합니다.

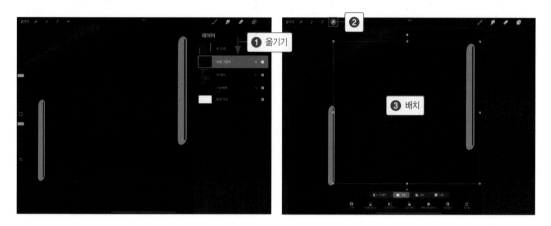

10 (그리기 도우미)를 활성화한 상태에서 ⬤로 조명 그림자의 양끝을 지워 그림자가 직사각형 모양이 되도록 만들어 줍니다.

[페인팅]-[둥근 브러시]

11 ✦ -(가우시안 흐림 효과)를 선택해 흐림 효과를 적용하여 그림자를 부드럽게 만들어 줍니다.

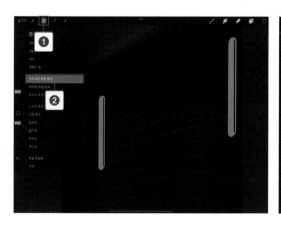

⑫ 이제 벽에 비친 조명의 빛을 표현해 볼게요. '벽 명암' 레이어 위로 새 레이어를 생성하고 레이어 이름을 "벽 명암2"로 변경합니다. 레이어 모드는 (스크린)으로 변경하세요.

[페인팅]-[둥근 브러시]

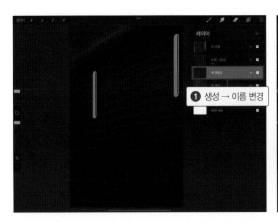

⑬ 표현할 빛의 크기에 맞춰 브러시 크기 조절한 다음, 손목에 힘을 빼고 빛이 비치는 밝은 영역을 한 번에 그어 조명의 밝은 부분을 표현합니다.

[에어브러시]-[소프트 브러시]   [2]

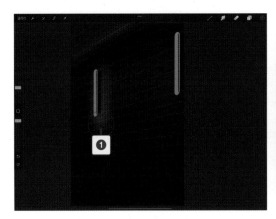

14 이제 가장 밝게 빛나는 조명을 표현하겠습니다. '벽 조명' 레이어를 복제한 다음, 복제된 레이어 이름을 "조명 효과1"로 변경합니다. 빛을 발하지 않는 조명의 양쪽 끝은 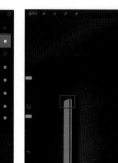로 지워 주세요.

[에어브러시]-[소프트 브러시]

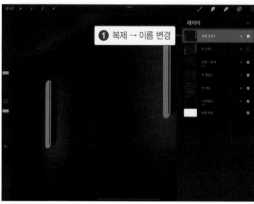

Tip 여기서는 '조명 효과1' 레이어만 확인하기 위해 '벽 조명' 레이어의 표시를 해제했습니다. ◢

15 '조명 효과1' 레이어가 선택된 상태에서 ⬤ −(빛산란)을 선택해 적절하게 빛을 표현해 보세요. 빛산란 효과는 그림에 따라 다르게 보이므로 다음의 값을 참고해 빛을 표현하면 됩니다.

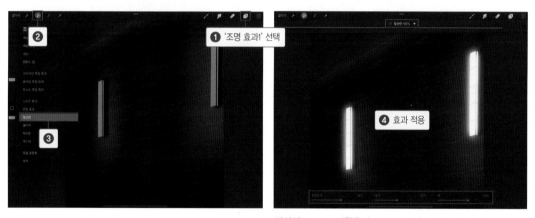

빛산란: 90%, 전환효과: 56%, 크기: 42%, 번: 58%

16 은은하게 퍼지는 조명의 빛을 표현하기 위해 '조명 효과1' 레이어를 복제한 다음, 복제된 위쪽의 레이어 이름을 "조명 효과2"로 변경합니다. 레이어 모드는 [스크린]으로 변경해 주세요.

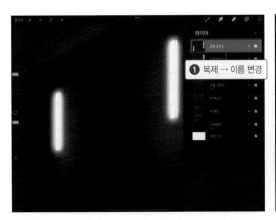

17 '조명 효과2' 레이어에 [알파 채널 잠금]을 설정한 다음, 밝게 채색해 주세요.

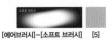

[에어브러시]-[소프트 브러시]   [5]

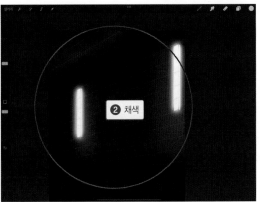

18 '조명 효과2' 레이어의 [알파 채널 잠금]을 해제한 다음, ⚙ -[가우시안 흐림 효과]를 선택해 적절하게 흐림 효과를 적용합니다.

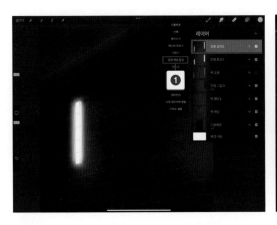

> **Tip** 알파 채널 잠금이 설정된 레이어에서는 가우시안 흐림 효과가 제대로 적용되지 않습니다. ◢

19 천장에 반영된 빛도 표현해 보겠습니다. '조명 효과2' 레이어를 복제한 다음, 레이어 이름을 "조명 반영1"로 변경하고 ➹를 선택해 화면 위쪽으로 배치합니다. 변형 모드 옵션 중 [스냅]-[자석]을 활성화하면 수직선 상에 오브젝트를 배치할 수 있습니다.

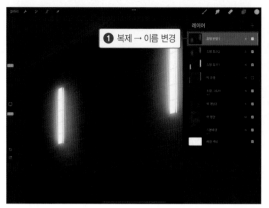

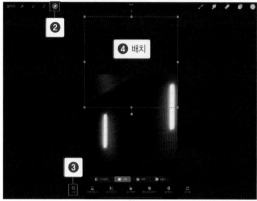

20 같은 방법으로 '조명 효과1' 레이어를 복제하고 복제된 레이어의 이름을 "조명 반영2"로 변경한 다음, 화면 위쪽으로 배치해 천장에 반영된 빛을 표현해 주세요.

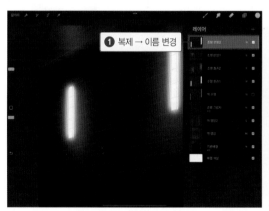

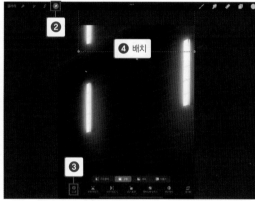

21 '조명 반영2' 레이어가 선택된 상태에서 🪄 −(움직임 흐림 효과)를 선택합니다. 애플 펜슬이나 손가락을 위·아래로 슬라이드하여 조명이 자연스러워 보이도록 방향과 흐림 정도를 조절합니다.

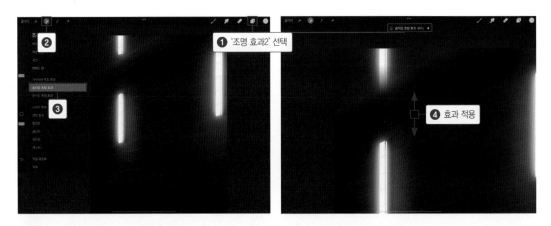

Tip 애플 펜슬이나 손가락을 움직여 효과의 적용 방향과 정도를 조절할 수 있습니다. ◢

22 반영된 빛을 붉게 표현하기 위해, '조명 반영2' 레이어의 레이어 모드를 (색상 닷지)로 변경하고 (알파 채널 잠금)을 설정해 분홍색으로 채색합니다.

[에어브러시]−[소프트 브러시]　[6]

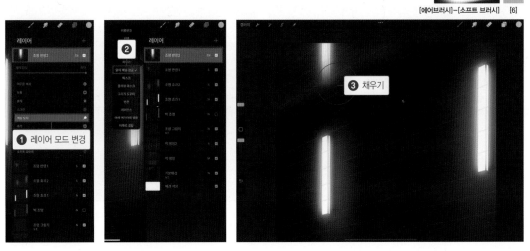

23 조명 위, 아래 양끝 부분은 빛을 발하지 않으므로 어둡게 표현합니다. '벽 조명' 레이어를 표시한 다음, '빛조명' 레이어 위로 새 레이어를 생성합니다. [클리핑 마스크]를 활성화하고 레이어 모드를 [곱하기]로 변경하세요.

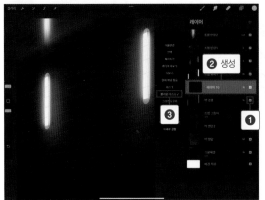 

24 자연스러운 명암 표현을 위해 먼저 조명의 양끝을 어둡게 채색한 다음, 채색한 영역의 일부를 지워 밝은 부분의 명암을 표현해 주세요.

[에어브러시]-[소프트 브러시] [7]

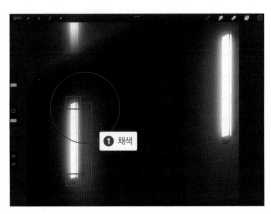 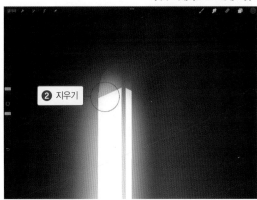

25 벽 조명과 관련된 모든 레이어('벽 명암2' ~ '조명 반영2')를 다중 선택한 다음, 그룹으로 지정하고 그룹 이름을 "벽 조명 그룹"으로 변경합니다.

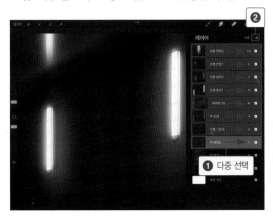 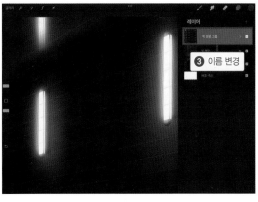

함께 그리기 - 2

빛나는 네온사인 표현하기

이번 시간에는 작품의 하이라이트인 네온사인을 그려 보겠습니다. 보통 네온사인이라는 주제를 선정하고 그림을 그린다고 하면 네온사인부터 작업하겠지만, 우리는 정확한 명도와 분위기 조절을 위해 배경을 먼저 작업했습니다. 배경 작업에 공을 들인 노력만큼 결실을 거두는 단계로 즐거운 마음으로 함께 그려 보아요. 먼저 텍스트 기능을 사용하여 네온사인을 만들어 보겠습니다.

1 [8]번 색상을 선택하고 🔧 - [추가] - [텍스트 추가]를 선택한 다음, 원하는 텍스트를 입력합니다.

[8]

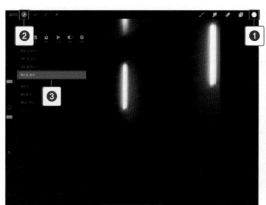

2 자연스러운 네온사인을 표현하기 위해 입력한 텍스트의 서체를 변경해 볼게요. 레이어 목록에서 텍스트 레이어를 터치한 다음, [텍스트 편집]을 선택합니다. 캔버스에 아래에 표시되는 🅰️를 터치하여 텍스트 메뉴를 표시합니다.

Tip 화면에 키보드가 표시된다면 키보드의 오른쪽 위의 🅰️를 터치하면 됩니다.

3 텍스트 메뉴에서 (서체 가져오기)를 터치하면 새로운 서체를 추가할 수 있습니다. 원하는 서체를 적용한 다음. 서체 크기와 행간을 조절합니다. 여기서는 크기를 '165.0pt', 행간은 '-35.0pt'로 설정했습니다. 적용한 서체에 따라 디자인 항목의 설정값을 적절하게 설정합니다.

> **Tip** 네온사인을 자연스럽게 표현하려면 서체를 신중하게 선택해야 합니다. 여기서는 'https://fonts.cafe24.com' 사이트에서 제공하는 'Cafe24 Loving U'라는 상업용 무료 서체를 사용했습니다.

4 설정을 완료한 텍스트 레이어를 복제한 다음, 텍스트 레이어 메뉴에서 (레스터화)를 터치합니다. '레스터화'한 텍스트는 이미지로 변환되어 더이상 서체나 내용을 수정할 수 없기 때문에 만약을 대비해 텍스트 레이어를 복제한 것이죠.

⑤ 텍스트 레이어는 보이지 않도록 표시를 해제하세요. 레스터화한 레이어의 이름은 "네온사인"으로 변경하고  −(왜곡)을 선택합니다.

⑥ 다음 그림과 같이 '네온사인' 레이어의 텍스트를 배치합니다. 캔버스에 표시된 투시선에 맞춰 조절점을 움직이면 자연스럽게 변형할 수 있어요.

⑦ 이제 빛을 표현해 볼게요. '네온사인' 레이어를 복제한 다음, 복제된 위쪽 레이어의 이름을 "네온사인 효과"로 변경합니다. '네온사인 효과' 레이어는 (알파 채널 잠금)을 설정한 다음, 붉은색으로 채색해 주세요.

[에어브러시]−[소프트 브러시]　[9]

8 '네온사인 효과' 레이어의 (알파 채널 잠금)을 해제한 다음, '네온사인' 레이어 아래로 옮겨 줍니다. '네온사인 효과' 레이어가 선택된 상태에서  −(빛산란)을 선택해 밝게 빛나는 네온사인을 표현해 주세요. 여기서는 다음과 같이 설정했습니다. 정해진 값은 없으므로 자신이 원하는 대로 설정값을 적절하게 조절하면 됩니다.

빛산란: 85%, 전환효과: 없음, 크기: 38%, 번: 47%

9 '네온사인 효과' 레이어를 복제한 다음, 레이어 이름을 "네온사인 반영"으로 변경합니다.

10 '네온사인 반영' 레이어가 선택된 상태에서  −[수직 뒤집기]를 선택한 다음, 그림과 같이 천장에 살짝 보이는 반영된 네온사인을 표현해 주세요.

11  −[움직임 흐림 효과]를 선택한 다음, 애플 펜슬을 위·아래로 움직여 흐림 방향과 흐림 정도를 적용합니다. 천장 아래로 빠져나온 부분은 로 지워 주세요.

[에어브러시]−[소프트 브러시]

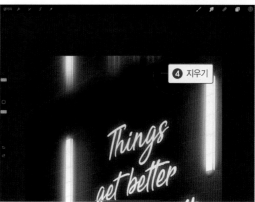

12 네온사인 위쪽에 작은 볼 전구도 넣어 봅시다. 새 레이어를 생성하고 레이어 이름을 "전선"으로 변경한 다음, 전선을 스케치합니다. 투시선을 참고하면 전선을 자연스럽게 표현할 수 있습니다. 가깝게 보이는 곳은 전선의 간격을 넓게, 멀리 보이는 곳은 전선의 간격을 좁게 그려 보세요. 그리기 도우미 없이도 퀵쉐입 기능을 활용하면 깔끔하게 그릴 수 있을 거예요.

[잉크]-[스튜디오 펜]　[10]

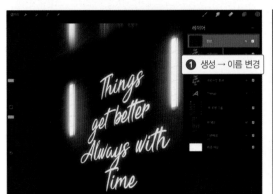

13 새 레이어를 생성한 다음, 레이어 이름을 "볼 전구"로 변경합니다. 다음 그림과 같이 전구를 스케치하고 컬러 드롭으로 색상을 채워 줍니다. 화면 왼쪽에서 오른쪽에 가까워질수록 볼전구 크기를 조금씩 크게 설정하면, 원근감을 살릴 수 있습니다.

[잉크]-[스튜디오 펜]　[11]

14 전선의 어두운 부분 표현을 위해 '전선' 레이어를 복제한 다음, 복제된 위쪽 레이어의 레이어 모드를 [곱하기]로 변경합니다. [지우개]로 전구가 있는 전선 부분을 살짝 지워 명암을 표현해 주세요.

[에어브러시]-[소프트 브러시]

15 빛이 비치는 전선의 밝은 부분 표현을 위해 '전선' 레이어를 모두 병합한 다음, '볼 전구' 레이어를 복제합니다. 두 개의 '볼 전구' 레이어 중 아래쪽 레이어 이름을 "전선 효과"로 변경하고 '볼 전구' 레이어는 표시 해제합니다.

16 '전선 효과' 레이어가 선택된 상태에서 🖌–[빛산란]을 선택해 효과를 적용합니다. 그 다음 [클리핑 마스크]를 설정해 전구의 빛이 반영된 전선을 표현합니다.

빛산란: 90%, 전환효과: 56%, 크기: 42%, 번: 58%

17 빛나는 전구를 표현해 볼게요. '볼 전구' 레이어를 복제한 다음, 아래 레이어 이름을 "볼 전구효과1" 로 변경합니다. "볼 전구효과1" 레이어는 다시 캔버스에 표시합니다.

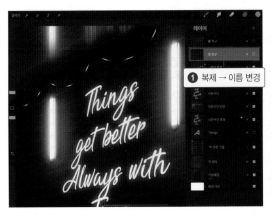

18 '볼 전구효과1' 레이어가 선택된 상태에서 🖌–[빛산란]을 선택해 밝게 빛나는 전구를 표현합니다.

빛산란: 80%, 전환효과: 76%, 크기: 30%, 번: 75%

19 '볼 전구효과1' 레이어를 복제한 다음, 위쪽 레이어의 이름을 "볼 전구효과2"로 변경합니다. 레이어 모드를 [스크린]으로 변경하면 더 밝게 빛나는 전구를 표현할 수 있습니다.

20 ✎ – [가우시안 흐림 효과]를 선택해 적절하게 흐림 효과를 적용합니다.

21 '볼 전구효과1' 레이어를 복제한 다음, 레이어 이름을 "볼 전구반영1"로 변경하고 레이어 목록 제일 위로 옮겨 주세요.

 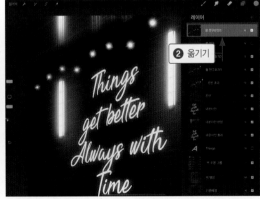

22 🡕를 선택해 복제한 볼 전구를 천장에 배치합니다. 필요하다면 🔄 −[올가미]를 사용해 반영된 전구의 위치를 개별적으로 조절할 수 있습니다.

23 반영된 볼 전구의 빛을 좀더 자연스럽게 표현하겠습니다. '볼 전구반영1' 레이어를 복제한 다음, 레이어 이름을 "볼 전구반영2"로 변경하고 레이어 모드는 [스크린]으로 변경합니다.

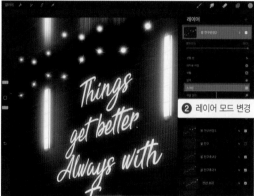

24 '볼 전구반영2' 레이어가 선택된 상태에서, ✨ −[가우시안 흐림 효과]를 선택하고 흐림 효과를 적용합니다.

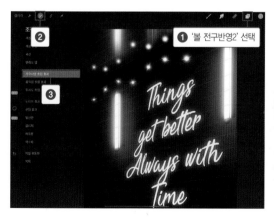

25 '볼 전구반영1' 레이어를 선택한 다음,  –[움직임 흐림 효과]를 선택합니다. 애플 펜슬이나 손가락을 위·아래로 슬라이드하여 방향과 흐림 효과를 적용합니다.

26 '볼 전구반영1' 레이어의 레이어 모드를 [색상 닷지]로 변경합니다. 마지막으로 볼 전구와 관련 레이어를 모두 선택한 다음, 그룹화하여 그룹 이름을 "볼 전구 그룹"으로 변경하세요.

함께 그리기 - 3
마무리하기

그림의 주요 대상은 모두 완성하였지만, 부가적인 요소까지 추가하여 그림의 완성도를 올려 보겠습니다. 부가적인 장식 요소가 너무 디테일할 경우 시선을 분산시키기 때문에 주요 대상이 돋보일 정도로만 작업하여 전체적인 그림이 균형을 잃지 않도록 작업합니다. 부가적인 요소에 너무 치중하면 자칫 그림이 산만해질 수 있다는 점을 주의하면서 마무리 작업을 따라 해 보세요.

---

1 '벽 명암' 레이어 위로 새 레이어를 생성하고 레이어 이름을 "선반"으로 변경합니다. (그리기 도우미)를 활성화하고 스케치한 선을 쉽게 확인할 수 있도록 '벽 명암' 레이어는 표시 해제합니다.

2 투시선을 따라 다음 그림과 같이 스케치한 다음, 컬러 드롭으로 색상을 채워 주세요. 레이어 메뉴의 (그리기 도우미)를 수시로 활성화/비활성화하면 좀더 쉽게 작업할 수 있습니다.

[잉크]-[스튜디오 펜] [12]

3 이어서 선반의 옆면도 스케치한 다음, 컬러 드롭으로 색상을 채웁니다. 같은 방법으로 선반의 아랫면도 그려 주세요.

[잉크]-[스튜디오 펜]   [13]

 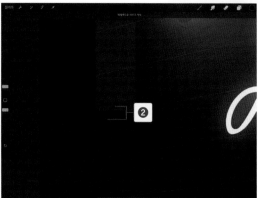

Tip 선반을 완성했다면 표시 해제한 '벽 명암' 레이어는 다시 표시합니다. ◢

4 이제 천장에 재질감을 표현해 볼게요. '선반' 레이어 위로 새 레이어를 생성하고 레이어 이름을 "천장 재질"로 변경합니다. 브러시 크기를 적절하게 조절한 다음, 손목에 힘을 빼고 살살 문지르듯 채색합니다.

[텍스처]-[목재]   [14]

5 를 터치한 다음, 조절점을 움직여 채색한 부분을 90° 회전시킨 다음, 천장면으로 옮겨 줍니다. [왜곡]이 선택된 상태에서 조절점을 움직이면 투시선에 맞춰 입체감을 표현할 수 있습니다. 처음에는 투시선에 맞춰 천장 재질을 배치하는 것이 어려울 수 있어요. 하지만 조금만 조절해도 굉장히 사실적인 표현을 할 수 있으므로 각 조절점을 투시선에 맞춰 조금씩 조절해 보세요.

Tip 변형 모드 옵션 중 [스냅]-[자석]을 활성화하면 일정 각도로 회전시킬 수 있습니다. 조절점을 조절할 때에는 [자석] 기능이 방해되므로 다시 비활성화 상태로 설정해 작업하세요.

6 로 천장의 밝은 부분 위주로 재질이 잘 보일 수 있도록 군데군데 지워 주고, 재질이 벽면으로 넘어온 부분도 정리합니다.

[에어브러시]-[소프트 브러시]

8 '천장 재질' 레이어 위로 새 레이어를 생성하고 레이어 이름을 "벽면 재질"로 변경합니다. 브러시 크기를 적절하게 조절한 다음, 손목에 힘을 빼고 살살 문지르듯 채색해 주세요.

[텍스처]-[목재]   [14]

9 **7**과 같이 ⬤로 밝은 부분 위주로 재질이 잘 보이도록 군데군데 문질러 자연스럽게 지우고, 천장으로 넘어간 부분도 정리합니다. 소프트 브러시의 투명도를 50% 정도로 변경하면 조금 더 자연스럽게 정리할 수 있어요.

[에어브러시]-[소프트 브러시]

🔟 빛 효과를 추가하고 그림을 마무리할게요. '벽 조명' 그룹 위로 새 레이어를 생성하고, 레이어 이름을 "빛 효과1"로 변경합니다. 레이어 모드는 〔색상 닷지〕로 변경합니다.

1️⃣1️⃣ 천장과 네온 사인의 윗부분 위주로 살짝만 채색합니다.

[에어브러시]-[소프트 브러시]   [3]

채색된 부분을 보기 쉽게 표시한 이미지

Tip 레이어의 불투명도를 조절하여 효과의 정도를 조절할 수 있습니다. ◢

12 '빛 효과1' 위로 새 레이어를 생성하고, 레이어 이름을 "빛 효과2"로 변경합니다. 레이어 모드는 (추가)로 변경하세요.

❶ 생성 → 이름 변경

❷ 레이어 모드 변경

13 각 벽 조명의 아랫부분에 점을 찍듯이 플레어 효과를 넣어 그림을 마무리합니다.

[빛]-[플레어]　[5]

14 수고했어요. 저는 장식 요소를 더 추가하여 마무리했습니다.

04

호수에 비친 도시풍경 그리기

오늘은 그간 배운 프로크리에이트 기능과 미술 기초 지식을 모두 활용하여 호수에 비친 도시풍경을 그려 보겠습니다. 함께 그리기에 앞서 디지털 페인팅을 한다면 누구나 가장 신경 쓰는 브러시에 대한 기본 이론도 다뤄볼 텐데요. 항상 어떤 브러시를 써야할지 고민하느라 골머리를 앓고, 사막의 신기루와 같은 최고의 브러시를 찾아 헤맸다면 이번 장에 소개하는 팁들을 통해 브러시를 선택하는 자신만의 기준을 세울 수 있길 바랍니다. 그리고 이어지는 따라 그리기 예제에서는 되도록 다양한 브러시를 시험해보고 앞서 배운 디지털 브러시 이론을 바로 적용해 보는 시간으로 구성했습니다. 특히 본 책의 막바지인 만큼 "그린다" 또는 "페인팅하다"라는 느낌을 좀더 강렬하게 느낄 수 있는 예제들을 소개할 예정이니 제 설명을 가이드 라인 삼아 자신만의 방식을 자유롭게 시험해 보길 바라요. 결국 그림에 정해진 길은 없다는 것을 몸소 느낄 수 있길 바라며, 시작하겠습니다.

레벨업! 고급 기능 - 5
디지털 브러시의 이해

이론

일반 캔버스에 그림을 그릴 때와 마찬가지로 디지털 페인팅에서도 브러시에 대한 이해는 매우 중요합니다. 그렇다고 "OO 브러시가 유용하게 쓰인다"는 식의 정보를 습득하는 것보다는 디지털 페인팅 브러시의 본질(특성)을 이해하는 것이 무엇보다도 중요합니다. 본질이라고 하면 이해하기 어렵다고 생각할 수 있지만, 오히려 너무 쉽고 익숙해서 잊기 쉬운 이론을 짚고 넘어간다고 생각하면 마음이 편할 거예요. 디지털 브러시의 본질에 대해 차근차근 이해하면서, 자신만의 브러시 기준을 세워 봅시다.

디지털 페인팅이 일반 캔버스에 그리는 페인팅 작업과 크게 다른 점은 없지만, 이상하게도 디지털에서 페인팅 할 때만큼은 유독 브러시의 중요한 본질은 뒤로한 채, 특별한 브러시를 찾는 데에만 치중하여 끝없이 브러시를 구매하고 검색하는 페인터가 많습니다. 마치 좋은 브러시만 있으면 멋진 그림을 뚝딱 그려낼 것 같은 믿음으로 말이죠. 하지만 프로크리에이트에서는 많은 수의 기본 브러시를 제공하고, 온라인에서 조금만 검색해도 훌륭한 유·무료 브러시를 얻을 수 있습니다. 이번 시간에는 수많은 브러시를 어떻게 구분하고 선택하는 것이 좋은지에 대해 알아보겠습니다.

기준 1 - 선의 경계

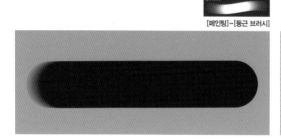

[페인팅]-[둥근 브러시]

경계가 명확한 대표 브러시: 둥근 브러시

[에어브러시]-[소프트 브러시]

경계가 흐릿한 대표 브러시: 소프트 브러시

브러시를 선택할 때 가장 먼저 고려해야 할 부분은 브러시가 표현하는 경계를 확인하는 것입니다. 이것은 우리가 무언가를 채색할 때, 꼭 확인해야 하는 부분이기도 한데요. 예를 들어 멀리 있는 사물을 그릴 때나 부드러운 명암을 표현할 때에는 경계가 흐릿하게 표현되는 "소프트 브러시" 계열의 브러시들을 사용하게 됩니다. 반대로 강하게 부각시켜야 하는 사물이나 비교적 가까운(근경) 사물을 그릴 때에는 "둥근 브러시"와 같은 경계가 명확한 브러시를 사용하게 됩니다.

브러시 🖌 vs 문지르기 👉

프로크리에이트의 문지르기 도구로도 흐림과 명확함을 표현할 수도 있지만, 〈그림 2〉와 같이 문지르기 도구로 표현할 경우 그림의 디테일이 뭉개질 수 있습니다. 브러시로 표현한 〈그림 1〉과 비교해보면 그림의 전체적인 완성도가 떨어진다는 점을 알 수 있어요.

그림 1
그림 2

기준 2 - 질감

[페인팅]-[아크릴]

[머티리얼]-[노이즈]

경계가 명확하며, 질감이 있는 대표 브러시: 아크릴 브러시   경계가 흐릿하며 질감이 있는 대표 브러시: 노이즈 브러시

두 번째로 고려해야 할 부분은 브러시의 질감 유무입니다. 브러시에 포함된 질감의 속성에 따라서 채색되는 색상(물감)의 점도나 캔버스의 질감, 또는 표현하고자 하는 물체의 질감 등이 다르게 표현됩니다. 그리고 이 질감의 속성을 바꿈으로써 꽤 드라마틱한 효과를 기대할 수 있으니 다양한 질감의 브러시를 시험해 보고 사용하길 권장합니다. 하지만 매번 그림을 그릴 때마다 브러시를 달리한다면 절대 여러분의 개성을 담은 그림을 만들 수 없습니다. 시인이 어구와 단어를 고민하며 사용해서 자신만의 아름다움을 표현하는 것처럼, 화가(페인터)는 붓질의 흔적 하나하나로 개성과 스타일을 표현할 수 있다는 점을 잊지 마세요.

다음 두 가지 기준으로 만든 표를 확인하세요.

구분		질감	
		없음	있음
경계	명확	둥근 브러시	아크릴 브러시
	흐릿	소프트 브러시	노이즈 브러시

부가 기준 - 브러시 모양

[유기물]-[스워드그라스]

[페인팅]-[납작]

풀 모양으로 표현되는 스워드그라스 브러시   **네모난 모양으로 표현되는 납작 브러시**

앞선 두 가지 방식 및 조합이 디지털 브러시를 정의하는 90%의 요소를 포함하고 있다고 보면 되는데요. 추가적으로 브러시가 어떤 특정 모양을 가지고 있는지에 따라 작업 속도도 달라집니다. 극단적으로는 풀이나 나무를 스탬프처럼 표현하려면 스워드그라스 같은 브러시도 사용할 수 있고, 건축물이나 인위적인 물체를 표현할 때에는 납작 브러시를 사용할 수도 있지요.

최고의 브러시는?

그렇다면 제가 여러분에게 추천할 최고의 브러시는 무엇일까요? 그건 바로 많은 프로 페인터들이 애용하는 둥근 브러시와 소프트 브러시입니다. 아무리 많은 브러시가 있어도 대부분의 프로 페인터는 작업의 80~90%를 한두 개의 브러시만으로 작업하는데요. 그 한두 개의 브러시에 반드시 포함되는 브러시이기도 합니다. 그 이유는 "그린다", "채색한다" 라는 기본 작업에 가장 충실하면서도 채색과 수정에 용이하기 때문입니다. 스타일은 기본 작업이 어느 정도 끝난 후에 얼마든지 만들 수 있으며, 지나치게 많은 질감은 그리고자 하는 대상을 정확하게 볼 수 없도록 만들기도 합니다. 그리고 본인의 실력을 가장 정확하게 보여줄 수 있는 브러시이기도 해서, 초급에서 고급 사용자까지 모두에게 추천하는 브러시입니다. 하지만 자신의 실력을 있는 그대로 보여줘서, 초보 페인터들은 사용하길 꺼려하는 브러시이기도 하죠. 여러 브러시를 시험해 보고 본인에게 맞는 브러시를 찾는 과정은 디지털 페인터라면 꼭 필요한 과정이지만, 그 과정에서 길을 잃지 않도록 앞에서 설명한 브러시의 특성 및 추천 브러시를 염두하고 이를 기준으로 본인에게 더욱 적합한 브러시를 찾아 나가길 바랍니다.

작업의 90% 이상을 둥근 브러시와 소프트 브러시만을 사용하여 작업한 이미지

함께 그리기 - 1
기본 요소 그리기

실습

앞서 배운 디지털 브러시 이론을 바탕으로 여러 브러시를 사용하며 예제를 따라 그려 보겠습니다. 본 예제는 "그린다"에 초점을 맞춘 만큼 제 결과물과 조금 다를 수 있습니다. 그렇다 하더라도 제 설명을 가이드라인 삼아 차근차근 끝까지 따라가다 보면, 분명 놀라운 결과물을 얻을 수 있으리라 믿습니다.

앞선 예제와 마찬가지로 비교적 단순한 장면이기 때문에 스케치와 동시에 간단한 채색 작업을 진행하겠습니다. 항상 장면을 단순화하여 기본적인 요소를 스케치하고, 채색을 올리는 작업 과정은 디지털 페인팅의 기초 작업 순서이기 때문에 습관처럼 몸에 익혀 작업을 효율적으로 진행해 보세요. 물론 중급 이상의 수준이 되었을 때에는 자신에게 맞는 작업 과정을 만들어도 문제 없습니다.

1 갤러리 메뉴에서 ➕ – 🖥️를 터치하여 너비 '4,000', 높이 '2,650'px 사이즈의 캔버스를 생성합니다.

2 먼저 기본배경을 작업합니다. 배경의 명도나 분위기에 따라 그리고자 하는 대상에 많은 영향을 주기 때문에 작업 전 간단하게 배경색을 채워 작업하는 것이 매우 중요합니다. '레이어 1'의 레이어 이름을 "기본배경"으로 바꾼 다음, 컬러 드롭으로 캔버스 전체를 하나의 색상으로 채우세요.

[1]

3 ◆ - (직사각형)을 선택해 가운데 영역을 선택하고 컬러 드롭으로 색상을 채웁니다.

[2]

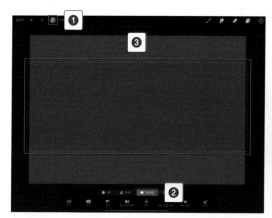

4 ✎ - (가우시안 흐림 효과)를 선택하여 색의 경계가 자연스럽게 섞이도록 흐림 효과를 적용합니다.

5 새 레이어를 생성하고 레이어 이름을 "언덕"으로 바꾼 다음, 그림과 같이 언덕을 스케치하고 컬러
드롭으로 색상을 채웁니다.

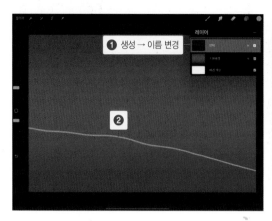

[잉크]-[스튜디오 펜]　[3]

6 새 레이어를 생성하고 레이어 이름을 "지평선 숲1"로 변경하고 다음 그림과 같이 멀리 보이는 숲을
스케치하고 컬러 드롭으로 색상을 채웁니다. 이때 그림이 단조로워 보이지 않도록 그려주는 것이 핵심
입니다. 또한 아직 빌딩 숲을 그리기 전이므로 지평선 끝에 보이는 숲은 캔버스의 가운데에서 조금 아
래로 그려 주세요.

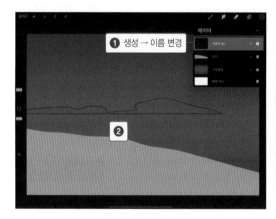

[잉크]-[스튜디오 펜]　[4]

7 '지평선 숲1' 레이어 아래로 새 레이어를 생성하고 레이어 이름을 "지평선 숲2"로 바꾼 다음, 좀더 가깝게 보이는 숲을 스케치하고 컬러 드롭으로 색상을 채웁니다.

[잉크]-[스튜디오 펜] [4]

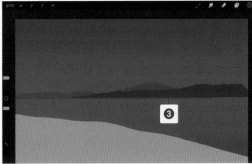

Tip 숲을 그리는 데 '지평선 숲1 레이어가 방해된다면 불투명도를 조절하여 작업하세요.

8 '지평선 숲2'와 '언덕' 레이어 사이에 새 레이어를 생성하고 레이어 이름을 "빌딩1"로 변경합니다.

9 **S**-[직사각형]으로 빌딩 모양의 직사각형 여러 개를 선택 영역으로 지정한 다음, 브러시로 선택 영역을 채색합니다. **S**는 선택한 영역에만 채색하거나 명암을 표현할 수 있을 뿐 아니라, 선택 영역의 경계를 활용해 깔끔한 면을 표현할 수 있어 디지털 페인팅에서 매우 중요한 기능입니다.

[잉크]-[스튜디오 펜] [5]

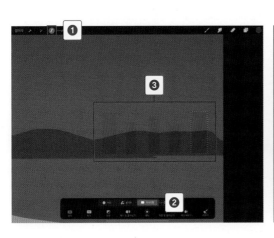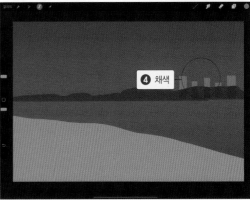

Tip [색상 채우기]를 활용하면 선택 영역에 바로 색상을 채울 수 있지만, 선택 영역을 활용한 채색 방법은 디지털 채색에 아주 중요한 기법이므로 틈틈이 연습해 익숙해지도록 합시다.

선택 영역 쉽게 확인하기

그림에 따라 선택 영역을 쉽게 확인할 수 없는 경우도 있습니다. 이럴 때 선택 영역을 더 분명하게 표시하는 방법이 있습니다.

🔧 −[설정]−[선택 마스크 가시성]을 차례대로 터치한 다음, 애플 팬슬로 캔버스를 좌우로 슬라이드하면 선택 영역을 좀더 쉽게 확인할 수 있습니다.

🔟 '지평선 숲2' 레이어 아래로 새 레이어를 생성하고 레이어 이름을 "빌딩2"로 변경한 다음, 9️⃣와 같은 방법으로 선택 영역을 지정하고 채색합니다.

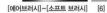

[에어브러시]−[소프트 브러시]　[6]

11 '빌딩2' 레이어를 복제하고, 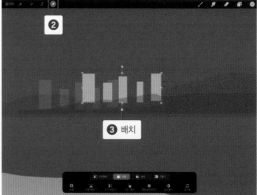를 사용해 다음 그림과 같이 복제한 빌딩을 자연스럽게 배치합니다.

Tip 이동한 위치를 확인할 수 있도록 주변 다른 레이어들의 불투명도를 낮추어 작업했습니다.

12 더 많은 빌딩을 배치하기 위해 복제한 '빌딩2' 레이어를 모두 병합하고, 다시 '빌딩2' 레이어를 복제합니다. 복제된 두 개의 레이어 중 아래 레이어 이름을 "빌딩3"으로 변경합니다.

13 로 복제한 빌딩을 자연스럽게 배치합니다.

14 공기 원근법을 적용하여 원근감을 표현해 볼게요. '빌딩3' 레이어에 [알파 채널 잠금]을 설정한 다음, 그림과 같이 채색하세요.

[에어브러시]-[소프트 브러시]　[7]

15 밋밋해 보이는 둔치에는 나무를 그려 볼게요. 레이어 목록 제일 위로 새 레이어를 생성하고, 레이어 이름을 "나무"로 변경합니다. 그림과 같이 적절한 위치에 나무를 스케치한 다음, 컬러 드롭으로 색상을 채워 줍니다.

[잉크]-[스튜디오 펜]　[8]

16 15에 이어서 나뭇가지를 스케치하고 컬러 드롭으로 색상을 채워 줍니다.

[잉크]-[스튜디오 펜]   [8]

이렇게 그리기 어려운 사물을 그릴 때에는 중심이 되는 큰 부분을 먼저 그린 다음, 나머지 요소를 추가하면 비교적 쉽게 그릴 수 있어요. 기본 요소는 모두 마무리되었습니다. 다음시간에는 여러 가지 질감 브러시를 활용해 좀더 사실적으로 대상을 표현해 보겠습니다.

함께 그리기 - 2
질감 브러시로 풍성하게 표현하기

실습

이번 시간에는 프로크리에이트에서 제공하는 다양한 질감의 브러시를 활용하여, 그림을 좀더 사실적이고 풍성하게 표현해 봅니다. 이러한 브러시를 활용할 때는 기본 바탕이 탄탄해야 완성도 높은 결과물을 얻을 수 있다는 점을 잊지 마세요. 또한 다양한 브러시와 유용한 기능은 그림 작업 속도를 높이기 위한 도구라는 점도요.

1 연습 삼아 가장 멀리 있는 '지평선 숲2' 레이어부터 질감을 넣어 보겠습니다. '지평선 숲2' 레이어에 바로 채색해도 상관없지만, 수정에 대비하여 새로운 레이어를 만들어 작업하세요. '지평선 숲2' 레이어 위로 새 레이어를 생성하고, 브러시 크기를 작게 설정하여 숲의 경계선 따라 선 그리듯 군데군데 채색합니다.

[유기물]-[페이퍼 데이지]   [4]

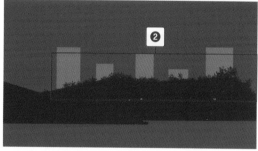

2 채색이 완료되었으면 '지평선 숲2' 레이어와 병합합니다. '지평선 숲1' 레이어 위로 새 레이어를 생성한 다음, 같은 방식으로 질감을 넣고 채색이 완료되면 레이어를 병합하세요. 숲의 질감을 표현할 때 가장 중요한 것은 질감 표현이 일률적으로 보이지 않아야 한다는 것입니다. 숲 경계를 모두 균일한 질감으로 표현하는 것보다 군데군데 브러시의 크기와 투명도를 다르게 표현하면 훨씬 자연스러운 숲을 표현할 수 있습니다.

[유기물]-[페이퍼 데이지]   [4]

Tip 질감을 표현하는 데 '지평선 숲2' 레이어가 방해된다면 표시 해제하고 작업해 보세요.

3 가장 가까이 보이는 앞쪽에 수풀도 그려 볼게요. 레이어 목록 제일 위로 새 레이어를 생성하고 레이어 이름을 "수풀"로 변경합니다. 캔버스 제일 아래쪽을 한 번에 그어 수풀을 넣어 줍니다. 애플 펜슬을 누르는 힘에 따라 수풀의 크기가 달라집니다. 누르는 힘을 조절하여 수풀이 균일하지 않도록 표현해 보세요.

[유기물]-[스워드그라스]　[9]

4 '수풀' 레이어 아래로 새 레이어를 생성하고 레이어 이름을 "수풀1"로 변경합니다. 브러시 크기를 작게 조절한 다음, 나무 아래 주변에 수풀을 넣습니다. 브러시 크기를 조절하여 질감을 표현하면 더욱 자연스러운 원근감을 표현할 수 있습니다.

[유기물]-[스워드그라스]　[9]

Tip 질감 브러시로 그린 그림을 지울 때에는 사용한 질감 브러시로 지우는 것이 자연스럽습니다.

5 이번에는 나뭇잎을 넣어 볼게요. '수풀'과 '수풀1' 레이어를 병합한 다음, '나무' 레이어 위로 새 레이어를 생성하고 레이어 이름을 "나뭇잎"으로 변경합니다.

6 나무 줄기 주변에 색을 채운다는 느낌으로 나뭇잎을 표현합니다. 애플 펜슬을 누르는 힘에 따라 나뭇잎의 크기가 달라지므로 원하는 만큼 힘을 주고 그려 보세요.

[유기물]-[스노우 검] [9]

채색된 부분을 보기 쉽게 표시한 이미지

7 캔버스에는 보이지 않는 나무의 나뭇잎도 그려 줄게요. 캔버스 위쪽을 역삼각형 모양으로 채운다는 생각으로 나뭇잎을 표현합니다. 여기서 사용된 브러시의 경우 질감이 무작위로 표현되므로 원하는 대로 표현되지 않을 수 있습니다. 이럴 경우에는 그릴 때 사용한 브러시와 같은 브러시의 지우개로 수정해 보세요.

[유기물]-[스노우 검] [9]

8 '언덕' 레이어 아래로 새 레이어를 생성하고 레이어 이름을 "호수수풀"로 변경합니다. 언덕 아래 호숫가의 수풀을 채색하세요.

[유기물]-[스워드그라스]　[10]

9 마지막으로 언덕의 둔턱에 질감을 넣고 마무리할게요. '언덕' 레이어 위로 새 레이어를 생성하고 레이어 이름을 "언덕질감"로 변경합니다. 다음과 같이 언덕과 같은 색상을 사용해 질감을 표현합니다. 캔버스 오른쪽 아랫부분에 질감을 표현할 때에는 애플 펜슬에 힘을 주어 잔디 질감이 크게 느껴지도록 채색하세요. 이때 역시 질감 표현이 균일하지 않게 표현되는 것이 좋습니다.

[유기물]-[스워드그라스]　[11]

함께 그리기 - 3
명암 넣기

실습

기본적인 요소와 질감이 마무리된 상태에서 기본적인 명암만 넣어 보겠습니다. 제가 계속 기본이라고 이야기하는 이유는 디테일에 신경쓰지 않고 전체적인 형태와 분위기를 잡기 위한 작업이기 때문입니다. 이번 명암 작업도 세부적인 디테일보다는 전체적인 분위기를 잡아 표현합니다.

1 '기본배경' 레이어 위로 새 레이어를 생성하고 레이어 이름을 "기본배경 명암1"로 변경합니다. 레이어 모드는 [스크린]으로 변경합니다.

1 생성 → 이름 변경

2 레이어 모드 변경

2 캔버스에 커다란 타원을 그린다는 생각으로 채색합니다.

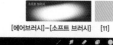
[에어브러시]-[소프트 브러시]　[11]

채색

③ '나뭇잎' 레이어를 복제하고, 위쪽 레이어 이름을 "나뭇잎 명암1"로 변경합니다. 레이어 모드는 [곱하기]로 변경하세요.

④ '나뭇잎 명암1' 레이어에 [클리핑 마스크]를 적용하고, 를 사용해 소프트 브러시로 군데군데 지워줍니다. 어색한 부분이 있다면 다시 [스노우 검] 브러시로 수정합니다.

[에어브러시]-[소프트 브러시]　　[유기물]-[스노우 검]　　[10]

⑤ '기본배경 명암1' 레이어 위로 새 레이어를 생성하고 레이어 이름을 "기본배경 명암2"로 변경합니다. 레이어 모드는 [스크린]으로 변경하세요.

6 빛이 비치는 방향과 영역을 더 확실하게 표현합니다. 빛이 비치는 방향을 염두하고 지평선 멀리 건물이 밀집한 영역을 애플 펜슬로 꾹꾹 눌러 채색합니다.

[에어브러시]-[소프트 브러시] [11]

채색된 부분을 보기 쉽게 표시한 이미지

7 계속해서 수풀의 명암을 표현해 볼게요. '수풀1' 레이어를 복제한 다음, 위쪽 레이어 이름을 "수풀1 명암1"로 변경하고 레이어 모드는 [곱하기]로 변경하세요.

8 나무 사이로 비치는 햇빛을 상상하며 "수풀1 명암1" 레이어에 빛이 비치는 부분을 🔘로 지웁니다.

[에어브러시]-[소프트 브러시]

⑨ 언덕에도 명암을 넣어요. '언덕질감' 레이어 위로 새 레이어를 생성하고 레이어 이름을 "언덕 명암"으로 변경합니다. (클리핑 마스크)를 설정하고 레이어 모드는 (곱하기)로 변경합니다.

⑩ '언덕 명암' 레이어가 선택된 상태에서 나무 그늘이 생기는 언덕의 양끝을 어둡게 채색하세요.

[에어브러시]-[소프트 브러시] [10]

채색된 부분을 보기 쉽게 표시한 이미지

⑪ '호수수풀' 레이어에도 명암을 넣겠습니다. '호수수풀' 레이어 위로 새 레이어를 생성하고 레이어 이름을 "호수수풀 명암"으로 변경합니다. (클리핑 마스크)를 설정하고 레이어 모드는 (곱하기)로 변경하세요.

12 '호수수풀명암' 레이어가 선택된 상태에서 수풀을 군데군데 어둡게 채색하세요.

[에어브러시]-[소프트 브러시] [10]

채색된 부분을 보기 쉽게 표시한 이미지

13 같은 방법으로 '지평선 숲1, 2' 레이어에도 명암을 표현해 볼게요. '지평선 숲2' 레이어에 [알파 채널 잠금]을 설정하고 호수와 맞닿는 아랫부분을 뿌옇게 채색합니다.

[에어브러시]-[소프트 브러시] [11]

14 이번에는 '지평선 숲1' 레이어에 [알파 채널 잠금]을 설정하고 호수와 맞닿는 아랫부분을 뿌옇게 채색합니다. 이때 '지평선 숲1' 레이어는 '지평선 숲2' 레이어 보다 가깝게 보이므로 공기 원근법을 적용하여 약하게 채색했습니다. 이렇게 기본 명암 작업은 끝났습니다.

[에어브러시]-[소프트 브러시] [11]

함께 그리기 - 4
호수 반영 표현하기

이제 빌딩 및 지평선 숲을 살짝 다듬고 호수에 비친 반영을 표현합니다. 이전 예제인 야자수와 밤하늘 작업을 떠올려 보세요. 같은 방법으로 반영을 표현하므로 이번에는 더 자연스럽게 표현할 수 있을 거예요. 그리는 대상의 경계가 뚜렷한지, 흐릿한지 관찰하는 것은 가장 기본적이면서도 쉽게 놓칠 수 있는 부분이지만 사물의 거리 표현이나 질감 표현 등에서 굉장히 중요하므로 잊지 말아야 합니다.

1 여기서는 멀리 보이는 지평선 숲 아래쪽을 흐릿하게 처리하여 원근감을 느낄 수 있도록 표현해 볼게요. '지평선 숲1' 레이어가 선택된 상태에서 **S**-[직사각형]을 선택하고 [패더]를 터치해 적절한 값을 입력합니다. 여기서는 페더의 설정값을 3%로 적용했습니다. 이 상태에서 숲 아래쪽을 선택합니다. 만약 '지평선 숲1' 레이어에 [알파 채널 잠금]이 설정되어 있다면 설정을 해제하세요.

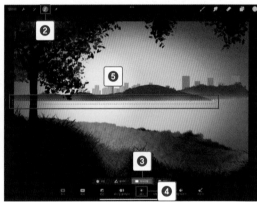

2 선택 영역이 지정된 상태에서 –(가우시안 흐림 효과)를 선택한 다음, 적절하게 설정값을 적용합니다. 여기서는 4%를 적용했습니다.

3 '지평선 숲2' 레이어도 같은 방법으로 선택 영역으로 지정한 다음, (페더)를 적용한 상태에서 숲 아래쪽을 선택하여 (가우시안 흐림 효과)를 적용합니다. 여기서는 페더 설정값은 3%이고, 가우시안 흐림 효과 설정값은 4%로 적용했습니다.

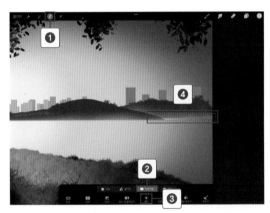

4 이번에는 멀리 보이는 빌딩에 공기 원근법을 적용해 볼게요. '빌딩1' 레이어가 선택된 상태에서 –(가우시안 흐림 효과)를 선택하여 적절하게 흐림 효과를 적용합니다. 여기서는 3%를 적용했습니다.

5 '빌딩2~3' 레이어에도 적절하게 흐림 효과를 적용합니다. 가우시안 흐림 효과가 적용되지 않는다면 (알파 채널 잠금)이 비활성화된 상태인지 확인해 보세요. 알파 채널 잠금이 활성화된 레이어에는 가우시안 흐림 효과가 적용되지 않습니다.

6 이제 호수에 비친 숲과 빌딩의 반영을 표현하겠습니다. 반영을 표현할 '지평선 숲1~2' 레이어와 '빌딩1~3'만 표시한 상태에서 🔧 –(추가)–(캔버스 복사)를 선택하고, 바로 아래 (붙여넣기)를 선택합니다.

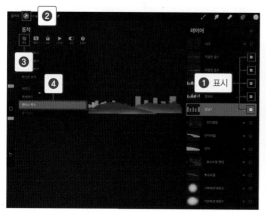

7 붙여넣기된 내용은 레이어 목록에 "삽입된 이미지"라는 이름으로 표시됩니다. 레이어 이름을 "호수 반영"으로 변경한 다음, '빌딩1' 레이어 아래로 옮겨 주세요. 표시 해제한 레이어도 다시 캔버스에 표시합니다.

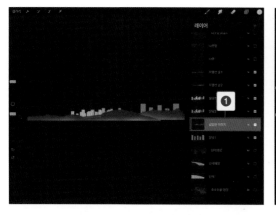

8 '호수반영' 레이어가 선택된 상태에서 -(수직 뒤집기)를 선택하여 반전합니다. (스냅)-(자석)을 활성화하여 반전한 레이어를 맞닿게 배치해 주세요. 이때 반영을 표현한 레이어 사이에 공간이 생기지 않도록 주의하며 배치하세요.

9 호수에 반영된 숲과 빌딩을 자연스럽게 표현하기 위해 '호수반영' 레이어의 불투명도를 85%로 설정하고, 바로 위쪽으로 새 레이어를 생성한 다음, 레이어 이름은 "호수반영 효과1"로 변경합니다. 호수가 밝은 빛을 반사하여 좀더 밝게 표현되도록 레이어 모드는 (스크린)으로 변경합니다.

10 햇빛으로 가장 밝게 빛나는 부분을 표현하기 위해 '호수반영 효과1' 레이어를 다음과 같이 채색하세요.

[에어브러시]-[소프트 브러시]   [12]

채색된 부분이 보기 쉽게 표시한 이미지

11 빛나는 부분을 좀더 강조하기 위해 '호수반영 효과1' 레이어 위로 새 레이어를 생성하고, 레이어 이름을 "호수반영 효과2"로 변경합니다. 레이어 모드는 [추가]로 변경하세요.

12 '호수반영 효과2' 레이어가 선택된 상태에서 물결이 일어 햇빛이 반짝이고 있을 호수의 경계를 다음 그림과 같이 채색합니다.

[에어브러시]-[소프트 브러시]   [12]

채색된 부분을 보기 쉽게 표시한 이미지

함께 그리기 - 5
수풀 디테일 높이기

실습

이제 전체적인 구성 요소와 명암이 잡혔으므로 포인트 부분에 디테일을 살리겠습니다. 먼저 빛이 내리쬐는 수풀부터 시작할게요. 디테일은 항상 전체적으로 살려주는 것이 아닌 그림의 주제를 잘 표현하고 강조할 수 있는 대상을 중심으로 표현해야 그림이 산만하지 않고, 보는 사람의 시선을 강하게 사로잡을 수 있습니다.

1 '수풀1' 레이어 위로 새 레이어를 생성하고, 이름은 "수풀1 명암2"로 변경합니다. 레이어 모드는 [스크린]으로 변경했습니다.

2 '수풀1 명암2' 레이어에 [클리핑 마스크]로 적용하고, 다음과 같이 채색하여 빛이 비치는 수풀을 표현합니다.

[에어브러시] - [소프트 브러시] [13]

3 레이어 목록 제일 위로 새 레이어를 생성하고, 이름은 "수풀2"로 변경합니다. 다음과 같이 햇빛을
받아 밝게 빛나는 잎파리도 그려 주세요.

[유기물]-[갈대]   [14]

 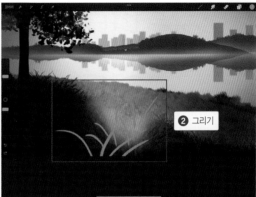

4 '수풀2' 레이어 위로 새 레이어를 생성하고 이름을 "수풀2 명암1"로 변경한 다음, [클리핑 마스크]를
적용합니다.

Tip 명암 표현까지 완료한 수풀을 여러 번 복사하여 배치할 것이므로 디테일하게 표현해 주세요. ◢

5 잎파리의 어두운 부분을 채색하세요. 빛의 방향을 상상하며 채색하되 너무 정확하지 않아도 괜찮아요.

[페인팅]-[아크릴] [15]

Doki's knowhow

브러시 스튜디오에서 브러시 편집하기

아크릴 브러시를 기본값 그대로 사용하면 너무 옅게 채색되므로, 선택된 브러시를 다시 터치하면 표시되는 "브러시 스튜디오" 메뉴에서 편집하여 채색해 보세요. 브러시 스튜디오의 [랜더링]에서 '랜더링 모드'를 [무거운 광택]으로 변경하면 좀더 수작업 느낌이 살아납니다.

6 '수풀2 명암1' 레이어 위로 새 레이어를 생성하고 이름은 "수풀2 명암2"로 변경한 다음, (클리핑 마스크)를 적용합니다.

7 수풀의 밝은 부분을 채색합니다. 빛의 방향을 감안하여 채색하되 너무 정확하지 않아도 됩니다.

[페인팅]-[아크릴]   [16]

8 '수풀2 명암2' 레이어 위로 새 레이어를 생성하고 이름은 "수풀2 명암3"로 변경한 다음, [클리핑 마스크]를 설정합니다. 레이어 모드는 [색상 닷지]로 변경하세요.

9 다음 그림과 같이 강한 빛이 비치는 부분을 상상하며 군데군데 채색합니다.

[에어브러시]–[소프트 브러시]　　[17]

채색된 부분을 보기 쉽게 표기한 이미지

10 지금까지 그린 수풀을 여러 개 복사하고 배치하여 좀더 무성한 수풀을 만들어 보겠습니다. 수풀과 관련된 레이어들(수풀2 ~ 수풀2 명암3)을 다중 선택하고, 오른쪽 위 [그룹]을 선택해 그룹화합니다. 그룹명은 "수풀2 그룹"으로 변경하세요.

⑪ '수풀2 그룹'을 복제한 다음, 복제된 레이어 그룹을 병합하고 이름은 "수풀3"으로 변경합니다.

Tip 그룹 이름 옆 ●를 선택하면 그룹 레이어에 포함된 모든 레이어를 펼쳐 볼 수 있습니다. ◢

⑫ '수풀2 그룹'을 표시 해제하고 '수풀3' 레이어를 복제한 다음, 레이어 이름을 "수풀4"로 변경합니다.

⑬ '수풀4' 레이어가 선택된 상태에서 ↗를 선택해 크기와 위치를 적절하게 조정하여 배치합니다.

14 같은 방법으로 '수풀4' 레이어를 복제하고 레이어 이름을 "수풀5"로 변경합니다.

15 '수풀5' 레이어가 선택된 상태에서 —〔수평 뒤집기〕를 선택하여 반전한 다음, 크기를 조절하고 적절하게 배치합니다.

16 같은 방법으로 '수풀5' 레이어를 다시 복제하고 레이어 이름은 "수풀6"으로 변경한 다음, 💠를 사용해 자연스럽게 배치합니다.

17 복제하여 배치한 레이어는 모두 병합한 다음, 레이어 이름을 "우거진 수풀"로 변경합니다. '우거진 수풀'이라는 레이어 이름처럼 디테일하게 표현한 수풀 레이어 한 개를 여러 개로 복제하여 풍성하게 우거진 수풀을 완성했습니다. 이렇게 복사와 수정 작업이 간편한 프로크리에이트(디지털 페인팅)의 특징을 이용하면 짧은 시간에 그림을 풍성하게 만들 수 있습니다.

18 '우거진 수풀' 레이어 위로 새 레이어를 생성하고 이름은 "우거진 수풀 명암"으로 변경한 다음, 레이어 모드를 [곱하기]로 변경하세요.

 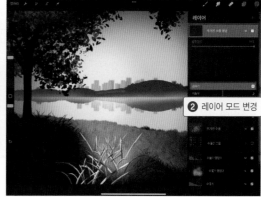

⑲ '우거진 수풀 명암' 레이어에 [클리핑 마스크]로 적용하고, 수풀의 아랫부분을 어둡게 채색합니다.

[에어브러시]-[소프트 브러시]   [15]

⑳ 수풀에 명도를 조금 조절해 볼게요. '수풀1 명암1' 레이어를 복제하고, 복제된 레이어의 불투명도를 적절하게 조절합니다. '수풀1 명암2' 레이어의 불투명도도 적절하게 조절해 주세요.

21 수풀을 좀더 리터치하고 마무리할게요. 레이어 목록 제일 위로 새 레이어를 생성하고 이름을 "수풀 리터치"로 변경합니다. 그리고 다음과 같이 군데군데 밝은 수풀잎을 그려 주세요. 너무 과하지 않게 표현하는 것이 중요하며 일률적이라 부자연스럽지 않도록 브러시 크기를 적절하게 조절하며 표현하세요.

[유기물]-[갈대]   [18]

함께 그리기 - 6
나무 디테일 높이기

실습

이번 그림에서 큰 부분을 차지하고 있는 나무 디테일을 살려 보겠습니다. 앞선 설명과 같이 그림을 그릴 때에는 항상 모든 부분의 디테일을 살리기보다는 몇몇 포인트 부분을 선택적으로 살려주는 게 좋습니다. 지금까지 충실히 따라 그렸다면 지칠 수도 있지만, 완성이 머지 않았습니다. 기지개를 펴고 다시 한번 열심히 그려 보아요.

❶ '나뭇잎 명암1' 레이어 위로 새 레이어를 생성하고 이름은 "나뭇잎 명암2"로 변경합니다. 레이어 모드는 [스크린]으로 변경하고 [클리핑 마스크]를 설정합니다.

❷ '나뭇잎 명암2' 레이어가 선택된 상태에서 다음 그림과 같이 밝게 빛나는 나뭇잎을 채색하세요. 애플 펜슬을 누르는 세기에 따라 재질의 크기를 조절할 수 있으니 다양한 크기로 표현되도록 채색해 보세요. 필요에 따라 채색한 부분을 지우개로 지워야 한다면 반드시 같은 [스노우 검] 브러시로 지웁니다.

[유기물]-[스노우 검] [13]

③ 나뭇잎을 좀더 입체적으로 표현해 볼게요. '나무' 레이어 아래로 새 레이어를 생성하고 이름은 "나뭇잎2"로 변경한 다음, 레이어 모드는 [스크린]으로 변경하세요.

④ 다음 그림과 같이 어두운 나뭇잎 사이사이로 밝은 나뭇잎을 채색합니다.

[유기물]-[스노우 검]   [13]

채색된 부분을 보기 쉽게 표시한 이미지

⑤ 좀더 디테일하게 표현해 볼게요. '나뭇잎2' 레이어 아래로 새 레이어를 생성하고 이름은 "나뭇잎3"로 변경합니다.

6 나뭇잎이 무성하고 울창한 나무를 상상하며 나무 아랫부분을 채색해 주세요.

[유기물]-[스노우 검] [9]

채색된 부분을 보기 쉽게 표시한 이미지

7 나무와 관련된 레이어는 모두 다중 선택한 다음, 그룹화합니다. 그룹 레이어 이름은 "나무"로 변경해 주세요.

함께 그리기 - 7
부가적인 요소 추가하기

풍경화에 인물, 동물, 사물 등과 같은 이야기적인 요소를 추가하면 보는 사람의 시선을 좀더 끌 수 있는 매력적인 그림을 완성할 수 있습니다. 저는 지금까지 작업한 풍경화에 작은 보트를 그려 넣을 건데요. 세부적으로 묘사하지 않고 꼭 필요한 것만 그려 사실적인 느낌을 살려 보겠습니다. 그리고 마지막으로 빛을 강조하여 마무리할게요.

1 '언덕' 레이어 아래로 새 레이어를 생성하고 이름은 "보트"로 변경합니다.

2 '보트' 레이어가 선택된 상태에서 **S**-(올가미)를 선택한 다음, 사다리꼴 모양의 선택 영역을 지정하고 (소프트 브러시)로 채색합니다.

[에어브러시]-[소프트 브러시]   [19]

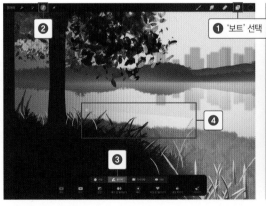

2 단순화한 보트를 입체적으로 표현해 볼게요. 다음과 같이 ⑤ −[올가미]로 모서리 부분을 선택하고, 선택된 영역을 지우개로 지워 줍니다.

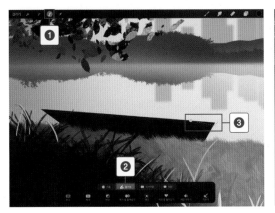

Tip 디지털 페인팅에서 선택 옵션의 [올가미]를 활용하여 채색하는 방법은 매우 유용하고, 활용도 높은 중급 이상의 스킬인 만큼 꼭 익히세요. ◢

3 보트 위로 비치는 햇빛도 표현해 볼게요. '보트' 레이어에 [알파 채널 잠금]을 설정하고, 보트에 비치는 햇빛을 상상하며 모서리와 경계 부분에 선을 그립니다. 관찰하고 표현하는 모든 대상을 디테일하게 표현하는 것보다 꼭 필요한 부분을 필요한 만큼만 표현하는 것이 중요합니다. 모든 대상을 디테일하게 표현하면 보는 사람의 시선이 분산되어 표현하고자 하는 주제를 효과적으로 전달할 수 없습니다. 따라서 보트는 이 정도로 간단하게 표현하여 마무리하겠습니다.

[잉크]−[스튜디오 펜] [20]

4 빛 효과를 넣고 그림을 마무리할게요. 레이어 목록 맨 위로 새 레이어를 생성하고 이름을 "빛 효과1"로 변경합니다. 그리고 레이어 모드를 (색상 닷지)로 변경하세요.

5 호수 가운데 빛이 비치는 밝은 부분을 중심으로 브러시를 살살 문질러 빛을 표현합니다. 적용되는 효과의 정도를 눈으로 확인하며 채색해 보세요. 가장 밝은 부분을 상상하며 캔버스 위에서 아래로 수직선을 긋는다는 생각으로 채색한 다음, 어색한 부분을 덧칠하면 자연스럽게 표현할 수 있습니다. 또한 '빛 효과1' 레이어의 불투명도를 조정하여 효과의 강약을 조절할 수도 있습니다.

[에어브러시]-[소프트 브러시]   [21]

 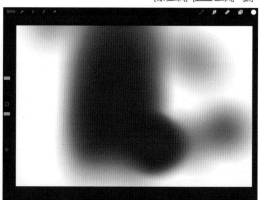

채색된 부분을 보기 쉽게 표시한 이미지

6 다시 레이어 목록 제일 위로 새 레이어를 생성하고 이름은 "빛 효과2"로 변경합니다. 레이어 모드는 [추가]로 변경하세요.

7 나무 사이로 쏟아지는 햇빛을 상상하며 애플 펜슬 콕 찍어 점을 찍듯이 효과를 추가하고 마무리합니다.

[빛]-[플레어]　[22]

입문자를 위한 인물화 수업

방구석 미술학원의 마지막 시간에는 많은 사람이 사랑하는 주제인 인물화에 대해 알아보겠습니다. 인물화를 제대로 그리기 위해서는 다양한 미술 이론과 지식이 필요합니다. 그런 만큼 이번 시간을 통해 인물화에 대한 모든 것을 얻으려 하기보다는 이제부터 그림의 새로운 단계와 여정을 준비한다고 생각하면서 여러분 스스로 인물화를 어떻게 연습하고 접근하는 것이 좋을지를 중심으로 이야기하겠습니다.

입문자를 위한 인물화
인물화 작업을 위한 마음가짐

디지털 페인팅에서 인물화 작업이라고 하면 뭔가 특별하고 비밀스러운 방법이 있을 것 같지만, 일반 캔버스에 그리는 인물화 작업과 큰 차이는 없습니다. 단지 디지털이라는 특성상 수정이 쉽고, 여러 단계의 작업을 한 번에 처리할 수 있다는 편리함이 있을 뿐이죠. 앞서 말씀드린 바와 같이 인물화에 대한 심도 있는 내용보다는 여러분 스스로 인물화를 연습하기 위해 꼭 필요한 내용을 전하고자 합니다.

꼭 똑같이 그려야 할까? - 겁먹지 말자

많은 사람들이 인물화 작업을 어렵게 생각합니다. 인물화는 실제와 비교해 얼마나 똑같이 그렸느냐에 기준을 두기 때문에 그림 작업 중 최고 난이도라고 말하곤 하지요. 물론 똑같이 그릴 수 있다는 것은 그림 그리는 여러 스킬 중 중요한 요소일 수 있으나, 그것 역시 그림을 표현하고 즐기는 수많은 방법 중 하나일 뿐입니다. 간혹 꼭 똑같이 그려야 한다는 강박관념에 사로잡혀 오랜 시간 정성 들여 작업한 자신의 작품을 과소평가하거나, 자신은 그림에 소질이 없다고 생각하며 포기하는 사람들을 자주 볼 수 있습니다. 하지만 한 번 생각해 보세요. 그림을 그린다는 것의 목표는 똑같이 그리기가 아니라 그리기 자체를 즐기기 위함이 아닐까요? 똑같이 그려야 한다는 목표를 뒤로 미루는 순간, 여러분은 그림을 통해 더 많은 즐거움을 경험할 수 있습니다. 저는 방구석 미술학원을 통해 여러분이 그런 경험을 마주하길 바랍니다.

똑같이 그리는 것보다 빛 표현에 집중한 인물화 사진 모작

인물화 접근방식

인물화를 그릴 때에도 제가 앞서 강조한 모든 지식들이 똑같이 적용되는데요. 인물화에서는 특히 인물의 특징을 잡아 형태를 잡는 것이 중요하지만 형태를 바로 잡을 수 있을 때까지는 시간이 다소 걸리기도 하고, 설혹 형태를 제대로 잡지 못해도 인물화를 그릴 수 있는 여러 방법이 있으므로 어떻게 하면 효과적으로 그릴 수 있을지 생각해 볼 필요가 있습니다.

그렇다면 과연 인물화를 효과적으로 그리려면 어느 부분에 초점을 맞춰 연습해야 할까요? 제가 강조하고 싶은 부분은 역시 흑백의 명도, 명암입니다. 인물화도 그림인 이상, 그림의 뼈대가 되는 명암은 인물화에 똑같이 적용되며 명암에만 초점을 맞추어 작업해도 꽤나 멋스러운 그림을 그릴 수 있습니다. 그래서 인물화를 단순히 흑백 명암의 조합으로 생각하고 작업하면 인물화에서 오는 부담감을 현저히 줄일 수 있습니다. 그래서 저는 인물화를 그릴 때 본격적인 작업에 앞서 항상, 인물화의 가장 어두운 부분과 가장 밝은 부분으로 나누는 것부터 시작합니다.

다음 그림은 배경을 제외하고 두 개의 색상만 사용해 둥근 브러시로 그린 그림입니다. 이렇게 두 개의 색만 사용해도 꽤 그럴 듯한 인물화를 그릴 수 있습니다.

[페인팅]-[둥근 브러시]

여기에 중간 영역의 색상을 하나 더 추가한다면 훨씬 풍부한 느낌의 인물화를 완성할 수 있습니다. 이 렇게 인물을 포함한 모든 사물을 두세 가지 색상으로 표현하고 구분하는 방법은 그림의 필수적인 표현 요소이며, 특히 이러한 단순화 작업을 통해 인물화 작업에서 느낄 수 있는 두려움의 상당 부분을 떨쳐 낼 수 있습니다.

여러분도 인물화를 작업할 때, 두세 가지 색상만 사용한다고 가정하고 세부적인 묘사보다는 전체를 보 는 시선을 키운다면, 인물화 작업을 좀더 즐길 수 있고 빨리 능숙해질 것입니다. 게다가 디지털 페인팅 에서는 글레이징 채색법을 활용하여 흑백 그림을 컬러로 전환하기 쉬우므로 인물화 작업에 여러 가지 이점을 가지고 있습니다.

 글레이징 채색법에 대한 자세한 내용은 228쪽을 참고하세요.

인물화 사진 모작에 대하여

사진 모작은 그림을 그리는 사람이라면 풍경화, 정물화, 인물화 등 분야를 불문하고 누구나 거치게 되 는 과정인데요. 사진 모작보다 더 좋은 연습 방법은 직접 눈으로 보고 관찰하며 그리는 것이지만, 그 러한 여건이 되지 않는 사람이 대부분이기 때문에 차선책으로 택하는 방법입니다. 사진 모작은 다음과 같은 장단점이 있습니다.

사진 모작의 장점	사진 모작의 단점
✔ 빛의 변화가 없기 때문에 시간의 구애를 받지 않고 작업할 수 있다. ✔ 이미 사진가가 좋은 구도와 색감 등으로 조정한 하나의 작품이 므로 좋은 구도와 색감을 다양하게 익힐 수 있다. ✔ 풍경화를 그릴 때 직접 가지 않아도 된다. ✔ 인물화를 그릴 때 인물 섭외를 하지 않아도 된다. ✔ 디지털 사진을 이용하면 디지털 페인팅의 다양한 기능을 활용 하여 작업하기 쉽다.	✔ 입체가 아닌 이미 평면화 처리된 이미지이므로 그릴 대상을 직 접 관찰하고 입체를 평면으로 옮기는 연습이 부족할 수 있다. ✔ 실제 보는 색상이 아닌 카메라 센서를 통해 처리된 색상이므로 색상이 과장되어 처리된 경우가 있으며, 실제 작가가 대상을 보 고 느낀 색상을 전달하기 어렵다. ✔ 렌즈를 통해 바라본 장면이기 때문에 광각, 망원 등으로 인한 형태의 왜곡이 있을 수 있다. ✔ 창작보다는 똑같이 그리는 것에만 초점을 맞추게 된다

사진 모작에서 가장 당부하고 싶은 말은 사진 모작의 궁극적인 목적은 사진과 똑같이 그리는 것이 아니라 사진을 참고하여 나만의 그림을 완성하라는 것입니다.

사진을 모작하거나 참고하여 그린 작품

레벨업! 고급 기능 - 6
사진 모작을 위한 캔버스 설정

이론

여러분이 사진 모작을 통해 어느 정도의 성취감도 느낄 수 있고 작업하기에 가장 효율적인 프로크리에 이트의 인물화 캔버스 설정법을 소개하겠습니다.

격자 설정

격자 설정은 모작하려는 사진과 같은 크기로 캔버스를 설정하고 그리기 가이드(격자)를 설정하는 것입니다. 설정한 각 격자의 구획을 기준으로 최대한 사진을 그대로 옮길 수 있으므로 모작으로 완성한 결과물을 통해 얻을 수 있는 만족도가 높고, 동시에 배울 수 있는 것도 많습니다. 격자 설정에 거부감을 느끼는 사람도 있지만 인물화 작업을 위한 전통적인 방법 중 하나이며 현재까지도 널리 쓰이는 방식입니다. 인물화에 대한 숙련도가 높아질 때까지 거쳐가는 과정 중 일부라고 생각하고 가볍고 즐겁게 작업해 보아요. 여기서는 이번 시간에 모작할 사진을 예로 설정 방법에 대하여 알아보겠습니다.

1 프로크리에이트 갤러리에서 [사진]을 터치하고 작업할 사진을 캔버스로 불러옵니다.

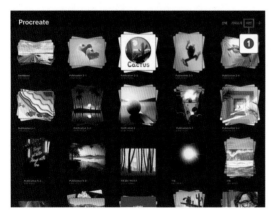
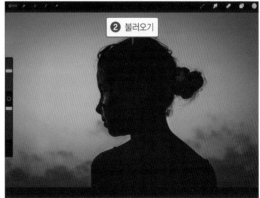

2 🔧 −(캔버스)−(잘라내기 및 크기변경)을 차례대로 터치한 다음, '잘라내기 및 크기 변경'의 (설정)을 터치해 모작할 사진의 크기를 확인합니다. 이 사진의 크기는 가로 4,608px, 세로 3,072px입니다.

3 모작할 사진을 나란히 배치하여 작업할 공간이 필요하므로 캔버스의 가로 크기를 정확하게 두 배로 설정해야 합니다. 원본은 4,608px이므로 두 배인 "9,216"을 입력하고 (완료)를 터치합니다.

Tip 사용하는 아이패드 기종에 따라 사진 크기가 너무 클 경우, 크기변경이 원활하게 진행되지 않거나, 작업할 수 있는 레이어 개수에 제한이 있을 수 있습니다. 이 같은 경우, 416쪽을 참고하여 사진 크기를 축소해 작업하세요. 작업할 수 있는 레이어 개수는 캔버스 크기변경 시, 화면 위쪽에 팝업 메세지처럼 표시되며 🔧 −(캔버스)−(캔버스 정보)에서도 확인할 수 있습니다. ◢

④ 계속해서 그리기 가이드(격자)를 설정하겠습니다. 🔧−[캔버스]−[그리기 가이드]를 활성화하고, [그리기 가이드 편집]을 터치하여 편집 메뉴를 표시합니다.

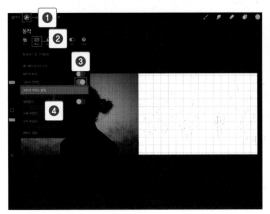

⑤ 여기가 굉장히 중요한데요. 격자 크기도 중요하지만, 캔버스 양끝에 여백 없이 격자 모양을 꽉 차게 설정하는 것이 무엇보다도 중요합니다. 만약 캔버스 양 옆으로 여백이 생길 경우, 모작할 사진의 왼쪽 여백이 남게 되고, 우리가 작업할 캔버스 공간의 오른쪽 여백이 남아 여러 어려움이 생깁니다. 눈대중으로 맞춰도 괜찮지만, 되도록 가로 캔버스 길이를 6, 8, 10 등으로 나누어 수치를 입력해 주세요. 간혹 그리기 가이드의 중심이 캔버스 중심으로 생성되지 않을 수 있습니다. 그럴 경우, 파란색 그리기 가이드 조절점을 캔버스 가운데로 옮긴 후, 그리드 가이드 크기를 조정해 주세요. 그리기 가이드 격자 크기는 본인에게 가장 편한 크기로 설정하되, 그림이 익숙해질수록 크기를 점점 키워 나중에는 격자 없이 캔버스 전체를 하나의 큰 격자로 보고 작업하는 순서로 난이도를 단계별로 조절하면 됩니다. 인물화의 눈, 코, 입은 가장 중요한 요소이므로 가이드 선은 되도록 눈, 코, 입 부근에 위치하도록 격자 크기를 조정합니다.

Tip 이 그림은 가로 픽셀이 9,216px이므로 나누기 10을 하면 921.6px이기 때문에 반올림하여 922px로 설정했습니다. ◢

모작할 사진의 해상도가 낮은 경우, 이렇게 작업하세요.

모작할 사진의 사이즈가 너무 작을 경우, 해상도가 낮아 이미지가 깨져 보일 수 있으므로, 사진을 선택할 때, 너무 작은 사이즈의 사진은 피하세요. 하지만 꼭 모작하고 싶은 사진이 있다면 다음 방법으로 사이즈를 변경할 수 있습니다.

● -[캔버스]-[잘라내기 및 크기변경]을 선택하여 사진을 확인하니 사이즈가 가로, 세로가 각각 640px, 960px로 매우 작은 이미지네요. 이때 옵션의 [캔버스 리샘플]을 터치해 활성화하세요.

크기가 작은 변의 사이즈를 눌러 2,000px 이상으로 설정한 후, 오른쪽 위 [완료]를 터치합니다. 이렇게 사진의 크기를 확대하고 캔버스 설정 및 작업을 시작해야 캔버스 크기가 너무 작아 화면이 깨지거나 프린트 했을 때 품질이 저하되는 현상을 막을 수 있습니다.

가로, 세로 픽셀 크기를 나타내는 수치 사이의 ● 을 선택해 캔버스 가로×세로 비율을 유지하며 크기를 변경할 수도 있지만, '캔버스 리샘플' 기능과는 달리 사진 크기는 그대로 유지하고 캔버스 크기만 커져 사진 크기를 다시 키워야 하는 번거로움이 있습니다.

레퍼런스 기능

격자 설정으로 인물화에 대해 어느 정도의 자신감이 생겼다면 [레퍼런스] 기능을 활용해 보세요. 레퍼런스 기능을 사용하면 작업할 사진을 별도의 윈도우로 캔버스 위에 띄우고 작업할 수 있어 꼭 인물화가 아니더라도 디지털 페인팅 작업에서 꼭 알아야 할 기능입니다. 어려운 기능은 아니니 설정 방법을한 번 보도록 할게요.

① 일단 작업할 캔버스를 생성하기 전, 모작할 사진 사이즈를 미리 파악하여 사진과 똑같은 사이즈로캔버스를 생성합니다. 저는 앞선 인물사진 크기인 가로 4,608px, 세로 3,072px 사이즈로 새로운 캔버스를 생성했습니다.

② 🔧 –[캔버스]–[레퍼런스]를 선택해 활성화하면 레퍼런스 팝업창이 나타납니다.

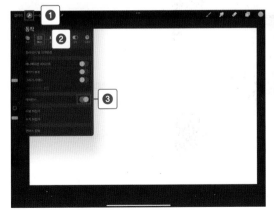

❸ 레퍼런스 팝업창 옵션 중 [이미지]를 눌러 작업할 사진을 가져오세요.

- **캔버스**: 캔버스는 현재 작업하고 있는 캔버스를 작은 창으로 보여 주어 그림 전체를 확인할 수 있습니다. 간혹 세밀한 표현을 위해 확대하여 작업할 경우, 세밀한 표현이 그림 전체에 어떻게 영향을 미칠지 확인할 때 매우 유용하게 사용합니다.
- **이미지**: 모작할 이미지(사진)를 불러올 수 있습니다.
- **얼굴**: [얼굴]은 재미있는 기능인데요. 활성화하면 아이패드의 전면카메라가 활성화되어 화면에 비친 얼굴에 바로 페인팅 작업을 할 수 있습니다.

❹ 레퍼런스창을 한 번 터치하면 레퍼런스 옵션 메뉴가 사라지고 사진이 팝업창으로 가득차게 됩니다. 작업 중 전체적인 형태를 확인할 때에는 아래와 같이 캔버스 크기를 레퍼런스창과 똑같이 맞추고 캔버스를 하나의 큰 격자로 생각하며 형태를 확인하고 수정합니다.

Tip 레퍼런스 팝업창 모서리를 늘려 팝업창 크기를 조절할 수 있으며, 팝업창 가운데 부분을 두 손가락으로 꼬집어 사진을 팝업창으로 꽉 채울 수도 있습니다.

인물화 디지털 페인팅을 위한 일곱 가지 조언

1 ✏️ −[캔버스]−[수평 뒤집기]를 사용하여 캔버스를 자주 뒤집어 그림을 확인하자! 항상 새로운 시선으로 그림을 관찰할 수 있어요.

2 형태가 너무 어렵다면 격자를 설정하여 작업하자!

3 형태가 틀려서 닮지 않아 보여도 무조건 끝까지 마무리하자!

4 제한된 두세 가지 색상으로 채색한다고 가정하고, 명도 차이에 따른 특징을 잡자!

5 큰 형태를 잡을 때, 픽셀 유동화를 적극 활용하자!

6 문지르기 도구 🖌️를 사용하지 말자!(권장사항)

7 그림에서 가장 어두운 부분의 명도값이 0%인 경우는 드물며, 마찬가지로 가장 밝은 곳의 명도값이 100%인 경우도 드물다는 것을 기억하자! 가장 어둡게 보인다고 검은색으로 채색하거나, 가장 밝다고 흰색으로 채색하지 마세요.

함께 그리기 - 1
배경 작업 및 형태 다듬기

이제 본격적으로 사진 모작을 시작하겠습니다. 인물화를 표현하는 데 여러 채색 방식(웹툰, 애니메이션, 실사 등)이 있지만 저는 가장 기본이 되는 전통 방식으로 채색을 진행하겠습니다. 첫 인물화인만큼 따라 그리기보다는 전체적인 과정을 세분화하고, 중간중간 꼭 필요한 인물화 팁을 중심으로 설명했습니다. 그리고 특별히 언급하지 않는 한, 가장 기본이자 최고의 브러시인 "둥근 브러시"를 사용하여 작업합니다.

기본 배경 작업

본격적인 작업에 앞서 기본적인 배경과 형태(아웃라인)를 잡겠습니다. 특히 이러한 배경 작업은 배경의 명도에 따라 우리가 앞으로 채색할 색상이 다르게 보일 수 있기 때문에 인물화에서도 똑같이 중요한 과정입니다. 색은 항상 상대적이란 사실을 잊지 마세요.

1 앞서 설정한 격자선을 표시한 상태에서 시작할게요. 준비가 되지 않았다면 이론에서 설명한 방법을 따라 격자를 설정하세요. 실수로라도 모작할 사진에 채색이 되지 않도록 레이어에서 모작할 사진을 왼쪽으로 슬라이드한 다음, (잠금)을 설정하세요.

2 새 레이어를 생성하고 이름을 "배경"으로 변경한 다음, ⚫ -[직사각형]-[색상 채우기]를 선택하고
윗부분에 컬러 드롭으로 색상을 채웁니다.

[1]

Tip 앞으로 생성될 모든 레이어는 모작할 사진 레이어 아래로 생성하겠습니다. ◢

3 나머지 부분도 선택하여 다음과 같이 색상을 차례로 채워 줍니다.

[2] [3] [4]

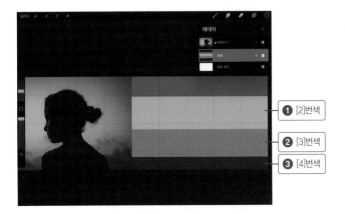

1 [2]번색
2 [3]번색
3 [4]번색

4 선택 영역이 해제된 상태에서 ⚫ -[가우시안 흐림 효과]를 선택하여 각 색의 경계가 섞이도록 흐림
효과를 적용합니다.

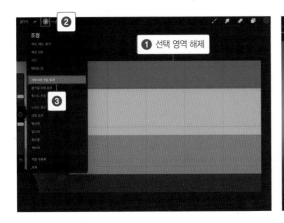

1 선택 영역 해제
2
3

4 흐림 효과 적용

형태 다듬기 - 어두운 톤으로 형태 채색하기

지금 단계는 그림 실력에 따라 결과물의 차이가 크기 때문에 인물화 작업 중 찾아오는 첫 번째 좌절의 순간일 수 있어요. 동시에 가장 중요한 단계이기도 해서 가장 많은 시간을 할애해야 하지만, 자칫 짧은 시간에 가볍게 지나칠 수 있는 부분이기도 합니다. 기본적으로 이 단계에서는 얼마나 비슷하게 그리느냐에 초점을 맞추기보다는 큰 덩어리로 대강의 반죽을 만들고 차차 모양을 조각하듯 만들어 나간다는 생각으로 작업해 보세요. 세세한 사항은 신경 쓰지 않도록 브러시 크기를 크게 설정하여 작업하면 도움이 됩니다.

1 새 레이어를 생성하고 이름은 "인물 기본형태"로 변경한 다음, 모작할 사진과 인물을 그릴 캔버스 격자를 기준으로 비교 관찰하며 격자선에 걸친 외곽 부분을 기준으로 형태를 잡아 봅니다.

[페인팅]-[둥근 브러시]   [5]

2 이렇게 큰 반죽과 같은 형태가 완성되면 다음 단계로 반죽을 다듬듯이 형태를 다듬어 나갑니다. 기본 형태를 다듬을 때에는 격자를 최대한 활용해 보세요. 각 격자를 하나의 그림으로 보고 모작할 사진의 격자 한 개와 대입되는 작업 공간 격자 한 개를 비교하며 작업합니다. 이때 채색으로 채워지는 부분을 비교할 수도 있지만, 채워지지 않는 부분(여백)의 모양을 비교하는 것이 더 도움이 될 때가 많습니다. 또한 격자선을 기준으로 얼굴의 어떤 부분이 격자선 가운데로 위치하는지, 혹은 가운데보다 위쪽으로 위치하는지 등을 파악해 형태를 잡아 나가는 것이 중요합니다. 다음 그림과 같이 격자의 구획을 하나씩 비교하면 사진과 다른 부분이 보일 거예요. 만약 큰 덩어리의 위치가 매우 다르다면 다음 방법을 써서 큰 덩어리의 위치를 수정하세요.

• 모작할 사진의 격자

• 작업 공간(캔버스)의 격자

3 ✏️ -[픽셀 유동화]-[밀기]를 적극 활용해 보세요. 픽셀 유동화는 디지털 페인팅에서 없어서는 안될 필수적인 도구인데요. 세부적으로 표현하기보다는 브러시 크기를 크게 설정하여 쭉쭉 밀며 위치를 맞춥니다. 이렇게 픽셀 유동화를 사용하여 형태를 잡을 때에는 다음에 드릴 팁도 함께 적용하세요.

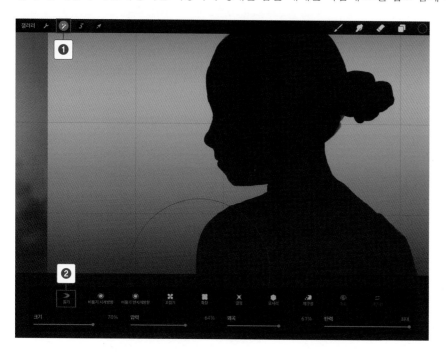

3 🔧 -[캔버스]-[수평 뒤집기]를 수시로 적용하며, 큰 덩어리의 위치를 잡아 보세요. 눈이 그림에 익숙해지면 반대로 관찰력은 떨어지므로, 한 번씩 캔버스를 뒤집어 줍니다. 새로운 대상을 보듯 새로운 시선으로 작업물을 관찰할 수 있어요. 한 번만 뒤집어도 그간 보지 못한 것들이 보이기 때문에, 이 효과를 맛보게 되면 수시로 캔버스를 뒤집게 될 거예요. 특히 인물화 사진 모작에서는 매우 중요한 부분이므로 저 같은 경우, 퀵메뉴를 설정하여 빠르게 캔버스를 뒤집어 사용합니다.

Tip 퀵메뉴에 대한 자세한 내용은 449쪽을 참고하세요. ◢

조급해 하지 말고 최대한 많은 시간을 투자하세요.

기본 형태 다듬기를 반복하며, 만족할 만큼 큰 덩어리 형태가 잡히면 이제부터는 브러시를 활용하여 부족한 부분을 채색합니다. 앞으로 여러 단계의 채색 과정을 거쳐야 하지만, 이 단계에서 최대한 많은 시간을 할애하여 작업해야 결과물도 잘 나오고, 시간적으로도 효율적입니다. 이후 단계에서 많은 공을 들여 채색하다가 형태를 다시 수정하는 일이 발생하면 작업 시간이 더 많이 소요되므로, 이 단계를 최대한 즐기듯 여유를 가지고 형태를 잡아 주세요. 여기서는 크게 입술 및 어깨 위치를 조정하고 외곽선을 좀더 깔끔하게 채색했습니다.

기본 형태를 다듬기 전

기본 형태를 다듬은 후

함께 그리기 - 2
중간톤으로 기본 형태 잡기

실습

인물화에서 기본 형태의 위치를 잡는 방법에는 여러 가지가 있습니다. 주로 스케치의 시작을 눈, 코, 입 위주로 작업하는 사람이 많은데요. 인물화가 처음이라면 큰 덩어리부터 잡아 나가는 것이 좀더 쉽고, 만족스러운 결과를 만들 수 있습니다. 앞선 작업에서 큰 덩어리에 충분한 시간을 두고 작업하였으므로, 그 다음 눈, 코, 입을 작업할 때에는 좀더 수월하겠지요. 이번에는 한 가지 색을 더 추가하여 기본 형태인 눈, 코, 입 위치를 잡아 볼게요.

1 새 레이어를 생성하고 이름을 "인물 명암1"로 변경한 다음, [클리핑 마스크]를 설정합니다. 앞선 형태를 채색했던 색상이 우리 그림에서 가장 어두운 색상이었다면, 이번에는 중간톤 한 가지 색상만을 사용해 어디를 채색해야 할지 고민하며 채색해 봅시다. 격자 기준선을 적극 활용하여 위치를 잡아가며 채색하되 눈, 코, 입을 채색할 때 도움되는 몇 가지 팁을 알려 줄게요.

2 눈

조명이 완벽하게 조절되는 스튜디오가 아닌 이상 우리가 가진 눈만으로는 사물을 자세히 볼 수 없습니다. 자칫하면 모작할 사진을 관찰하여 그리는 것이 아닌, 우리가 머리로 알고 있는 눈을 그릴 수 있으므로 내가 아는 눈을 그린다고 생각하지 말고, 명암의 변화에 좀더 주의를 기울여 관찰하고 채색해 봅시다. 특히 눈은 인물화에서 가장 중요한 요소이기 때문에 집중을 많이 할 수밖에 없는데요. 그러다 보면 실제로 보이지 않는 부분을 머리로만 알고 있는 지식으로 채우는 경우가 있으므로 주의해야 합니다.

[페인팅]-[둥근 브러시]   [6]

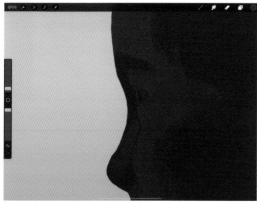

머리로 알고 있는 눈을 그린 이미지

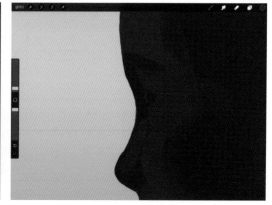

사진 관찰을 통해 눈을 그린 이미지

> **Tip** 이 단계에서는 눈을 마무리한다는 느낌보다는 눈의 위치와 대강의 명암을 넣는다는 정도로 작업하는 것이 좋습니다. 세밀한 표현은 나중에도 언제든지 원하는 만큼 넣을 수 있습니다. ◢

③ 입술과 코

입술과 코를 제대로 그리기 위해서는 형태에 대한 이해가 필수인데요. 가장 좋은 레퍼런스는 자신의 코와 입술을 자세히 관찰하는 것입니다. 하지만 형태에 대한 습득은 다소 시간과 노력이 필요하므로, 이번 시간에는 초보자를 위한 꼭 필요한 채색 팁을 알려 줄게요. 코 밑, 윗입술의 아랫부분, 아랫입술의 아랫부분은 보통 빛이 들어오지 않아 어둡게 표현된다는 점을 알아 두세요. 또한 중간톤의 채색 위치에 따라 입술의 형태가 입체적으로 보이므로 중간톤으로 채색할 위치에 신경을 써줍니다.

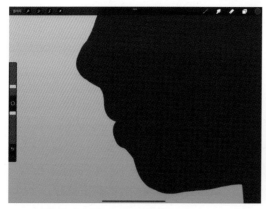

중간톤 채색을 하지 않은 평면적인 입술

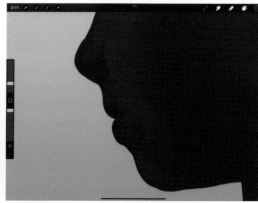

중간톤을 채색하여 입체적으로 보이는 입술

4 귀

귀 또한 형태가 복잡하므로 시간을 가지고 관찰해야 하지만, 명암 처리에서 꼭 필요한 부분만 몇 가지 정리하면 다음과 같습니다. 아울러 이번 사진 모작에서는 귀를 그릴 때, 어디까지가 머리카락이고 어디까지가 귀인지 구분이 잘 되질 않습니다. 굳이 보이지 않는 부분의 경계를 표현하려고 하기보다, 어디까지 어둡고 어디부터 밝아지는지 명도에 집중하여 채색하면 좀더 자연스러운 그림을 그릴 수 있습니다.

- 귀는 돌출되어 있기 때문에 명암의 단계가 얼굴과는 차이가 있다.
- 귓구멍 안쪽과 귀 아래쪽은 빛이 잘 들어가지 않아 어둡게 표현된다.
- 반면에 귀 위쪽은 직접적인 빛 또는 하늘에서 내려오는 빛의 영향으로 밝게 표현된다.

5 몸

몸 전체에도 어둡지 않은 부분을 제외하고, 전체적으로 중간톤으로 채색합니다. 지금은 세부적으로 표현하는 단계가 아니므로 전체적인 명암의 흐름만 파악하여 10분 내외로 작업합니다. 이 단계에서 채색이 예쁘고 깔끔하게 되었는지 여부는 중요하지 않습니다. 실눈을 뜨고, 약간 흐릿하게 보면서 채색하면 오히려 좋은 결과물을 얻을 수 있습니다.

6 기타

기타 악세사리 위치를 잡아 줍니다. 이 단계에서는 세부적인 표현은 하지 않는 것이 좋지만, 형태를 잡기 위한 기준점으로 활용하기 위해 나비 모양 머리핀으로 위치를 잡아 줍니다. 이어서 민소매 어깨끈도 잡아 주세요. 새로운 레이어를 생성하여 작업할 수도 있지만, 색이 섞이고 거친 회화적인 느낌을 좀 더 살리기 위해서 '인물 명암1' 레이어에 계속 작업했습니다. 여기서는 민소매 어깨끈도 보이는 대로 그리지 않고, 아는 대로 그리면 선을 명확하게 쭉 하고 그리기 쉬워요. 하지만 자세히 관찰하면 실제로 민소매 어깨끈은 아래로 내려갈수록 구분하기 힘들 정도로 잘 보이지 않는다는 것을 알 수 있습니다.

[페인팅]-[둥근 브러시]　[7]

함께 그리기 - 3
밝은톤 채색하기

실습

이제 형태를 좀더 명확하게 표현할 수 있는 밝은 부분을 찾아 채색하겠습니다. 이 단계에서 유의할 점은 너무 경계선(외곽선)을 따라 그리기보다는 관찰로 찾아 낸 밝은 부분을 채색해야 한다는 것입니다.

1 '인물 명암1' 레이어 위로 새 레이어를 생성하고 이름을 "인물 명암2"로 변경한 다음, [클리핑 마스크]를 적용합니다.

2 이 단계에서는 제일 밝게 표현해야 할 부분만 찾아 채색합니다. 그림은 항상 균형이 중요하므로 너무 많은 디테일을 표현하기보다는 지금까지 이어온 작업과 크게 다르지 않을 정도로만 작업합니다. 애플 펜슬의 필압에 따라 불투명도가 달라지므로 그리 밝지 않은 부분은 손목에 힘을 빼고 한 번에 그어 채색합니다. 브러시 크기는 가능한 크게 설정하여 한 번에 채색할 수 있도록 노력합시다. 브러시 크기를 너무 작게 설정하여 채색하면 과도한 붓터치로 인해 그림이 지저분할 수 있습니다.

[페인팅]-[둥근 브러시]   [8]

3 밝은 부분에서 하늘에 가까운 귀 위쪽, 눈 주위 및 눈 아래 볼 등의 면은 하늘에서 내려오는 빛의 영향을 받아 색상이 다를 수밖에 없는데요. 색상을 바꾸어 귀를 먼저 채색합니다. 귀 위쪽, 대주(귓구멍 아래쪽), 이주(귓구멍 옆쪽) 세 군데를 살짝 터치하듯 밝게 채색하세요.

[페인팅]-[둥근 브러시]　[9]

귀의 밝은 부분 채색 전　　　　　　　　　　　　　　**귀의 밝은 부분 채색 후**

4 이미 채색한 눈과 눈 아래쪽 볼에 하늘빛을 더하기 위해, '인물 명암2' 레이어에 [알파 채널 잠금]을 적용합니다. 그리고 눈동자, 눈 위꺼풀 및 아래꺼풀, 마지막으로 볼 위쪽을 터치하듯 채색하세요. 세세한 디테일을 살리는 것보다 미묘한 색과 명암 변화를 캐치하여 채색하는 것이 매우 중요합니다.

[페인팅]-[둥근 브러시]　[9]

5 머리핀의 밝은 부분도 점을 찍듯 찍어서 표현합니다.

[페인팅]-[둥근 브러시]　[10]

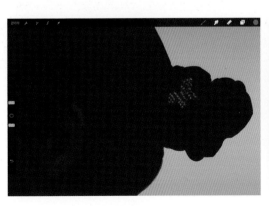

함께 그리기 - 4
구름 표현하기

실습

구름은 부드럽고, 형체를 알아보기 힘들며 연기 같은 형태이기 때문에 특성을 살려 표현하기 어렵다고 생각하는 사람이 많은데요. 물론 프로 수준에서는 구름의 종류와 특성, 기후 등을 이해하고 작업해야 하지만, 그림 초보단계에서는 오히려 이러한 사실을 잊고 직접 관찰하며 비슷하게 표현하려는 노력만으로 충분히 만족할 결과를 얻을 수 있습니다. 어깨에 힘을 빼고, 중간중간 자신에게 실망하지 말고 차근차근 따라해 보세요.

① 시선을 인물에서 배경으로 돌려 구름을 표현해 보겠습니다. 그림을 전체적으로 작업하며 완성도를 올려주는 목적도 있지만, 한곳(인물)에만 너무 치중하면 그림이 과해지기 때문에 배경과 인물을 오가며 작업합니다. '배경' 레이어 위로 새 레이어를 생성하고 이름은 "구름"으로 바꿉니다.

생성 → 이름 변경

② 캔버스를 작게 설정하고 브러시 크기를 약 30%로 설정하고, 큰 덩어리부터 표현합니다. 애플 펜슬을 누르는 힘(필압)에 변화를 주며, 동그라미를 이어서 그리듯 큰 형태를 잡아 주세요.

[페인팅]-[둥근 브러시] [11]

그리기

채색한 부분을 확대한 이미지

③ 브러시 크기를 좀더 작게 설정하고, 작은 덩어리를 표현합니다. 채색 방식은 앞서 큰 덩어리를 표현할 때와 같습니다.

채색한 부분을 확대한 이미지

④ ✏️를 선택하고 (아크릴) 브러시로 어색한 부분을 문질러 줍니다. 그리고 🩹를 선택한 다음, (구름) 브러시로 구름이 없어 하늘이 보이는 부분을 살짝 지워 주세요. 뭔가 그리려고 하기보다는 무작위로 문지르면 오히려 좋은 효과를 얻을 수 있습니다. 또한 사진과 똑같이 그리기보다는 사진은 참고만 한다는 생각으로 채색하고 문질러 줍니다.

[페인팅]-[아크릴]   [요소]-[구름]

모양 브러시에 관하여

저는 왜 처음부터 구름 브러시를 사용하여 채색하지 않았을까요? 여러분이 그림을 그리다 보면 여러 브러시를 만나게 되는데요. 그중 가장 위험한 브러시가 특정 모양을 도장처럼 찍어낼 수 있는 모양 브러시입니다. 이러한 브러시들은 보통 사실적인 사진을 바탕으로 만들어지기 때문에 언뜻 보면 멋있어 보이지만, 지나치게 사용할 경우 정작 나의 그림과 조화를 이루지 못하고 사진을 합성한 것 같은 이질적인 결과물이 나오기 쉽습니다.

하지만 모양 브러시를 적절히 사용할 경우, 작업 시간을 크게 단축시킬 수 있고 동시에 그림의 퀄리티도 상당히 끌어올릴 수 있기 때문에 모양 브러시 사용을 주저하진 않되, 적절하게 사용해야 한다는 점을 잊지 마세요. 개인적으로 꼭 가지고 있어야 할 모양 브러시로는 나무, 숲, 잡초, 갈대 등을 추천합니다. 여러분도 이렇게 프로크리에이트의 다양한 도구를 활용하여 나만의 그림을 완성해 보세요. 나무, 숲, 잡초 등의 브러시 다운로드 방법은 459쪽을 참고하세요.

함께 그리기 - 5
세부적으로 묘사하기

실습

지금까지 작업에서는 큰 덩어리를 보고 채색했다면, 비로소 이 단계에서는 세부적으로 묘사하는 방법을 배웁니다. 머리카락은 세부적으로 묘사했을 때 가장 효과적인 요소입니다. 하지만 입문자의 경우 머리카락을 한올한올 그려 넣는 실수를 하기 쉬운데요. 이런 방식으로 머리카락을 묘사하면 전반적인 명암 표현을 놓치기 쉬우므로 큰 형태로 단순화한 다음, 간결하게 세부적인 표현을 하는 것이 더 사실이고 느낌 있는 그림을 완성하는 데 도움이 됩니다. 여러분도 사진과 똑같이 그리는 것보다 느낌 있는 그림을 완성하기를 바라며 바로 시작해 볼게요.

1 '인물 명암2' 레이어 위로 새 레이어를 생성하고, 이름은 "인물 세부표현"으로 변경합니다.

2 머리카락부터 표현하기 전, 덩어리로 보았을 때 가장 큰 두 덩어리를 먼저 그려 줍니다.

[페인팅]-[둥근 브러시]   [5]

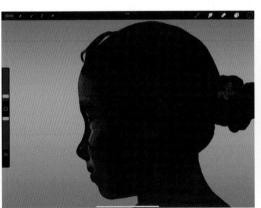

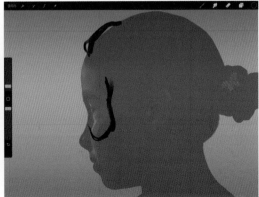

채색된 부분을 보기 쉽게 표시한 이미지

3 잔머리를 제외한 나머지 부분은 최대한 둥근 브러시를 사용해 표현해 보세요. 애플 펜슬의 누르는 정도(필압)를 조절해 불투명도를 달리하여, 좀더 풍성한 효과를 얻을 수 있습니다.

 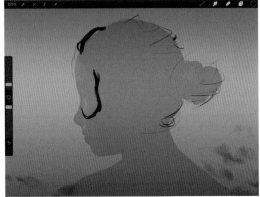

채색된 부분을 보기 쉽게 표시한 이미지

4 이제 재질 브러시를 사용해 머리를 좀더 풍성하게 표현합니다. 머리카락을 꼭 사진과 똑같이 표현할 필요는 없습니다. 가볍게 원하는 만큼 채색해도 됩니다.

[머티리얼]-[가는 머리칼]   [5]

함께 그리기 - 6
하이라이트를 더해 마무리하기

보통 인물화의 전체적인 형태가 갖춰지고 작품을 다듬는 과정 전에 하이라이트를 더해 줍니다. 하이라이트는 말 그대로 가장 빛나는 곳이기도 하지만, 그림에서 가장 부각시키고 싶은 부분이기도 합니다. 하이라이트와 같이 눈을 사로잡는 효과나 채색은 남용할 경우, 자칫 그림이 가벼워 보일 수 있으므로 항상 절제하여 사용합니다. 저는 눈과 머리핀에 하이라이트를 추가해 보겠습니다.

하이라이트

1 '인물 세부표현' 레이어 위로 새 레이어를 생성하고, 이름은 "하이라이트"로 변경합니다.

2 눈동자, 눈 아래, 코, 코밑, 아랫입술 부위에 하이라이트를 더해 줍니다. 가장 밝은 하이라이트 부분이라고 해서 무조건 가장 밝은 색상을 사용해야 하는 것은 아닙니다. 제가 하이라이트 채색에 사용한 색상의 명도를 확인해 보세요. 명도 86%로 가장 밝은 명도가 아니란 걸 확인할 수 있습니다.

[페인팅]-[둥근 브러시]　[12]

채색된 부분을 보기 쉽게 표시한 이미지

③ 머리핀의 하이라이트 부분도 덧칠해 주세요. 이때에는 모든 부분을 하이라이트로 표현하지 않도록 주의해야 합니다. 자칫 머리핀을 너무 반짝반짝 빛나게 그리면 보는 사람이 머리핀에만 집중될 수 있으므로 주의하여 채색합니다.

[페인팅]-[둥근 브러시]　[13]

채색된 부분을 보기 쉽게 표시한 이미지

Doki's knowhow　　**반복, 반복, 반복**

이제부터는 앞서 배운 단계를 끊임없이 반복하며, 다듬는 과정을 진행할 거예요. 지루할 수 있는 과정이지만, 실력 향상에 도움이 되면서 결과물도 좋아지는 방법을 소개하겠습니다. 만약 지금까지 과정이 2시간 정도 걸렸다면, 앞으로의 과정에 걸리는 시간도 그 이상 걸리거나 혹은 최소 50% 정도의 시간이 걸리니 공들여 채색하길 바랍니다.

캔버스 정리 및 합치기

좋은 그림이라고 해서 100% 작가의 의도대로 채색된 것은 아닙니다. 우연의 효과, 여러 번의 시도 끝에 남는 자국들, 이러한 모든 것들이 보는 사람을 오히려 즐겁게 만드는 요소인데요. 이전 단계로 쉽게 돌아가고 지워 버릴 수 있는 디지털 페인팅에서는 이러한 효과를 누릴 수 없어 아쉬운 점이 있습니다. 그래서 저는 이 단계에서만큼은 꼭 캔버스를 합쳐 작업하는 것을 권장합니다. 레이어가 단계별로 나뉘면 채색하기 쉬운 장점이 있지만, 너무 디지털(차가운) 느낌이 나는 것도 사실이기 때문입니다. 그리고 레이어를 최소화하여 페인팅을 연습하면 그림 실력 향상에도 큰 도움이 됩니다. 그래도 무작정 합쳐버리면 후회하는 경우도 생기므로 다음과 같은 방법으로 반복 과정(다듬는 작업)을 진행합니다.

1 일단 형태는 잡힌 상태이므로, 옆의 레퍼런스 사진을 삭제합니다. 🔧 -(캔버스)-(잘라내기 및 크기변경)을 눌러 캔버스 크기조정 메뉴로 들어갑니다. 캔버스의 가로 길이를 절반인 4,608px 크기로 조정하고, 스냅을 활성화합니다.

2 지금까지 채색한 부분만 남을 수 있도록, 잘라내기창을 오른쪽으로 옮긴 다음, (완료)를 선택해 조정을 마무리합니다.

> **Tip** 경우에 따라서 잘라내기창이 우리가 채색한 부분에 나타나기도 합니다. 이와 같은 경우 따로 잘라내기 창을 옮길 필요가 없습니다. ◢

③ 이제 레이어를 정리할게요. 인물과 관련된 레이어를 모두 다중 선택하여 그룹화합니다. 그룹 레이어의 이름은 "인물저장"으로 변경합니다.

④ '인물저장' 그룹 레이어를 복제하고 그룹 이름을 "인물작업"으로 변경합니다. '인물작업' 그룹 레이어는 모두 병합할 예정입니다. 머리카락을 세부적으로 표현한 레이어인 '인물 세부표현' 레이어까지 같이 합치면 작업이 상당히 복잡해지므로 '인물 세부표현' 레이어는 그룹 바깥쪽 위로 옮겨 줍니다.

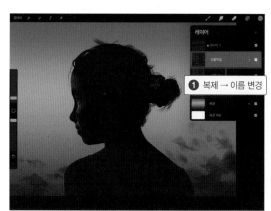 

5 이제 '인물작업' 그룹 레이어 메뉴에서 [병합]을 선택해 모두 합쳐 줍니다.

> **Tip** 합쳐진 레이어의 이름은 자동으로 그룹 레이어에서 제일 아래인 레이어 이름(여기에서는 '인물 기본형태')으로 정해집니다.◢

6 병합한 '인물 기본형태' 레이어를 복제하고 이름은 "인물 기본형태2"로 변경합니다. 이제부터 모든 채색은 '인물 기본형태2' 레이어에 작업할 거예요. 이후 어느 정도 작업이 진행되면, 다시 '인물 기본형태2' 레이어를 복제하고 이름은 "인물 기본형태3"으로 변경하여 작업합니다.

이렇게 레이어를 주기적으로 복제해서 작업하면, 추가로 채색된 부분이 필요한지 확인하기가 쉽고, 언제든지 이전 단계로 돌아가거나 추가로 채색된 부분에서 원치 않는 부분을 지우는 등의 작업을 하기가 한결 편합니다. 무엇보다도 초반에는 채색을 언제 멈춰야 할지 몰라 계속해서 작업하게 되는 경우에 채색이 과한지 확인할 수 있어 좋습니다. 세밀한 표현을 많이 하는 것보다, 단순한 그림이 오히려 완성도가 높은 경우가 종종 있습니다. 이 단계에서는 사진과 다른 채색을 시도하거나, 새로운 요소를 추가하는 등의 시도도 적극 추천합니다.

마무리 효과

앞선 과정의 다듬는 작업이 마무리되었다면 약간은 밋밋할 수 있는 그림에 양념처럼 빛을 더해 마무리하는 방법을 알려 드리겠습니다.

1 '인물 세부표현' 레이어 위로 새 레이어를 생성하고, 이름은 "효과"로 변경합니다. 예상했겠지만, 레이어 모드는 (색상 닷지)로 바꿔 주세요.

2 저는 구름 부분을 채색하여 채도와 명도를 올렸습니다. 효과가 너무 지나칠 수 있으므로 '효과' 레이어의 불투명도를 조정하여 효과의 정도를 조정합니다.

[에어브러시]-[둥근 브러시]　[14]

채색된 부분을 보기 쉽게 표시한 이미지

필자가 추가 작업한 이미지

6

Doki's knowhow

이제까지 알려 드린 내용은 대부분 그림의 기본 이론을 중심으로 기능과 지식을 차곡차곡 알아본 내용이었다면, 지금부터 알려 드릴 내용은 지금껏 쌓아 온 과정을 디지털이라는 작업의 특성에 맞추어 좀더 빠르고 풍성하게 작업할 수 있도록 저만의 작업 세팅 노하우를 소개하는 데에 초점을 맞추었습니다. 뿐만 아니라 저에게 도움을 주었던 유·무료 디지털 브러시팩과 제가 개인적으로 추천하는 브러시 등을 소개할게요.

제가 디지털 페인팅 툴로써 아이패드의 "프로크리에이트"를 선택한 주요한 이유도 작업 스타일에 맞추어 여러 기능을 빠르게 세팅할 수 있다는 점, 디지털 브러시를 포함한 다양한 유·무료 리소스를 활용할 수 있다는 점이었는데요. 특히 키보드의 단축키 개념이 아닌 아이패드의 터치를 활용해 여러 단축 메뉴를 활용한 작업 세팅이 가능하다는 점도 매력적이죠. 작업 속도에 날개를 달아준다는 표현이 부족하지 않을 정도로 작업을 빠르게 끝내고 과정 자체도 편리하게 바꾸는 노하우를 알아봅니다. 이번 시간을 통해 여러분의 작업도 날개를 달기 바라며 시작해 보겠습니다.

OIL COLOUR
TITANIUM WH
BLANC TITAN

Settings

Rcommended

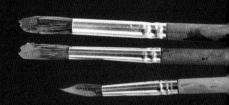

DIGITAL BRUSHES

Rcommended

01

효율적인 프로크리에이트 작업 세팅 방법

프로크리에이트는 아이패드의 터치 기반 인터페이스를 활용하여 자신에게 맞는 쾌적한 작업환경을 만들 수 있도록 숨겨진 여러 기능이 있는데요. 이번 시간에는 이러한 기능을 활용하여 작업 속도와 능률을 최대화할 수 있는 방법을 소개하겠습니다. 특히 작업 시간을 줄여 주는 여러 설정 중 [QuickMenu](퀵메뉴) 기능은 프로크리에이트의 꽃이라 표현해도 부족하지 않은데요. 이번 시간을 통해 꼭 사용해 보고, 이렇게 설정된 퀵메뉴를 중심으로 다른 세팅도 여러분의 작업 스타일에 맞게 바꿔 보길 추천합니다.

효율적인 작업 세팅
퀵메뉴의 모든 것

이론

퀵메뉴(QuickMenu)는 아이패드의 터치 기능을 활용하여 사용자가 조합한 여러 메뉴를 빠르게 발동하는 기능입니다. 설정하는 데 걸리는 시간은 얼마 되지 않지만 한 번 설정하면 그림 그리는 데 많은 시간을 절약할 수 있을 거예요. 퀵메뉴를 처음 사용한다면 우선 여기서 추천하는 메뉴를 중심으로 조합한 다음, 어느 정도 익숙해지면 나만의 메뉴를 조합해 봅시다.

퀵메뉴 사용법

🔧 -[설정]-[제스처 제어]를 선택하면, 여러 제스처 설정을 바꿀 수 있는데요. [QuickMenu]를 터치합니다.

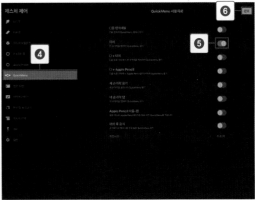

저 같은 경우, [터치]로 설정해 손가락으로 화면을 터치하면 [QuickMenu]가 발동되도록 설정했습니다. 혹시 이미 손가락으로 화면을 터치하여 사용할 제스처를 다른 기능에 사용하고 있다면 [⬛+Apple Pencil]로 퀵메뉴가 발동되도록 설정하기를 추천합니다. 설정을 마쳤다면 메뉴 오른쪽 위의 [완료]를 터치하여 설정을 종료합니다.

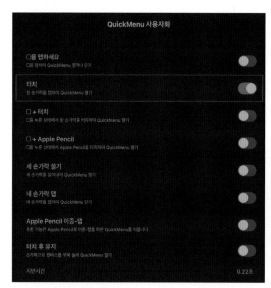 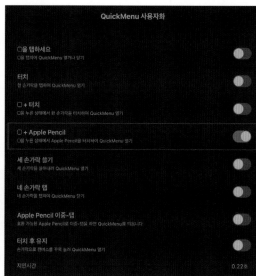

퀵메뉴를 빠르게 발동시키는 것도 중요하지만 무엇보다 실수 없이 발동시키는 것이 중요하며 저도 여러 설정을 직접 시험해본 후 (터치)를 선택했습니다. 또한 중복되는 제스처 제어가 있을 경우, 경고 표시 ⚠가 나타나므로 중복된 제스처가 있다면 설정을 변경하세요.

이제 퀵메뉴의 기본 사용법에 대해 알아보겠습니다. 앞서 설정한 제스처로 퀵메뉴를 실행해 보세요. 화면에 (QuickMenu1)을 중심으로 기본 설정된 다양한 메뉴가 표시되는 것을 볼 수 있으며 각 메뉴를 터치해 해당 기능을 바로 발동시킬 수 있습니다. 저는 (터치)로 설정하였으므로 이제부터 (터치) 기준으로 설명하겠습니다.

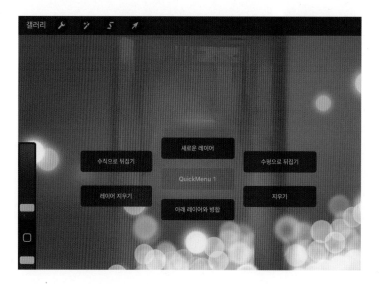

Tip 혹시 기본 설정된 메뉴가 "액션 없음" 또는 다른 메뉴로 설정되어 있다면 이후 설정법에서 다룰 예정이니 여기서는 작동 원리만 알아보고 넘어가겠습니다. ◢

퀵메뉴가 실행된 상태에서 오른쪽 위 (수평으로 뒤집기)를 터치합니다. 이미지가 수평으로 바뀝니다.

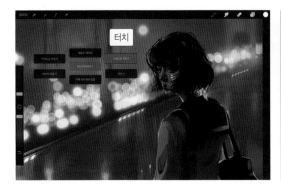 

이렇게 터치해서 퀵메뉴를 사용한다면 기능을 제대로 활용하는 것이 아니니 이번에는 퀵메뉴 왼쪽 아래의 (레이어 지우기)를 실행해 보겠습니다. 캔버스 아무 곳에서나 손가락으로 화면을 터치한 상태에서 떼지 말고 왼쪽 아래(7시 방향)로 주욱 내려 보세요. 활성화된 레이어(제 작업의 경우 배경을 채색한 레이어)가 삭제된 걸 확인할 수 있습니다.

Tip 캔버스를 터치한다기보다 실행하려는 기능이 설정된 방향으로 손가락을 슬라이드한다고 생각하면 쉽게 활용할 수 있습니다. ◢

여기까지 보면 평범해 보이지만, 퀵메뉴의 꽃은 발동 스피드인데요. 이번에는 화면을 손가락으로 빠르게 위쪽(12시 방향)으로 슬라이드해 보세요. 그러면 퀵메뉴가 보이지도 않게 아주 살짝 표시되며, 새로운 레이어가 생성된 걸 확인할 수 있습니다.

 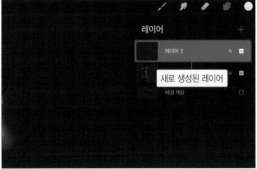

추천 퀵메뉴 조합

기본 설정 외에 원하는 기능을 퀵메뉴에 직접 지정할 수 있어요. 그뿐 아니라 각기 다른 기능을 지정한 퀵메뉴 세트를 여러 개 만들 수도 있습니다. 이번 시간에는 새로운 퀵메뉴 세트를 만들어 제가 추천하는 기능을 세팅해 보겠습니다.

화면을 터치하여 퀵메뉴가 나타난 상태에서 가운데 (QuickMenu 1)을 터치합니다. 그러면 팝업 메뉴가 뜨는데 이때 팝업 메뉴 위쪽의 ➕를 터치하면 새로운 퀵메뉴 세트인 (QuickMenu 2)가 만들어집니다.

퀵메뉴 세트를 삭제할 때는 레이어와 비슷하게 왼쪽으로 슬라이드하여 삭제할 수 있으며, 퀵메뉴 세트 이름을 터치하여 세트 이름을 바꿔줄 수도 있습니다. 아쉽게도 퀵메뉴 세트를 복제할 수는 없습니다.

새로 생성된 (QickMenu 2)를 선택하면 여러 기능들이 (액션 없음)으로 설정된 것을 볼 수 있죠. 이제부터 제가 추천하는 기능으로 세팅하겠습니다.

저는 위쪽(12시 방향)에는 (페인트), 아래쪽(6시 방향)은 (지우기)로 지정하겠습니다. (액션 없음) 버튼을 지그시 터치하면, 여러 기능이 드롭다운 형식으로 펼쳐지는데 (페인트) 항목을 찾아 선택합니다. 아래쪽도 같은 방식으로 (지우기)로 설정해 주세요.

> **Tip** 퀵메뉴를 발동했을 때 위쪽과 아래쪽이 바로 선택하기 편하므로 그림 작업에서 가장 많이 사용하는 (페인트)와 (지우기)를 위쪽과 아래쪽으로 설정한 것입니다. ◢

다시 나머지 (액션 없음)의 퀵메뉴 버튼에도 다음과 같이 설정하면 되는데요. 오른편(1시와 5시 방향) 버튼들은 (브러시 선택)을 눌러 제가 제일 자주 사용하는 두 개의 브러시(둥근 브러시, 소프트 브러시)로 설정했습니다.

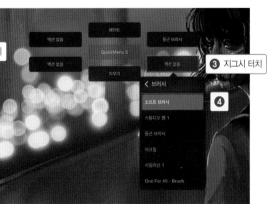

왼편(7시와 11시 방향) 버튼은 [수평으로 뒤집기]와 [투시도 가이드 보기]로 설정했는데요. [수평으로 뒤집기]는 인물화를 그릴 때 뿐 아니라, 형태 및 명암 분배에 따른 디자인적 구성을 확인하는 데 중요하기 때문에 수시로 사용할 수 있게 설정했어요. [투시도 가이드 보기]는 투시도를 설정하여 그릴 경우, 항상 켜져 있으면 작업에 방해가 되기 때문에 수시로 끄고 켜기를 반복할 수 있도록 설정했습니다. 간혹 투시선이나 격자선을 따라 그릴 필요가 있을 경우, [수평으로 뒤집기]를 [그리기 도우미]로 설정하기도 합니다.

 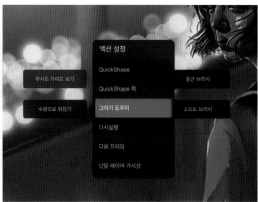

이렇게 제가 추천하는 기능으로 퀵메뉴를 세팅해 보았는데요. 개인의 작업 스타일에 따라 퀵메뉴를 여러 세트로 만들어 스케치를 위한 메뉴만 모아 두거나, 채색을 위한 메뉴만 모아 세트처럼 관리할 수 있습니다. 저는 작업 중간에 세트를 바꾸는 것도 번거롭게 느껴져, 앞에서 소개한 것처럼 제일 잘 쓰는 기능만 모아둔 한 개의 세트만 만들어 사용하고 있습니다. 다양한 세팅 방법이 있지만, 우선적으로 여기서 소개한 방법으로 한 개의 세트를 설정해서 사용하다가 개인 스타일에 따라 하나씩 원하는 기능과 원하는 세트로 늘려 나가길 추천합니다.

기능별 추천 설정
인터페이스 설정하기

이론

앞서 설명한 퀵메뉴 외에도 여러분 작업에 날개를 달아줄 여러 설정법이 있는데요. 이런 설정이 사소할 수 있지만, 보통의 그림 작업 시간이 대략 한두 시간을 넘어간다는 점을 감안할 경우, 작업 시간을 1초라도 단축시킬 수 있으면 많은 시간을 절약할 수 있습니다. 한 번 시간을 할애하여 설정하면 계속해서 사용할 수 있으므로 끝까지 읽고 따라서 설정해 보세요.

스포이드툴

디지털 페인팅에서 스포이트툴은 정말 자주 사용하는 도구이기 때문에, 제스처 제어에서 자신에게 제일 맞는 방식으로 선택하면 됩니다. 저는 브러시 크기와 불투명도를 조절하는 사이드 바의 ◉를 눌러 발동하는 것으로 설정하였습니다. 설정 방법은 🔧 −[설정]−[제스처 제어]를 선택해 '스포이드툴' 항목을 [◉을 탭하세요]로 설정합니다. 이외 추천하는 설정으로는 [터치 후 유지]입니다.

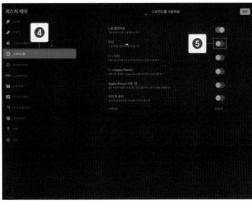

Tip 자주 사용하는 도구는 편리하게 사용하는 것도 중요하지만, 실수 없이 제대로 사용할 수 있도록 설정하는 것도 중요합니다. ◢

복사 및 붙여넣기

앞선 제스처보다 사용빈도가 많진 않지만, 설정해 두면 편리한 설정이라 저 같은 경우에는 기본값인 "세 손가락 쓸기"를 그대로 사용하고 있습니다. 화면을 세 손가락으로 아래로 쓸어내릴 경우, [복사 및 붙여넣기] 팝업 메뉴가 표시됩니다. [복사 및 붙여넣기]는 기본적으로 레이어 전체에 복사 및 붙여넣기가 적용되고 Ⓢ로 선택 영역을 활성화한 상태에서는 선택된 영역에서만 적용됩니다.

사이드바

채색에서 가장 중요한 브러시의 크기를 조절하거나 불투명도를 조정하는 데 쓰이는 사이드바도 원하는 위치로 배치할 수 있습니다. 장시간 고정된 자세를 유지한 채 작업할 수밖에 없는 만큼 본인이 가장 편하게 사용할 수 있는 위치로 배치하여 사용하도록 합니다.

🔧 –〔설정〕–〔오른손잡이 인터페이스〕를 활성화하면 사이드바가 오른쪽에 표시됩니다.

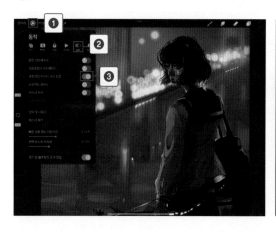

Tip '오른손잡이 인터페이스' 바로 위, 〔밝은 인터페이스〕를 활성화할 경우, 작업 화면이 밝게 변경되는데요. 이러한 경우 정확한 명도 파악이 어려워져서 저는 추천하지 않는 옵션입니다. ◢

사이드바의 ◉을 화면 밖에서 안으로 슬라이드하면 화면에서 사이드바가 분리됩니다. 사이드바가 분리된 상태에서 위·아래로 움직이면 원하는 위치로 배치할 수 있습니다.

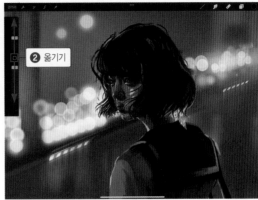

팔레트

화면에 고정된 팔레트를 분리할 수도 있습니다. 제가 선호하는 설정은 아니지만 개인의 작업 방식에 따라 유용할 수도 있는데요. 팔레트 위의 조절바를 아래로 슬라이드하면 팔레트를 팝업창 형태로 표시할 수 있습니다.

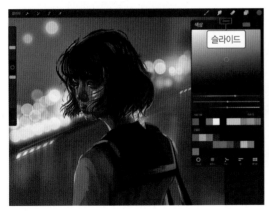

02

유·무료 추천 브러시 세트

프로크리에이트의 최대 장점은 사용자 폭이 넓고 커뮤니티가 활성화되어 다양한 유·무료 그림 리소스를 손쉽게 구할 수 있다는 점인데요. 기본으로 제공되는 브러시만으로도 충분하지만 조금만 찾아보면 쉽게 접할 수 있는 유·무료 브러시도 퀄리티가 상당히 좋습니다. 브러시에 너무 의존하는 것은 좋지 않지만, 탄탄한 기본기를 기반으로 적절한 커스텀 브러시를 사용한다면 여러분의 작업은 한층 돋보이게 될 것입니다. 이번 시간에는 브러시를 다운로드 받을 수 있는 대표적인 사이트인 프로크리에이트 공식 홈페이지 소개와 더불어 제가 추천하는 프로 아티스트가 사용하고 제공하는 유·무료 브러시 세트를 함께 알려 드리겠습니다.

추천 브러시 세트
브러시 다운로드 및 불러오기

 프로크리에이트 공식 홈페이지(https://procreate.com)에서는 제품을 소개할 뿐만 아니라, 커뮤니티를 운영하여 다른 유저 갤러리나 다양한 리소스를 공유하고 있습니다. 아직 한글을 지원하지는 않지만 조금만 시간을 할애하면 다양한 무료 리소스를 다운받을 수 있습니다. 또한 새해 등 특별한 날에는 프로크리에이트가 직접 제작한 브러시를 배포하는데 퀄리티가 상당히 좋기 때문에 꼭 중간중간 체크하여 다운받으세요.

1 프로크리에이트 공식 홈페이지(https://procreate.com)로 이동한 다음, 위쪽 메뉴에서 (Explore)-(Community)를 선택합니다.

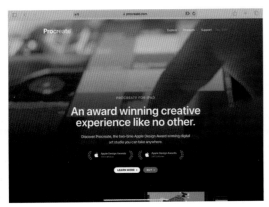 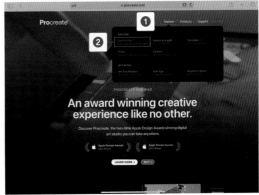

2 Procreate Folio 페이지의 (Featured)는 전세계의 프로크리에이트 사용자가 그린 그림 중 프로크리에이트가 선별한 그림을 볼 수 있습니다. 제 그림도 보이네요. :)

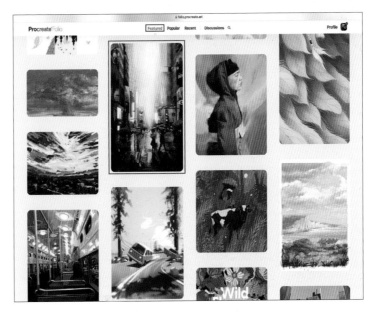

3 Discussions 페이지의 (Resources)를 선택하면 다양한 사용자가 공유한 팔레트와 브러시를 내려 받을 수 있습니다. 게시글 중 페이지 위에 고정된 (Default Procreate Assets UPDATED)는 프로크리에이트 기본 브러시 중 업데이트 등으로 사라진 브러시입니다. 이외에도 프로크리에이트 사용자가 직접 제작하여 공유하는 무료 브러시와 팔레트도 확인할 수 있죠. 여기에서는 제가 자주 사용했지만 업데이트로 제외된 (Bonobo Chalk) 브러시를 내려 받고 프로크리에이트에 추가해 볼게요. (Default Procreate Assets UPDATED)를 터치합니다.

4 (Bonobo Chalk) 브러시가 포함되어 있던 (4.3.6 Brushes)를 터치하여 내려 받습니다.

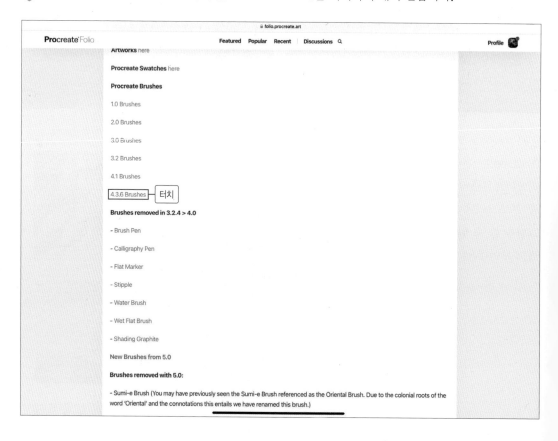

5 내려 받은 파일에는 카테고리별로 브러시가 정리되어 있습니다. (Bonobo Chalk) 브러시가 포함된 (Sketching.brushset)을 터치하면 자동으로 프로크리에이트가 실행되고 설치가 진행됩니다. 설치가 완료되면 브러시 라이브러리에 (Sketching 1)이라는 카테고리가 추가된 것을 확인할 수 있습니다.

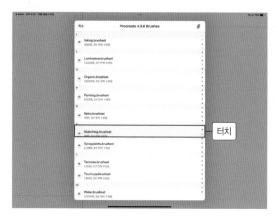　터치

Tip 브러시가 자동으로 설치되지 않는다면 다운로드된 파일을 터치해 보세요. 자동으로 프로크리에이트가 실행되고 설치가 진행됩니다.

추천 브러시 세트
프로 아티스트의 브러시 세트

여기에서 소개하는 프로 아티스트는 제가 개인적으로 좋아하는 아티스트이기도 한데요. 그림 실력 향상을 위해서 그림을 많이 그리는 것도 중요하지만, 좋은 그림을 많이 보는 것도 중요합니다. 브러시 세트와 함께 아티스트의 홈페이지도 방문하여 꼭 한번 둘러보길 추천합니다.

무료 브러시 – Mathias Zamecki

- **Mathias Zamecki(브로츠와프, 폴란드)**
- **직업**: 아트디렉터, Visual Development
- **주요경력**: Riot Games, Blizzard(블리자드), MPC, Digital Domain, Aaron Sims Creative 외 다수
- **홈페이지(인스타그램)**: https://www.instagram.com/mathiaszamecki/

출처: 작가의 인스타그램

- **브러시 다운로드 URL:** https://mathiaszamecki.gumroad.com/l/mzbrushes
- **브러시 소개 영상:** https://youtu.be/y2Q–jqN1MiQ

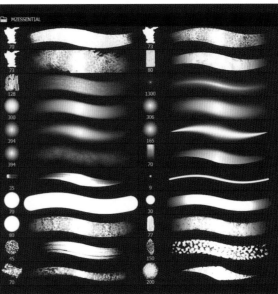

Mathias Zamecki의 브러시는 디지털 페인팅의 표준을 제시하듯이 화려한 효과보다도 기본에 충실한 브러시이기도 합니다. 디지털 페인팅 입문자 또는 초·중급자에게 추천할 만한 브러시예요. 비록 영어로 설명하여 이해하기에 어려움이 있지만, 저자가 직접 소개하는 브러시 영상을 보다 보면, 비단 브러시뿐 아니라 디지털 페인팅 브러시를 어떻게 사용할지도 알 수 있어요.

기본 베이스 채색을 위한 기본 브러시

텍스처가 가득한 소프트 브러시

채색하거나 문지르기에 좋고 페인팅 느낌이 물씬 나는 브러시

제작자가 가장 추천하는 브러시로 빛을 표현하기 좋은 브러시

무료 브러시 - Aaron Griffin

- Aaron Griffin(베이크웰, UK)
- **직업**: Illustrator and concept artist working in the games industry
- **주요경력**: 월트 디즈니 런던(현재), EA Criterion 컨셉아티스트, Blizzard 일러스트레이터
- **홈페이지(Artstation)**: https://aaron-griffin.artstation.com/

이미지 출처: Artstation 홈페이지

• 브러시 다운로드 URL: https://aarongriffinart.gumroad.com

Aaron Griffin의 브러시는 인물화에 특화된 브러시 세트입니다. 특히 인물화를 위한 머리(헤어), 땀구멍, 점 같은 브러시도 찾아볼 수 있습니다. 인물화에 관련된 브러시가 많을 뿐이지, 그 외에 디지털 페인팅을 위한 기본 브러시도 갖추고 있어 강력 추천합니다. 기본에 충실한 브러시로 심심하지 않고 약간의 재질이 가미된 올어라운드 브러시로 저도 한동안 굉장히 오래 사용한 브러시입니다.

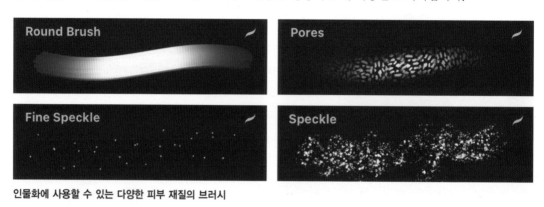

인물화에 사용할 수 있는 다양한 피부 재질의 브러시

유료 브러시 - Ayan Nag

• Ayan Nag(벵갈루루, 인도)
• **직업**: 컨셉 아티스트, 일러스트레이터, 프리랜서
• **주요경력**: Apex Legends "Legacy of a Thief" 애니메이션 제작 참여, Savage(Procreate) 본사 일러스트레이터, Technicolor 컨셉 아티스트
• **사용 소프트웨어**: 포토샵, 프로크리에이트, 블랜더
• **홈페이지**: https://artofayan.com

이미지 출처: 작가의 홈페이지(https://artofayan.com)

- **브러시 구매(6.50 USD)**: https://artofayan.gumroad.com/l/IBzdG

44개의 브러시 중 제가 추천 드리는 브러시와 유의할 점을 알려드립니다. 특히 좋아하는 그림 스타일에 따라 좋아하는 브러시는 확연히 달라질 수 있으니 여러 브러시를 직접 시도해보길 추천해요

- 채색  브러시 추천 리스트

채색 및 수작업 느낌을 주기 위해 문지르기로 사용해도 좋은 브러시

- 나이프 브러시

그림을 좀 그린다면, 나이프 브러시 하나쯤은 꼭 구비해야 합니다. 나이프 브러시는 수평으로 그릴 경우 얇고 날카롭게 채색할 수 있지만, 수직으로 그릴 경우 넓은 면을 채색할 수 있는 특징이 있습니다. 건물, 인공물 암반 등을 그릴 때 유용합니다.

- 브러시 특징

이 브러시 세트의 특징은 한 가지 색상으로 채색해도 채도와 색상값이 살짝 바뀌면서 여러 가지 색상으로 채색되는데요. 물론 이러한 특징은 그림을 단시간에 풍성하게 만들 수 있지만, 배우는 단계에서는 사용하기 적절하지 않고 원하는 색상이 아닐 때도 있습니다. 그래서 개인적으로는 해당 브러시의 브러시 스튜디오에 들어가서 "색상 움직임" 항목값을 모두 [없음]으로 조정하고 사용하길 추천합니다.

• 문지르기 및 그 외 브러시 추천

문지르기 도구 는 사용할 때 항상 주의해야 하는데요. 저는 그림의 명암을 표현하기 위해서 문지르기를 사용하지 않고, 그림이 어느 정도 완성되었을 때 페인팅 느낌을 살리기 위해 군데군데 살짝만 사용합니다.

• 기타 브러시

두 개의 풀(Grass) 브러시가 느낌이 다르지만 항상 만족스러운 결과물이 나옵니다. 작업 시간을 줄이기 위해 풀 브러시 하나쯤은 구비하면 좋습니다.

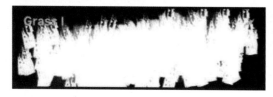

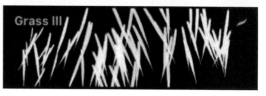

브러시 소개를 마치며

여러 브러시 세트를 둘러보면 느낄 수 있겠지만, 모든 브러시 정렬이 '채색 → 문지르기(명암) → 재질 → 스케치'의 순서대로 정리된 것을 알 수 있을 거예요. 이는 제가 앞선 시간에 브러시를 나누는 기준을 설명한 부분과 일치하는 내용입니다. 브러시는 단지 툴일 뿐이며, 브러시를 고르고 사용할 때 반드시 자신만의 확실한 기준을 두어야 브러시 홍수 속에서 길을 잃지 않는다는 점을 유념하길 바라며 이만 추천을 마칩니다.